DEVENIR TRAVAILLEUR SOCIAL AUJOURD'HUI

VOCATION OU REPLI ?

L'exemple des Éducateurs, Animateurs et Assistants Sociaux d'Origine Étrangère

DEVENIR TRAVAILLEUR SOCIAL AUJOURD'HUI. VOCATION OU REPLI ?

L'exemple des Éducateurs, Animateurs et Assistants Sociaux d'Origine Étrangère.

Comment peut-on analyser sociologiquement les raisons qui conduisent un certain nombre de personnes à s'orienter vers les professions sociales aujourd'hui ?

S'appuyant sur les trajectoires sociales de personnes d'origine étrangère mises en perpective avec celles de Français d'origine, l'auteur tente de saisir les facteurs qui ont poussé ces populations à choisir les professions sociales et les conditions de détermination de ce choix, tout en montrant comment les conditions objectives liées à une position sociale ou à la conjoncture ont favorisé l'émergence d'un tel choix.

Si, globalement les résultats confirment les thèses de travaux antérieurs, l'auteur constate tout de même dans son étude, une extinction des " vocations premières " faisant place aux " vocations secondaires ou tardives " liées à des accidents biographiques. Ainsi, le travail social deviendrait aujourd'hui une " profession de repli " regroupant beaucoup d'accidentés biographiques, au-delà du choix par " désir d'aide " aux personnes en difficulté.

Emmanuel JOVELIN est Docteur en sociologie. Chargé de mission à l'Institut Social Lille-Vauban, il enseigne à l'Université de Lille III (I.U.T. carrières sociales), et à l'Université Catholique de Lille. Membre associé au CLERSE (URA 345 du CNRS), il travaille également dans l'enfance " inadaptée " où il assure les fonctions de Chef de service Pédagogique à l'Association Départementale du Nord pour la Sauvegarde de l'Enfance et de l'Adolescence.

DEVENIR TRAVAILLEUR SOCIAL AUJOURD'HUI

VOCATION OU REPLI ?

L'exemple des Éducateurs, Animateurs et Assistants Sociaux d'Origine Étrangère

Emmanuel JOVELIN

DEVENIR TRAVAILLEUR SOCIAL AUJOURD'HUI

VOCATION OU REPLI ?

L'exemple des Éducateurs, Animateurs et Assistants Sociaux d'Origine Étrangère

L'Harmattan
5-7, rue de l'École-Polytechnique
75005 Paris - FRANCE

L'Harmattan Inc
55, rue Saint-Jacques
Montréal (Qc) - CANADA H2Y 1K9

Collection ***Travail du Social***
dirigée par Alain Vilbrod

La collection s'adresse aux différents professionnels de l'action sociale mais aussi aux chercheurs, aux enseignants et aux étudiants souhaitant disposer d'analyses pluralistes approfondies à l'heure où les interventions se démultiplient, où les pratiques se diversifient en écho aux recompositions du travail social.
Qu'ils émanent de chercheurs ou de travailleurs sociaux relevant le défi de l'écriture, les ouvrages retenus sont rigoureux sans être abscons et bien informés sur les pratiques sans être jargonnants.
Tous prennent clairement appui sur les sciences sociales et, dépassant les clivages entre les disciplines, se veulent être de précieux outils de réflexion pour une approche renouvelée de la question sociale et, corrélativement, pour des pratiques mieux adaptées aux enjeux contemporains.

Déjà parus

Eliane CARIO, *Le malade mentale à l'épreuve de son retour dans la société.*
Fabrice DHUME, *RMI et psychiatrie.*
Raoul LÉGER, *La colonie agricole et pénitentiaire de Mettray.*
Claire JOUFFRAY, *L'action sociale collective en collège.*
Valérie SCHMIDT-KERHOAS, *Les travailleurs sociaux et le droit pénal.*
Camille THOUVENOT, *L'efficacité des éducateurs.*
Charlotte LE VAN, *Les grossesses à l'adolescence. Normes sociales, réalités vécues*, 1998.
T.. CARREIRA, A. TOMÉ, *Éducation au portugal et en France*, 1998.
Brigitte JUHEL, *L'aide ménagère et la personne âgée*, 1998.
J. Yves DARTIGUENAVE, J-François GARNIER (dir), *Travail social : la reconquête d'un sens*, 1998.
René SIRVEN, *De la clinique à l'éthique*, 1999.

ISBN : 2-7384-7698-8

A Monique,

Karelle,

Hévy.

REMERCIEMENTS

Cet ouvrage reprend les résultats de ma thèse de sociologie sur les travailleurs sociaux d'origine étrangère. Mes remerciements vont à Gabriel Gosselin, Dominique Duprez et Geneviève Cresson qui ont su me guider à chacune de nos rencontres.

Je dois dire ma reconnaissance à mes amis Ben Hallak, Jean-Marie Breuvart, Saïd Bouamama, Martine Blanc, Gilbert Carré, Arlette Berthuit et Philippe Busson pour leurs précieuses remarques, sans oublier Régis Gourraud qui en a assuré la mise en page et la relecture finale.

Enfin, cet ouvrage doit aussi à la collaboration de ces hommes et femmes qui ont accepté de répondre à notre enquête, qu'ils en soient remerciés et plus particulièrement Madame Kefis.

Du même auteur :

Migrations, interculturalité et démocratie
(sous la direction de : J.M. BREUVART et F. DANVERS)

Presses universitaires du Septentrion, 1998.

INTRODUCTION

PROBLÉMATIQUE ET CONSTRUCTION DE L'OBJET

Dans la symbolique sociale actuelle, le travail social et l'immigration sont fortement liés. Si les problèmes de l'immigration suscitent des stéréotypes qui envahissent les imaginaires et les représentations collectives dominés par le chômage de plus en plus grand d'une partie de la population nationale et immigrée, mais aussi par la montée d'une certaine forme de déviance et de marginalité des jeunes des banlieues (DUBET 1991)[1] dont l'effet de bouc émissaire n'échappe pas aux jeunes d'origine étrangère, le travail social, tout en continuant de vivre ses crises, est toujours reconnu comme un *"mode de régulation sociale"* dont la mission reste la préservation d'un équilibre au sein de la collectivité par la gestion des rapports sociaux. Plus que jamais, il lui incombe de maîtriser les effets de grands ensembles et de permettre à l'Etat d'étendre son influence dans la gestion du local (DUTRENIT 1980)[2].

Avec le *"mal des banlieues"* (DUPREZ - HEDLI 1992)[3], les pouvoirs publics ont pris conscience de l'essoufflement de ce secteur qui était à repenser avec de nouveaux acteurs et de nouvelles pratiques (DUBET et alii 1985)[4]. On avait donc besoin d'agents capables de mettre en place *"des mécanismes régulateurs visant à permettre un meilleur partage de la parole sociale"* ; ces agents étant les jeunes issus de quartiers

[1] DUBET, F. *La galère : jeunes en survie*. Ed. Fayard.1991.

[2] DUTRENIT, J.M. *Sociologie et compréhension du travail social,* Ed. Privat, 1980.

[3] DUPREZ, D. HEDLI, M. *Le mal des banlieues*. Ed. L'Harmattan.1992.

[4] DUBET, F. JAZOULI, A et LAPEYRONNIE, D. *L'Etat et les jeunes*. Ed. Ouvrières.1980.

populaires. Parmi eux, on trouve un groupe professionnel que nous avons vu arriver dans le secteur social où nous exerçons depuis une dizaine d'années : *les Travailleurs Sociaux d'Origine Étrangère* (TSOE)[5].

L'arrivée de ces jeunes dans les quartiers a mis à mal le travail social classique, qui s'interrogeait encore sur sa légitimité. L'amplification du malaise des banlieues et le morcellement de la société ont rendu difficile la mise en œuvre des missions traditionnelles du travail social traversées par la crise. Et en même temps, la décentralisation a modifié les missions des travailleurs sociaux, ce qui a conduit à un nouvel environnement et à des nouveaux modes d'intervention.

La présence de ce groupe ayant une trajectoire particulière a été présentée comme une forme novatrice et progressiste dans le travail social. Les autorités ont prétendu offrir une alternative dans le champ social pour une meilleure compréhension de personnes en difficulté. On pensait trouver auprès des travailleurs sociaux issus de quartiers populaires (dont beaucoup de TSOE) des interprètes privilégiés, en introduisant une nouvelle logique de professionnalisation incarnée par *"le jeune leader"* (DUPREZ 1984) [6].

Leur idéologie, disent les officiels, les prédispose à mieux appréhender le terrain de la prévention *"en apportant au travail social une dimension et une efficacité nouvelles"* (circulaire du Ministère des Affaires Sociales 1983) (DUPE - LAMARCHE)[7]. L'émergence de ces nouvelles catégories de travailleurs sociaux serait une forme spécifique de régulation du social, apportant à la fois une réponse et une façon de déplacer les contradictions sociales (LASCOUMES 1977)[8].

Beaucoup de ces jeunes ont investi le terrain social et densifié le tissu associatif en menant des formes d'action qui débouchent sur une réalité incontournable : celle de l'action sociale. Et c'est au nom de leur propre trajec-

---

[5] JOVELIN, E. Les travailleurs sociaux d'origine étrangère. Vocation ou repli professionnel? Analyse sociologique d'un groupe professionnel. Thèse de doctorat en sociologie, Université de Lille I, 1998.

JOVELIN, E. Itinéraires des travailleurs sociaux d'origine étrangère. In BREUVART (J.M) et DANVERS (F), *Migrations, Interculturalité, Démocratie*, Presses Universitaires du Septentrion, 1998.

[6] DUPREZ, D. Stratégies préventives des années 80, les opérations anti-été chaud, *cahiers de l'animation*, n°48, 1984.

[7] DUPE, M. LAMARCHE. C. Graine d'éducateur : le jeune leader, une nouvelle idéologie du travail social ? Revue *contradictions* , n° 47, 1986.

[8] LASCOUMES, P. *Prévention et contrôle social, les contradictions du travail social.* Ed. MASSON.

toire et expérience qu'ils investissent le champ social (R.J. LECLERCQ 1983, D. LAPEYRONNIE 1987, A. JAZOULI 1986, F. DUBET 1985 op. cit.)[9]. Parmi eux, on trouve beaucoup de personnes d'origine étrangère dont des surdiplômés (notamment des détenteurs d'une licence, d'une maîtrise, voire d'un diplôme d'études approfondies) qui intègrent de plus en plus ce champ.

• *A quoi est due cette arrivée massive dans les professions sociales ?*

Le blocage des pistes de promotion, les difficultés d'insertion professionnelle n'incitent-ils pas ce groupe à s'insérer autant que faire se peut dans l'un des secteurs où ses membres seraient encore *"insérables" : "le secteur social"* ?

Le fait que ceux-ci viennent des quartiers défavorisés implique-t-il qu'ils aient des capacités nécessaires pour que les rapports sociaux qu'ils engendrent soient profitables à l'ensemble du groupe social ? (DUTRENIT 1980).

Cette thèse se situe à mi-chemin entre une recherche sur l'immigration et une recherche sur le travail social, l'une et l'autre au cœur de l'actualité. Notre propos est d'introduire une problématique de la mobilité sociale d'une fraction de la population d'origine étrangère, en mettant en exergue les enjeux autour desquels se structure cette mobilité.

Cette recherche est construite à travers une double interrogation :

Comment peut-on analyser sociologiquement les facteurs qui conduisent les personnes d'origine étrangère à s'orienter vers les professions sociales et comment ces personnes expliquent-elles le fait d'occuper dans le rapport de production une place "assignée" par leur origine sociale ?

---

[9] LECLERCQ, R.J. *Les générations des cités. Revendications collectives*, CREDIF, Lille, Juin 1983.

LAPEYRONNIE, D. Assimilation, mobilisation et action collective chez les jeunes de la seconde génération de l'immigration maghrébine. *Revue Française de Sociologie* XXVIII, 1987. JAZOULI, A. Les jeunes maghrébins en France, de nouveaux acteurs sociaux ? *CIEMMI* N°137, Janvier, 1986.

Cette double interrogation en appelle d'autres :

- Cette situation est-elle liée à la crise économique ?
- Est-elle liée au manque de travailleurs sociaux ?
- S'agit-il d'une vocation ou d'un repli ?[10]
- S'agit-il d'une logique de professionnalisation impulsée par l'Etat dans les années quatre-vingt ? Ou d'une décomposition du travail social ?

C'est à partir de la confrontation de ces diverses interrogations que s'est forgée cette recherche qui tente de capter les TSOE dans leur trajectoire pour éclairer la manière dont ils ont négocié les conditions sociales d'existence propres à leur situation pour accéder aux professions sociales.

Le but est d'analyser les facteurs qui ont mené cette population à choisir les professions sociales, les conditions de détermination de ce choix, et d'expliquer comment les conditions objectives liées à une position sociale ou à la conjoncture ont favorisé l'émergence d'un tel choix.

Notre recherche se fonde sur un travail empirique, qui analyse les trajectoires sociales des TSOE, privilégie les informations sur les caractéristiques sociales, économiques et scolaires de leur famille (et surtout d'eux-mêmes), en mettant en exergue " *l'univers des significations auxquelles ils se sont référés* " (BECKER 1985)[11] pour accéder aux professions sociales.

Plusieurs études sur les raisons du choix des professions sociales ont été faites (C. DUBAR, F. MUEL - DREYFUS, J. VERDES - LEROUX, M. SIMONOT, etc.)[12], mais elles n'ont pas mis en évidence la particularité du groupe professionnel que sont les TSOE. Cette recherche s'inscrit donc tant dans une perspective comparative avec les études antérieures que dans une analyse temporelle des motivations à accéder à ces professions.

---

[10] Vocation du latin *vocatio*. Appel ; vox, voix. Profession envisagée depuis de nombreuses années que l'on imagine avoir choisie (lexique des sciences sociales, 1994).

[11] BECKER, H. *Outsiders. Etude de sociologie de la déviance*, Paris, éd. Métaillié, 1985

[12] DUBAR, C. *Idéologies et choix professionnels des éducateurs spécialisés*. Thèse de 3ème cycle, Paris VIII,1970. MUEL-DREYFUS, F. *Le métier d'éducateur*, Paris, éd. de minuit 1983. VERDES-LEROUX, J. : *Le travail social*, Paris, éd. de minuit. SIMONOT, M. *Les animateurs socio-culturels. Etude d'une aspiration à une activité sociale*, Paris, éd. PUF, 1974.

Afin d'expliciter la problématique et de donner une cohérence au questionnement de départ, nous sommes partis du principe que les TSOE forment un groupe professionnel qui n'est pas unifié par une dynamique interne. Il est plutôt fragmentaire. Cela implique donc des modes d'accès aux professions qui diffèrent selon la typologie repérée.

Pour les TSOE, on se trouve en présence d'un choix fondé sur plusieurs logiques de professionnalisation, ce qui exclut d'emblée une hypothèse centrale et implique au contraire des hypothèses en lien avec les trois types ci-dessous repérés au sein des TSOE.

- les jeunes issus des quartiers en difficultés ;
- les anciens, ayant un profil classique de travailleur social ;
- les surdiplômés.

Ces trois types correspondent, à travers les analyses biographiques, à des logiques de professionnalisation différentes qui conduisent à poser deux hypothèses centrales :

1ère hypothèse

Le choix des professions sociales serait d'ordre vocationnel pour les personnes d'origine étrangère (notamment les jeunes issus du terroir) à cause de la similitude qui existerait entre leur milieu social d'origine et celui des assistés sociaux.

Le déclencheur le plus fort de ce choix doit être attribué à une forte détermination sociale qui oblige les jeunes d'origine étrangère à intérioriser un destin social en lien avec leur milieu ; ce qui les prédisposerait à "*répondre aux besoins des autres*" (FREIDSON 1986)[13] et les socialiserait à la culture professionnelle du secteur social.

2ème hypothèse

Le travail social serait pour les personnes d'origine étrangère une "profession de repli" (SIMONOT) au même titre que pour une grande partie des travailleurs sociaux français d'origine et représenterait pour les personnes d'origine étrangère une piste de promotion sociale.

[13] FREIDSON, F. Les professions artistiques comme défi à l'analyse sociologique. *Revue française de sociologie* N°XXVII, 1986. p. 441.

En fait, les travailleurs sociaux d'origine étrangère révéleraient un mouvement de fond qui toucherait aujourd'hui les Travailleurs Sociaux Français d'Origine (TSFO). Etudier les TSOE, c'est saisir une logique de professionnalisation de l'ensemble. Pour les TSOE ayant un capital scolaire élevé, la profession est vécue comme un engagement qui impliquerait à leurs yeux une vocation, mais celle-ci est tardive. Au départ, il s'agit d'un *"repli"* lié à des accidents biographiques, et devant la force des choses, *"il y a une tendance à présenter leur choix comme une vocation"*.

A travers les trois types présentés ci-dessus, et au terme des différentes hypothèses, cette étude tente de faire une analyse biographique approfondie des TSOE afin de saisir les logiques de professionnalisation sous-jacentes. Nous abordons les rapports sociaux que vivaient les TSOE avant de s'engager dans la profession et la manière dont ils s'y situaient ; en prenant en compte les enjeux sociaux, politiques et économiques autour desquels s'est structuré le choix du travail social. Ainsi que le souligne H. BECKER (1985, p.196) : *"Nous ne présentons pas une vision déformée de la réalité mais la réalité dans laquelle sont engagées les personnes que nous avons étudiées, la réalité qu'elles créent en donnant un sens à leur expérience, et par référence à laquelle elles agissent"*.

Il s'agit d'expliquer, à la manière de F. de SINGLY, *"ce que les acteurs font à partir de ce qu'ils sont, de rendre compte de ce qu'ils disent, de ce qu'ils font ou de ce qu'ils sont à partir de ce qu'ils sont et de ce qu'ils font"*[14], donc comprendre les logiques constitutives des stratégies d'insertion, en saisissant comment ces stratégies prennent sens au regard de leur trajectoire sociale.

MÉTHODOLOGIE DE LA RECHERCHE

1. Approche théorique

Comme le souligne E. MORIN (1984)[15], *"la science n'est pas le reflet "du réel", mais plutôt une construction d'idées qui s'applique plus ou moins adéquatement au phénomène qu'elle prétend interpréter"*. Dans ce cas, la théorie sert donc de guide, et d'éclairage au phénomène étudié.

---

[14] Singly, F de. *L'enquête et ses méthodes : le questionnaire*. Nathan 1993 p. 26.

[15] MORIN, E. Le sociologue peut-il, doit-il s'exclure de sa vision de la société ? In *Sociologie,* éd. Fayard, 1984. p. 21-22.

Cette étude liant la recherche empirique et la théorie où l'acteur est considéré comme l'informateur privilégié, le miroir de son temps et de sa culture, s'est appuyée sur les théories interactionnistes qui privilégient la façon dont *"les acteurs sociaux se définissent mutuellement" par delà "leur environnement"* (BECKER, 1985, p. 229). Ces théories basées sur une démarche empirique insistent sur *"l'observation in situ"*[16] qui permet de saisir *" certains aspects de la réalité sociale ignorés"*, notamment l'ensemble des processus par lequel les individus construisent leurs actions.

En définitive, le statut, avec les rôles qui s'y rattachent, conditionne l'insertion de l'individu dans la structure sociale. Donc choisir un métier et l'exercer, c'est exister d'une certaine manière puisque l'acteur définit son identité en termes de statut au sens que M. WEBER donne à ce concept. Le statut désigne la position relative d'un individu, il s'agit de la chance qu'il a d'influencer les autres grâce *"aux ressources liées à sa position"*[17].

Mais ce choix relève d'une *"transaction"* qui dépend des événements biographiques que P. BOURDIEU[18] définit *"comme autant de placements et de déplacements dans l'espace social, c'est-à-dire dans les différents états successifs de la structure de la distribution des différentes espèces de capital qui sont en jeu dans le champ considéré"*. Il s'agit de prendre en considération le sens de la pente et des penchants ou, si l'on préfère, les surclassements et les déclassements qui apparaissent dans les analyses des événements biographiques de l'acteur. C'est cette approche qui nous permet de saisir dans cette recherche le processus de professionnalisation des travailleurs sociaux d'origine étrangère.

Pour rendre intelligible cette approche, nous nous associons à la démarche de E. HUGHES, qui a tenté de saisir la notion de carrière, en remplaçant la question : *"Is this occupation a profession ?"* par une interrogation plus

---

[16] "L'observation in situ " désigne les activités d'un chercheur qui observe personnellement et de manière prolongée une partie des situations et des comportements auxquels il s'intéresse... Cette technique est en affinité avec une sociologie qui met au centre de son programme l'étude, non des faits constitués à la manière de Durkheim, mais des actions collectives et des processus sociaux qui peuvent être appréhendés à travers les interactions directes et dont le sens vécu par les agents n'est ni donné d'avance, ni susceptible d'être négligé". J.M. CHAPOULIE "Everett C. Hughes et le développement du travail de terrain en sociologie". *Revue Française de Sociologie*, XXV, 1984.

[17] DUBET, F. *Sociologie de l'expérience*, éd. du Seuil 1994.

[18] BOURDIEU, P. *Raisons pratiques. La théorie de l'action*, éd. du Seuil 1994, p. 88.

fondamentale *"What are the circumstances in which people in an occupation attempt to turn it into a profession and themselves into professional people? "* and *"what are the steps by which they attempt to bring about identification with their valued model ?"*[19] (HUGHES, 1958, op. cit, p. 45). Par ces questions c'est la notion de processus qui a été introduite dans l'analyse sociologique des groupes professionnels. Processus pris au sens d'analyse des trajectoires sociales des individus, en insistant sur la signification qu'ils donnent à leur choix professionnel. Pourquoi exercent-ils ce travail plutôt qu'un autre ? Dans quelles circonstances, ce qui au départ n'était qu'une occupation pour certaines personnes, est-elle devenue une profession ? [20] Finalement, pour comprendre cette conversion, il faut resituer les différentes occupations et ceux qui les exercent dans une société donnée et à une époque donnée.

Donc, en réalité, si on poursuit cette logique, on ne saurait dissocier la place qu'occupe un individu ou un groupe social dans la société, de sa situation dans cette même société par rapport au choix professionnel. En outre, le questionnement ci-dessus rejoint aussi le concept de carrière (BECKER 1985)[21] qui décrit comment un individu pénètre par étapes dans un groupe donné, ici dans les professions sociales, de quelle manière les individus construisent l'interprétation de leur situation à travers leurs trajectoires sociales.

Enfin l'approche interactionniste de E.C HUGHES a rendu possible un autre modèle théorique en considérant le professionnalisme comme *"une tentative collective de traduire un ensemble de ressources rares (des compétences et des connaissances spécifiques) en profits sociaux et économiques"* (DEMAREZ, op. cit. p. 168).

---

[19] "Est-ce que tel métier est une profession ?"... "Dans quelles circonstances les membres d'un métier essaient-ils de transformer celui-ci en profession?" et "quelles étapes franchissent-ils pour se rapprocher du modèle valorisé de la profession?"

[20] JOVELIN, E. Le travail social est-il une profession ? La professionnalisation du secteur social, une mission difficile. *Revue Française de service social*, n°189/190, septembre, 1998. Pour certains travailleurs sociaux, au départ, le travail social est une occupation (aide aux devoirs à titre bénévole, organisation des manifestations culturelles, etc.) Et ce n'est que plus tard que naît l'idée de l'engagement. Ce qui rejoint la définition de G. JOBERT qui définit "l'occupation comme des activités correspondant à une demande sociale mais intégrées et non isolées de l'ensemble des actes de la vie collective, exercées bénévolement ou encore dans un cadre vocationnel." (In : processus de professionnalisation et production du savoir. *Education permanente* , n°80, 1985, p.132).

[21] BECKER, H.S. *Outsiders, la sociologie de la déviance*. éd. Métaillié, 1985. Selon Hughes, le concept de carrière est objectivement : "une série de statuts et d'emplois clairement définis, de suites typiques de positions, de réalisations, de responsabilités et même d'aventures". Subjectivement : "faite de changements dans la perspective selon laquelle la personne perçoit son existence comme une totalité et interprète la signification de ses diverses caractéristiques et actions, ainsi que tout ce qui lui arrive" p.126.

L'analyse du secteur social montre qu'il existe un corps de professions qui reposeraient sur des vocations (FREIDSON 1986)[22] et sur des compétences. Si le mot vocation doit être utilisé avec précaution, celui de compétence suscite un grand intérêt pour notre population dont la socialisation professionnelle se fait sur le tas. Ainsi, pour eux, la compétence dont ils se réclament viendrait de ce *"bricolage, de ce savoir issu de l'expérience, de ces recettes nées de l'histoire individuelle ou collective"* qui plus tard *"prennent place au côté des savoirs plus théoriques traditionnellement valorisés dans la logique de la qualification"* (E. DUGUE 1994)[23]. Le terme de compétence traduit au sens de O. SCHWARTZ (1990)[24] l'articulation entre la *"dimension expérimentale et la dimension conceptuelle"* des savoirs nécessaires à l'exercice d'une profession. Si la qualification relève du domaine de l'avoir, les compétences se prêtent à l'objectivation parce qu'elles font corps avec l'individu jusqu'au plus profond de lui-même (E. DUGUE 1994 op. cit. p. 27)[25].

Cette dernière expression renvoie au concept d'habitus de P. BOURDIEU considéré comme l'ensemble des traits que l'on a acquis, des dispositions que l'on possède, un avoir qui s'est transformé en être. Cette notion peut-être reliée à la socialisation professionnelle des travailleurs sociaux d'origine étrangère, notamment de certaines personnes qui déclarent *"avoir ce métier dans leurs veines... être nées avec le travail social..."*. Pour ces personnes là, le travail social fait corps avec elles.

---

[22] Freidson définit la vocation comme la disposition à accomplir une activité productive pour des raisons non économiques, disposition à répondre aux besoins des autres, à contribuer à la formation d'un capital scientifique ou autre, disposition à l'exercice même de l'activité pour elle-même, par passion plutôt que par intérêt matériel ". Il donne l'exemple de bénévoles qui accomplissent certaines activités pour la collectivité pendant leur temps de loisir. In *Revue Française de Sociologie*, n° XXVII 1986 p. 441. Cette réflexion mérite d'être nuancée. En effet, dans notre échantillon, le processus de professionnalisation s'effectue grâce à ce que nous appellerons des " espaces de transitions professionnelles " ou " espaces de socialisations professionnelles " où beaucoup de jeunes issus de quartiers populaires se sont socialisés aux professions sociales en aidant bénévolement les petits frères et petites sœurs qui fréquentent ces lieux à faire leurs devoirs. N'est-ce pas pour autant qu'on pourrait parler d'une quelconque vocation ?

[23] DUGUE, E. La gestion des compétences : les savoirs dévalués, le pouvoir occulté. *Sociologie du travail*, n°3/94 p.274.

[24] SCHWARTZ, O. De la qualification à la compétence. In *La sociologie du travail et la codification du social.* PIRTEM/CNRS. Université de Toulouse le Mirail. T. 1, 1990, pp. 177-199.

[25] Voir également à ce sujet TREPOS, J.Y. *Sociologie de la compétence professionnelle*, Presses Univ. de Nancy 1992.

La professionnalisation des travailleurs sociaux d'origine étrangère peut être considérée comme le résultat d'un travail de construction de la compétence (C. PARADEISE 1985) [26] qui se fait dans la pratique par l'acquisition d'un savoir technique spécialisé dû à l'interaction entre le milieu social d'origine et celui des assistés sociaux. Mais aussi de la rencontre avec les travailleurs sociaux[27].

W.F. WHYTE a montré comment aux Etats-Unis, on recrutait des volontaires issus des quartiers comme travailleurs sociaux (social workers) et comment la professionnalisation de ce métier a poussé les décideurs à préférer un personnel qualifié plus compétent et formé dans les universités[28].

C. DUBAR (1992)[29] souligne l'apport de l'école de Chicago qui a eu le mérite d'associer le monde du travail aux mécanismes de socialisation. Pour les sociologues de cette école, les deux sont étroitement liés. En fait, ils ont permis de mettre en place de nouvelles approches de la qualification et des compétences en les redéfinissant comme *"une articulation entre trajectoire probable et système occupationnel, c'est à dire entre un système d'attentes légitimes (à quoi puis-je prétendre étant donné ce que je sais et ce que j'ai fait auparavant?) et un système d'opportunités (que puis-je espérer étant donné l'évolution probable des positions professionnelles ?)"* (TRIPIER 1987)[30]. Ces réflexions, nous les avons retrouvées dans nos questionnaires et surtout dans nos interviews :

"Moi, je suis né dans ce quartier, nous sommes abandonnés ici, personne ne s'occupe de nous...". "Depuis que je suis né, le seul boulot que je sais faire, c'est celui-ci. De toute manière, avec le niveau que j'ai, je n'irai pas loin... Mais je me sens bien dans ce boulot, je ne sais faire que ça. Moi, je suis né avec le social et je crois que je vais mourir avec. Dans mon quartier, c'est une porte de sortie qui nous aide...". (Animateur, 28 ans).

---

[26] PARADEISE, C. Rhétorique professionnelle et expertise. *Sociologie du travail.* N°1,1985.

[27] Il convient de noter que la compétence dont se réclament les TSOE a été remise en cause par les travailleurs sociaux classiques du fait d'un manque de distanciation dans leurs pratiques.

[28] W.F. WHYTE, W.F. *Street corner society.* Univ. of Chicago Press, 1943. Trad. Ed. la découverte 1996.

[29] DUBAR, C. *La socialisation : construction des identités sociales et professionnelles*, Armand Colin 1991.

[30] TRIPIER, P. *Approches sociologiques du marché du travail. Essai de sociologie de la sociologie du travail*, thèse d'Etat, Paris VII.

"J'ai une maîtrise de sciences économiques, j'ai longtemps galéré avec des petits boulots. A l'époque, je faisais l'aide aux devoirs, parce que j'ai grandi dans un quartier hard avec toutes les difficultés que tu sais... J'en ai tellement eu marre que j'ai recommencé à faire des colonies pour avoir de la tune et pour vivre... J'ai déposé mon dossier comme maître auxiliaire au Rectorat : que dalle ; alors je me suis tourné vers l'éducation spécialisée..." (Educateur, 32 ans).

Ces paroles teintées d'espoir et de désespoir illustrent tout à fait les analyses de l'école de Chicago quant à l'articulation qui existe entre la trajectoire probable et le système occupationnel et/ou un système d'opportunités.

Enfin, si les études de sociologie de la médecine ont montré que l'entrée dans une profession conduit à des socialisations différentes (FREIDSON, 1984)[31], il en est de même dans le domaine du travail social. Pour illustrer ce processus de socialisation professionnelle, nous allons emprunter l'exemple de E.C. HUGHES et ses disciples, à propos des boxeurs professionnels de la ville de Chicago (DEMAREZ, 1986 op. cit.). Ils expliquent que ces boxeurs qui devinrent des modèles dans les quartiers étaient presque tous issus des milieux pauvres.

La profession apparaissait aux yeux des jeunes des quartiers comme une sorte *"d'idéal"*. Le recrutement des futurs professionnels se faisait parmi les jeunes des quartiers qui aimaient se battre et qui avaient de l'admiration pour le métier. Si *"la culture du boxeur professionnel était faite de techniques, d'illusions, d'aspirations et de rôles bien définis que chacun d'eux assimilait (dans une certaine mesure) et qui les motivait"* (Idem, p. 163), celle de certains travailleurs sociaux, notamment des jeunes des quartiers, se réaliserait de la même manière. En effet, c'est à travers les différents rôles, techniques et aspirations qu'ils assimilent des savoirs pratiques, c'est-à-dire *"issus directement de l'expérience du travail, non reliés (dans un premier temps) à des savoirs théoriques"* (DUBAR, 1991, p. 261) et ils se construisent une identité professionnelle qui *" s'nterprète à partir des modes d'articulation entre transaction objective et transaction subjective, comme des résultats de compromis intérieurs entre identité héritée et identité visée mais aussi de négociations extérieures entre identité attribuée par autrui et identité incorporée par soi"* (DUBAR, 1991, p. 257).

---

[31] FREIDSON, E. *La profession médicale*, Paris, éd. Payot, 1984.

En définitive, *"la fabrication d'un travailleur social d'origine étrangère"* relève d'une *" initiation au sens ethnologique "* pour les jeunes leaders des quartiers populaires, et d'une *"conversion"* à une nouvelle identité[32] pour ceux que nous appelons *"les accidentés biographiques"*, c'est à dire ceux qui ont subi des échecs successifs avant de s'orienter dans les professions sociales, et pour les *"repliés"*, les surdiplômés qui ont intégré ce secteur en raison du chômage.

Pour clore ce détour théorique, on peut poser l'hypothèse que le processus de professionnalisation des travailleurs sociaux d'origine étrangère passerait par les trois mécanismes explicités par HUGHES[33] :

- *"le passage à travers le miroir"*, c'est à dire le moment où se structure l'identité professionnelle. C'est la période où l'on passe de l'objet du dispositif social (jeune du quartier) à l'acteur du secteur social (leader).
- *"l'installation dans la dualité"* entre le modèle idéal qui caractérise la dignité de la profession, son image de marque, sa valorisation symbolique et le modèle pratique. Avec ce deuxième mécanisme, on entre dans le champ de la théorie mertonienne de la socialisation anticipatrice. Il s'agit de l'étape où l'acteur se constitue une double personnalité par anticipation de la carrière, en s'identifiant par avance aux normes, valeurs et modèles de comportement du groupe de référence auquel il souhaiterait appartenir.
- le troisième mécanisme concerne *"l'ajustement de la conception de soi"*. Ici, il s'agit d'un être stratégique rationnel qui s'approprie les profits spécifiques que produit l'activité d'un champ en identifiant au préalable *"les filières possibles avec leurs phases de déroulement et leurs séquences spécifiques d'apprentissage"* (ici, on peut prendre l'exemple du travailleur social d'origine étrangère classique orienté très tôt vers le secteur social, avant le mal des banlieues des années quatre-vingt).

2. Population étudiée

Cette étude s'intéresse essentiellement aux professions éducatives, de l'animation et de l'assistance. Objectivement, il s'agit en premier lieu des éducateurs, des animateurs, et en dernier lieu des assistants sociaux d'origine étrangère (Afrique Noire et Maghreb) et Français d'origine[34] (à titre comparatif).

---

[32] DUBAR, C. 1991 op. cit. p. 145.

[33] HUGHES, E. 1958,op.cit Chap.9 : *The making of a physician*, pp. 116-130. (Analyses reprises par C. Dubar, 1991, op.cit, pp.146-148.)

[34] JOVELIN, E. Choisir les métiers du social. Vocation ou accident biographique ? à paraître dans les éditions de l'ANPASE.

3. Construction de l'échantillon

La catégorie "origine étrangère" : une catégorie floue

Michèle TRIBALAT (1993)[35] définit les personnes d'origine étrangère *"comme le rassemblement de ces deux générations : les enfants et petits enfants des immigrés. Certaines sont françaises, d'autres étrangères, mais aucune n'est immigrée"*. Cette définition est certes satisfaisante, mais nous l'élargissons volontairement au regard de notre population.

Par conséquent, nous définirons les travailleurs sociaux d'origine étrangère comme toutes les personnes s'orientant vers les professions sociales et résidant en France, nées au moins d'un parent étranger, qu'elles soient ou non françaises de nationalité.

Repérage de la population

Constituer un échantillon qui puisse répondre aux exigences que nous nous étions fixées a été particulièrement difficile.

Comment repérer une catégorie floue dans un segment de professions floues sans tomber dans le délit de faciès ? Comment repérer la catégorie origine étrangère dans les établissements ? Telles sont les questions que nous nous sommes posées.

Au départ, nous voulions faire cette recherche avec les travailleurs sociaux étrangers, ce qui nous aurait facilité la tâche dans la constitution de l'échantillon. Mais il s'est avéré très vite, au vu des études faites par D. DUPREZ et C. LAMARCHE, qu'un certain nombre de jeunes de quartiers populaires s'orientant vers ces métiers sont Français, c'est-à-dire des jeunes d'origine étrangère nés en France d'un parent étranger. De surcroît, la catégorie des travailleurs sociaux étrangers (non naturalisés) nous a paru relativement infime. D'où, en définitive, la prise en compte de la catégorie *"origine étrangère"* pour élargir l'échantillon.

Après cette précision, nous avons voulu consulter la liste des salariés de l'ADNSEA (Association Départementale du Nord pour la Sauvegarde de l'Enfance et de l'Adolescence), notre employeur. Un refus d'ordre juridique nous a été opposé.

---

[35] TRIBALAT, M. La France et sa population, *Cahiers Français* n°259, Janvier-Février, La Documentation Française, 1993, p. 41. TRIBALAT, M. (sous la direction de) : *Cent ans d'immigration d'hier. Français d'aujourd'hui,* Travaux et documents, n° 131, INED, éd. PUF, 1991,p.6. TRIBALAT, M. : *Faire France*. éd. La découverte, 1995.

La Directrice Technique de l'ADNSEA, qui a soutenu cette étude, s'est proposée d'envoyer un courrier à tous les professionnels d'origine étrangère, sélectionnés à partir de leurs noms, exerçant dans l'Association et qui ont accepté de nous rencontrer, soit pour répondre au questionnaire, soit pour se prêter à un entretien.

Nous avons reçu **28 réponses** positives sur **une quarantaine** de Travailleurs Sociaux d'Origine Etrangère.

Ensuite, tout en utilisant la même méthode, nous avons obtenu de l'Association des clubs de prévention du Nord (APSN) la liste de tous les TSOE exerçant dans les clubs de prévention et nous avons fait de même pour les clubs de prévention du Pas-de-Calais.

- Enfin, dans la dynamique de la constitution de notre échantillon, une autre investigation a consisté à contacter les centres sociaux de la région du Nord (Lille, Roubaix, Tourcoing, Hem, Mons-en-Baroeul, Villeneuve d'Ascq, Maubeuge, Douai) ; les établissements à caractère social : la SPRN (Société de Protection de la Réinsertion du Nord), l'EPDSAE (Etablissement Public Départemental de Soins, d'Adaptation et de l'Education), l'Association le Gîte, l'Association le Home des Flandres, la Maison Saint Vincent et les circonscriptions qui dépendent des SAT (Section d'Action Territoriale).
- En dernier ressort, il nous a fallu opérer dans les écoles de professions sociales : *IUT* : Institut Universitaire de Technologie de Lille III, *ESSRN* : Ecole de Service Social de la Région du Nord, appelée depuis juin 1998 Institut social Lille-Vauban (membre de l'université catholique de Lille), *IRTS* : Institut Régional du Travail Social (NORD), *EES* : Ecole d'Educateurs Spécialisés de Lille, *CEMEA d'Arras* : Centre d'Entraînement de Méthodes Educatives Actives , *EFAS* : Ecole de Formation d'Animateurs Sociaux de Lille.

C'est au terme de ces diverses investigations que nous avons en définitive constitué un échantillon de **170 personnes**. A cela s'ajoute un échantillon de **200 travailleurs sociaux** français d'origine en formation depuis au moins deux ans, sélectionné au CEMEA d'Arras, à l'IRTS et à l'IUT pour permettre d'analyser efficacement la deuxième hypothèse centrale.

Nous avons recueilli 121 questionnaires des TSOE (72 hommes et 49 femmes), 133 des TSFO, et réalisé 27 (15 hommes et 12 femmes) entretiens semi-directifs. 90 sont de nationalité Française et 31 ont gardé leur nationalité d'origine.

4. Mode de recueil des données

Notre démarche a associé un ensemble de méthodes quantitatives et qualitatives (analyse statistique, étude bibliographique, questionnaires, réalisation d'entretiens semi-directifs).

5. Enquête par questionnaire

Nous avons construit un questionnaire de 109 questions tournant autour de la trajectoire biographique des T.S.O.E :

Il convient de signaler que nous avons eu énormément de difficultés liées essentiellement à l'ambition affichée dès le départ, celle de recueillir un maximum d'informations. Le nombre de questions (109 questions) a souvent impressionné les travailleurs sociaux qui le plus souvent n'aiment pas écrire. Cette allergie aux exercices qui s'apparentent aux exigences scolaires est certainement un des traits caractéristiques d'une "culture professionnelle".

6. Mode de passation

Nous avons fait remplir 170 questionnaires, soit en les envoyant par la poste, soit en les distribuant directement auprès des personnes concernées. Nous nous étions transformés en **"sociologue ambulant"**, marchand de questionnaires.

En effet, les responsables d'établissement ont souvent refusé de nous laisser envoyer le questionnaire à leurs salariés sans qu'ils en soient informés. A chaque fois, avant de solliciter les salariés, nous étions dans l'obligation de rencontrer les responsables.

Nous avons été maintes fois conviés à nous justifier de l'utilité et de l'utilisation de cette recherche ; ce qui nous a amenés à faire des interventions dans les équipes éducatives, d'animateurs et dans les écoles pour expliciter la problématique de la recherche.

Cet exercice nous a conduit successivement à Roubaix surtout, où *"la distanciation"* n'est pas facile auprès des jeunes leaders noyés dans la sphère politique, à Hem, à Maubeuge, à Marquette, à Douai et dans les écoles de professions sociales. Cette étape était nécessaire, sinon nous n'aurions jamais obtenu les 121 questionnaires qui nous sont parvenus au prix de relances incessantes durant deux ans.

Enfin, à titre comparatif, nous avons également décidé (tardivement) d'interroger par questionnaire un échantillon de 200 travailleurs sociaux français d'origine sur les raisons invoquées quant au choix du secteur social. Les questionnaires ont été distribués par promotions complètes, directement dans les écoles de professions sociales et ensuite récupérés par les formateurs ou par nous-mêmes. Nous avons recueilli 133 questionnaires exploitables.

Au départ, nous pensions travailler sur dossier, l'entrée en formation se faisant sur concours (dossier, dissertation et entretien) ; nous nous sommes interrogés sur l'objectivité des motivations avancées au moment de passer le concours d'entrée dans les écoles de professions sociales. D'où le choix d'interroger les étudiants par questionnaire.

7. Une population atypique

Nous avons déjà souligné le caractère hétérogène du groupe professionnel que nous avons observé. Cette hétérogénéité est visible au niveau du capital scolaire, et donc de l'écriture.

Certains jeunes de quartiers défavorisés ont eu d'énormes difficultés à remplir les questionnaires. Nous avons été obligés, dans ce cas de le faire avec eux, en explicitant précisément les questions.

Nous nous rappelons une soirée passée dans un club de prévention à Douai, où nous expliquions aux TSOE de ce centre, comment il fallait s'y prendre pour répondre aux questionnaires. Le chef de service avait demandé à ses collègues de remplir les questionnaires pendant la réunion. A leur réception nous constations un grand nombre de non-réponses prouvant l'existence des difficultés évidentes.

Des appels téléphoniques nous parvinrent, afin d'élucider certaines questions dont le sens n'avait pas été saisi. Une seconde rencontre s'est avérée indispensable pour un complément d'informations. Evidemment, pour un tel public, la meilleure méthode reste l'entretien non-directif ou semi-directif.

8. De la relance au "harcèlement sociologique"

Les travailleurs sociaux n'aiment pas écrire et n'ont jamais de temps en dehors de leur travail. Il nous a fallu un vrai travail de fourmi pour récupérer les questionnaires. Nous avons quelquefois fait quatre relances sans résultat. Nous sommes donc passés de la relance au ***"harcèlement sociologique"*** (courriers, téléphone, déplacements dans les établissements pendant les réunions des équipes). Il faut ici signaler la difficulté de cette phase, car, si le social a quelquefois tendance à ne pas trop presser le mouvement, la thèse est limitée dans le temps. Certes, nous sommes allés jusqu'à en agacer certains, mais il n'y avait guère d'autre alternative pour récupérer cet outil, élément capital de cette investigation.

9. Les entretiens de type biographique

Nous avons choisi les entretiens de type biographique car la biographie : *"c'est la vie même d'un individu singulier entendue dans son détour temporel, historique... c'est l'écriture de cette vie, sa reconstruction narrative, son récit... C'est une approche de l'histoire et bien davantage, par le récit de celui qui en est l'acteur sinon l'auteur"*.[36]

L'avantage de cette méthode est qu'elle *"vise avant tout à respecter le réel qu'elle enregistre avant de l'interpréter"*[37]. Nous voulions éviter, comme l'explique G. GOSSELIN, une *"enquête clé en mains où il n'y aurait plus que des croix à mettre dans des cases, comme des signatures d'illettrés"*[38]. Cette méthode permet d'appréhender l'ensemble des facteurs ayant influencé de près ou de loin les TSOE à choisir les professions sociales.

Ici, l'individu est le produit de l'histoire, mais également le sujet actif de sa propre vie. Il est donc à la fois sujet et objet de l'histoire ou plutôt *"objet de la connaissance historique"*, qui ne peut-être saisie *"que dans un mouvement itératif d'approfondissement de la subjectivité et de l'objectivité"* (V. de GAULEJAC, 1989, op. cit. pp. 33-34). L'entretien biographique appréhende donc l'individu dans ce qui le détermine, en lien étroit avec son milieu social d'origine, sa culture et celle de son environnement.

Cela nous aide à comprendre ce qui a été déterminant dans le passé pour expliquer la position sociale présente. C'est à travers les informations fournies par l'individu lui-même que nous avons saisi *"le vécu social"*[39], la résultante complexe des contraintes sociales et des stratégies conscientes ou non qu'il a développées pour accéder aux professions sociales.

---

[36] LEGRAND, M. *L'approche biographique. Théorie et clinique,* éd. Epi hommes et perspectives,1993, pp.11 et 171.

[37] POIRIER, J. CLAPIER, S. VALADON. RAYBAUT, P. *Les récits de vie. Théorie et pratique*. PUF, 1983, p. 27. Voir aussi les analyses de D.DUPREZ sur cette question : les histoires de vie. *Cahiers internationaux de sociologie*, Vol. LXXVIII, 1985, pp. 141-145.

[38] GOSSELIN, G. *Une éthique des sciences sociales, la limite et l'urgence*. Ed. L'Harmattan 1992, p. 140.

[39] Voir la préface de BALANDIER, G. In FERRAROTI, F. *Histoire et histoires de vie. La méthode biographique dans les sciences sociales*. Librairie méridiens 1983 p. 8.

27 entretiens semi-directifs de type biographique d'une durée de 45 à 1h 45 minutes ont été réalisés, dont une dizaine pouvant être catégorisés comme des "leaders". Le choix s'est opéré à partir des thèmes principaux développés dans la recherche. Cette différence de temps montre que les trajectoires sont différentes selon les individus. Ces entretiens ont été réalisés suivant une méthode, faisant appel à l'histoire, donc à la mémoire des acteurs. Or, celle-ci, souligne V. de GAULEJAC *: "oublie, déforme, transforme, reconstruit ce qui s'est passé en fonction des exigences de l'inconscient... et non en fonction des exigences de la vérité"*[40]. Le chercheur ne deviendrait-il pas le jouet de l'interviewé ?

Nous pensons que cela ne doit en aucun cas décourager le chercheur qui doit s'imposer une démarche empirique même si quelquefois, il ne saisit qu'un aspect d'une réalité multiple.

Nous aurions pu multiplier le nombre d'entretiens, mais l'expérience montre que cela n'aurait pas permis de recueillir des informations supplémentaires pouvant justifier l'augmentation d'un corpus (MICHELAT 1975, GHIGLIONE et MATALON 1980)[41].

Six entretiens (exploratoires) avec des Directeurs d'établissements ont été également effectués. Ils ont tourné autour des problèmes de recrutement des travailleurs sociaux, du type de public accueilli, des problèmes rencontrés par rapport à ce public, des interactions entre TSOE et jeunes d'origine étrangère (dans la prise en charge).

Ces entretiens ont permis de recueillir leur analyse spontanée de l'arrivée de cette population dans les professions sociales, leur perception de la notion de *"jeune leader"*, l'ambivalence qui accompagne les jeunes dans leur mission, etc.

10. Les conditions de déroulement des entretiens ou les angoisses et les bonheurs d'une recherche

Nous tenons à rappeler essentiellement le caractère atypique des travailleurs sociaux qui disent n'avoir pas de temps libre à consacrer en dehors de leur travail. Les entretiens se sont donc déroulés (en grande partie) sur leur lieu de travail.

---

[40] GAULEJAC, V. de. La socioclinique, roman familial et trajectoire sociale, In G. PINEAU et G. JOBERT (sous la direction de) *: Les histoires de vie*, Tome II, éd. L'harmattan 1989, p.36.

[41] MICHELAT, G. Sur l'utilisation de l'entretien non directif en sociologie, *Revue Française de Sociologie*, n° XVI, 1975 P. 245, M. GHIGLIONE et B. MATALON : *Les enquêtes sociologiques*, éd. A. COLIN 1980, pp. 50-51.

G. MICHELAT (1975)[42] a souligné que s'adresser aux individus dans leurs particularités, à travers leur trajectoire pour atteindre ce qui est social, n'est pas une chose aisée. Cela exige une micro-relation sociale (FERRAROTI 1983)[43] qui en elle-même est un piège, puisqu'on demande aux chercheurs de *"s'impliquer en se désimpliquant"*.

Ce type d'approche présente des difficultés liées au caractère intime de certaines questions. Dans ces conditions, la familiarité avec l'objet de l'étude est certes nécessaire, mais n'est pas toujours garante d'une mise en confiance réciproque, le sujet craignant de se livrer à quelqu'un qu'il connaît bien. Cela amenait quelquefois, d'un côté, de la méfiance et de l'autre des refus. Ce qui est dommage pour le sociologue est compréhensible pour l'homme ; car ce que les TSOE rapportent dans leur discours l'est au prix d'une analyse introspective, d'un retour réflexif souvent douloureux, allant jusqu'aux larmes (trois femmes et un homme ont en effet fondu en larmes).

Ainsi, nous ne pouvons manquer de rappeler ce qui pour nous a été un moment fort dans cette recherche.

Nous avons envoyé un questionnaire à une éducatrice d'une quarantaine d'années. Elle nous a rappelé en demandant une interview parce qu'avec le questionnaire, elle ne pouvait s'exprimer clairement et souhaitait le faire *"de vive voix"*. Nous nous sommes rendus à son domicile pour réaliser l'entretien. Celui-ci fut particulièrement douloureux, puisqu'elle a abordé sa vie en Algérie, son rejet par sa famille, sa vie en France, ses enfants qu'elle a éduqués seule. Cette introspection a été tellement douloureuse qu'elle a éclaté en sanglots.

Dans ce cas précis, nous nous sommes interrogés sur l'attitude à adopter : Est-ce qu'il fallait réconforter l'enquêtée ou continuer sans se préoccuper de son état ? *"L'apprenti sociologue"* (que j'étais) a senti un malaise. Il est resté muet en attendant que cela se passe, vue la pesanteur du climat qui régnait. Comme le souligne G. GOSSELIN (1992), nous nous sommes trouvés devant une situation épistémologique impossible : *"être entièrement à la place de l'objet de la recherche et garder en même temps l'esprit détaché et objectif d'un savant"* (p. 102). Y sommes-nous parvenus ?

---

[42] MICHELAT, G. 1975 op. cit. p. 233.

[43] FERRAROTI, F. 1983 op. cit. p. 52.

Un autre problème rencontré est celui des rendez-vous manqués. Certains TSOE nous ont donné plusieurs rendez-vous (jusqu'à trois) auxquels ils ne se sont jamais présentés.

Enfin, nous n'oublions pas pour autant que cette recherche a été menée parce que les acteurs ont accepté de nous faire partager leur expérience et leur biographie. Malgré notre expérience de terrain de *"chercheur indigène"*, comme aimait le répéter N. ANDERSON dans le milieu dont il se faisait observateur, celui du Hobo[44], pénétrer dans le milieu des TSOE n'a pas été si facile, même avec *"l'enveloppe raciale"*.

11. Le rapport entre le chercheur et l'objet de la recherche

Comme le disait HUGHES *" il faut encore une fois être sur le terrain sinon avoir vécu soi-même dans la situation du boulot étudié pour faire de la sociologie du travail sérieuse"*. Mais il fallait faire attention à l'illusion d'un objet donné par le monde social et aussi à l'illusion de la neutralité (la relation d'entretien n'est jamais neutre socialement).

Exerçant dans le secteur social depuis plus de dix ans, occupant successivement la fonction d'éducateur de groupe, d'éducateur scolaire et, depuis huit ans, de chef de service pédagogique *(tout en précisant qu'en arrivant dans le secteur social, j'étais déjà titulaire d'un DEA de sociologie et d'un DEA d'études politiques)* et d'enseignant dans les écoles de professions sociales, cette recherche pourrait être une auto-recherche.

A travers la question posée aux travailleurs sociaux *: "pourquoi avez-vous choisi le secteur social ? "*Ne cherchions-nous pas à atteindre *"une compréhension mutuelle en cherchant un point de vue commun ? "* (G. GOSSELIN, 1992, p. 138). N'était-ce pas une façon de nous interroger sur le sens visé de notre propre activité ? (idem).

Etudier les TSOE en étant soi-même travailleur social d'origine étrangère, c'est en quelque sorte faire son *"auto-sociologie"* ou son *" ethnosociologie"*.

Ce travail est donc réalisé par un chercheur familier de l'objet d'étude du fait même de sa propre trajectoire (CHAPOULIE 1984)[45] . Par notre expérience, nous avons combiné l'observation participante et les entretiens.

---

[44] ANDERSON, N. *Le Hobo. Sociologie du Sans-Abri*, éd. Nathan 1993, p. 13.

[45] CHAPOULIE, J.M. Everett C. Hughes et le développement du travail de terrain en sociologie. *Revue Française de sociologie*, n° XXV, 1984, p. 598.

Nous avons toujours été acteurs et non simples spectateurs. Ce qui nous introduit dans le courant interactionniste comme l'a remarqué H. BLUMER lorsqu'il s'agit de saisir la réalité du phénomène étudié : *"Pour comprendre ce processus, le chercheur doit prendre le rôle de l'acteur dont il se propose d'étudier le comportement. Puisque l'interprétation est construite par l'acteur sous forme d'objets désignés et appréciés, de significations acquises et de décisions prises, le processus doit être considéré du point de vue de l'acteur... Essayer de saisir le processus d'interprétation en restant à l'écart, comme l'observateur dit objectif, et en refusant de prendre le rôle de l'acteur, c'est risquer la pire forme de subjectivisme : celle dans laquelle l'observateur objectif au lieu de saisir le processus d'interprétation tel qu'il se produit dans l'expérience de l'acteur, lui substitue ses propres conjectures"* (cité par BECKER 1985, p. 195). Cependant si notre familiarité prolongée avec l'objet de l'étude nous a permis de mieux comprendre le phénomène étudié, s'est interposé pendant la recherche un ensemble de prénotions et de sentiments, entre le sujet et nous. Des auteurs comme Jeanne FAVRET - SAADA (1977)[46] ont insisté sur la nécessité heuristique pour les chercheurs d'être impliqués dans leur objet d'étude et de travailler sur cette implication. Dans son étude sur la sorcellerie dans le bocage, elle analyse le caractère limitatif de la neutralité objective, qu'elle appelle *"position d'extériorité"*. Le passage à une implication en cours d'enquête, lui a permis d'avoir accès à des informations dont elle n'avait pas connaissance et qui lui ont permis de reconstituer un cas de sorcellerie, celui de Jean Babin, avec ses différents protagonistes, ses développements et la logique de son fonctionnement.

Si la logique de la sorcellerie ne pouvait être appréhendée qu'au moyen d'une observation participante, il en est de même de notre recherche, qui de surcroît a nécessité une *"implication affective"*[47], certes contraire au principe de l'objectivité, mais indispensable à la collecte des données dans l'observation participante.

A Roubaix (Nord) par exemple, nous avons été pris à témoin de la misère des banlieues. *"Toi qui as réussi, tu vas leur dire que, nous, on souffre ici. Ce quartier a été abandonné depuis longtemps..."*. *"Va leur dire qu'on veut que l'Etat nous aide"*. A certains moments nous avons été sommés de donner notre point de vue : *"Est-ce que franchement, entre un Arabe et un Français, on va pas préférer un Français pour le boulot ?"*.

---

[46] FAVRET SAADA, J. *Les mots, la mort, les sorts*. éd. Gallimard, Paris 1977, p.47

[47] CHAUCHAT, H. *L'enquête en psycho-sociologie*. éd. PUF 1990, p.108

Mais notre expérience du terrain nous a poussés à améliorer nos capacités d'objectivation, en entretenant *"une distance critique"* à l'égard de nos *"propres jugements et sentiments"* une *"émancipation par rapport à notre milieu"* (CHAPOULIE, in BECKER, 1985, p. 19).

Bénéficiant du privilège de *"l'intériorité"*, il nous a fallu nous méfier des *" tranquillisants symboliques "* en prenant la mesure de notre implication, afin que la distanciation qui pousse à *"l'émancipation"* du chercheur indigène soit maintenue.

Car pour le sociologue, "il existe une société vraie, mais non visible, un invisible derrière le visible qui se donne à voir et à entendre dans la vie de tous les jours".

Toutefois, cela pose questions : *comment maintenir cette distance vis-à-vis d'une population que nous connaissons bien pour l'avoir côtoyée pendant une dizaine d'années ? Peut-on de manière absolue maintenir la distanciation ?* Un début de réponse est donné par Norbert ELIAS[48] qui pense que :

"On ne peut de manière absolue qualifier l'attitude d'un être humain de distanciée ou d'engagée (ou si l'on préfère de rationnelle ou d'irrationnelle, d'objective ou de subjective) ; seuls les nourrissons et peut être les malades mentaux sont si totalement engagés dans leur comportement et leur manière de ressentir les événements qu'ils s'abandonnent sur le champ et sans réserve à leurs sentiments ; d'un autre côté, c'est seulement chez eux que l'on trouve une distanciation absolue, un retrait complet des sentiments par rapport aux événements qui les entourent".

Comme l'a suggéré CICOUREL (1964) : *"l'enquêteur qui conduit un entretien ne peut faire l'économie des interprétations de sens commun. Les règles de sens commun sont les conditions incontournables pour obtenir l'information désirée".* De même G. GOSSELIN, *"Je n'écris pas du haut d'une tour mais au creux d'un tourbillon. Le pire c'est toujours de croire soustraire le sujet connaissant de la connaissance. La recherche de l'objectivité comporte, non l'annulation mais le plein emploi de la subjectivité"* (Morin cité par G. Gosselin, 1992).

[48] ELIAS, N. *Engagement et distanciation*, éd. Fayard 1993, pp. 9-10.

Certes, la difficulté fut grande, mais ne pas savoir prendre de distance aurait voulu dire que le savoir accumulé *"d'apprenti sociologue"* acquis à l'institut de sociologie ne jouait pas. En effet, la réflexion théorique acquise, combinée à ma fonction à l'Association Départementale du Nord pour la Sauvegarde de l'Enfance et de l'Adolescence m'imposait ce minimum de distance.

CHAPITRE I

LES TRAVAUX ANTÉRIEURS EN SOCIOLOGIE DU CHOIX PROFESSIONNEL DU TRAVAIL SOCIAL

Dans sa thèse, Claude DUBAR[49] , pense qu'on ne peut considérer l'origine des motivations du choix professionnel d'éducateur spécialisé comme essentiellement sociologique. Car dit-il, "il ne suffit pas au sociologue de constater le poids des contraintes sociales sur les choix professionnels pour éclairer les conduites effectives des individus ; il lui faut encore tenter d'expliquer pourquoi ces contraintes demeurent le plus souvent inconscientes et plus précisément, pourquoi, à la conscience des déterminations sociales se substituent souvent des justifications subjectives plus ou moins cohérentes" (op.cit. p.6).

Poursuivant son analyse, il fait le même constat pour les auteurs qui expliquent le choix professionnel par une approche psychologique. Ce point de vue qui a prévalu pendant longtemps, reposait sur le postulat, selon lequel certains individus auraient des aptitudes professionnelles innées dont la simple connaissance suffirait à les orienter vers certaines professions particulières. C. DUBAR réfute cette notion d'aptitude innée en s'appuyant sur les analyses de P. NAVILLE qui a conclu que "la notion même d'aptitude professionnelle est illusoire et inféconde"[50]. Pour sa part, une aptitude innée à exercer un métier particulier ne peut trouver une validité scientifique quelconque, parce que l'exercice d'une profession dépend étroitement de la gamme des métiers existant à une époque donnée.

---

[49] DUBAR, C. *Idéologies et choix professionnels des éducateurs spécialisés*. Thèse de 3ème cycle, sociologie, Paris VIII, 1970.

[50] NAVILLE, P. *La théorie de l'orientation professionnelle*, P.U.F, 1957, p. 194.

A partir de recherches statistiques et d'une analyse de contenu des questionnaires, C. DUBAR a démontré que le choix du métier d'éducateur est complexe. Il a relevé que l'orientation vers ce métier était reliée à l'histoire familiale, aux décalages entre les aspirations des parents et l'avenir des enfants, en insistant sur l'influence qu'exerce l'origine sociale sur les choix professionnels des jeunes. Il a commencé par analyser les catégories sociales d'origine des éducateurs avant de montrer en quoi certaines caractéristiques idéologiques de la famille d'origine ont influencé le choix professionnel des éducateurs.

Il a remarqué dans son échantillon, un pourcentage important d'éducateurs originaires des classes moyennes. Beaucoup appartiennent à des familles nombreuses, au sein desquelles l'éducation a été marquée par une appartenance religieuse et un militantisme social assez forts. Pour ce qui est de l'appartenance religieuse, près de la moitié des familles d'éducateurs spécialisés du Nord étaient catholiques pratiquantes et près de 90% d'entre elles étaient de religion catholique. Concernant les trajectoires professionnelles et scolaires, il a constaté que les aspirations professionnelles des éducateurs ne correspondaient pas au métier choisi et la scolarité de ces derniers était accidentée avec des échecs successifs aussi bien au baccalauréat qu'à d'autres niveaux de la formation.

S'appuyant sur l'hypothèse d'une dépendance essentielle des variables familiales, scolaires et idéologiques à l'égard de la classe sociale d'origine par rapport au choix professionnel, il est arrivé à la conclusion suivante :

Les éducateurs d'origine ouvrière ont effectué une ascension sociale dont ils sont généralement conscients.

Cette promotion trouve son origine dans les responsabilités acquises dans les mouvements de jeunesse ouvrière et à partir d'une bonne réussite scolaire, cependant insuffisante pour accéder aux professions ambitionnées avant l'entrée dans le secteur social.

Pour les éducateurs d'origine bourgeoise, le choix du métier d'éducateur spécialisé représente "une déviation" par rapport à la classe sociale d'origine. Déviation au sens de la régression sociale rendue possible par divers facteurs : impossibilité de terminer les études, effet de l'environnement culturel et idéologique les poussant à s'engager dans les professions faisant appel à la vocation et les mettant en conformité avec les valeurs de leurs familles d'origine.

Les éducateurs issus des couches moyennes, population plus difficile à cerner à cause de la diversité des situations familiales, justifient leur choix par la critique du système scolaire ("l'école est mal organisée, c'est pourquoi j'ai échoué... l'éducation spécialisée est mieux conçue, c'est pourquoi je l'ai choisie").[51] ("J'aurais pu être enseignant mais, j'étais dégoûté de l'école. Educateur spécialisé c'est plus dynamique et ça correspond mieux à ce que j'aime faire avec les enfants", DUTRENIT, 1980). La critique du système scolaire s'accompagne d'une expérience dans les activités parascolaires et de loisirs, par le scoutisme, le militantisme, l'animation de quartier, éléments de socialisation qui servent de médiation à l'orientation vers ce métier. Le choix de ce dernier est un moyen de poursuivre les engagements antérieurs. Ce qui fait dire à C. DUBAR (1970), "qu'il existe une continuité entre le type d'éducation reçu dans la famille d'origine, les mouvements de jeunesse et les conceptions de la profession qu'ils exercent, ou encore, une certaine correspondance entre les idéologies du groupe social d'origine et celles de la profession d'éducateur".

Au terme de son étude, on peut dire que le choix du métier d'éducateur est la résultante de plusieurs facteurs combinés : éducation familiale, rapport à l'école, fréquentation des mouvements de jeunesse, activités des loisirs, etc.

Mais ces facteurs n'ont pas la même force selon l'origine sociale de chacun. De même, il affirme que le milieu social d'origine peut prédisposer certaines personnes au choix de la profession parce qu'il existe une similitude entre le statut social des parents et celui des enfants.

Hypothèse reprise dans notre recherche concernant les jeunes issus des quartiers difficiles. Toutefois, comme il l'a souligné, le processus conduisant à ce métier peut être décomposé en deux temps principaux : tout d'abord celui de la préparation qui correspond aux événements qui ont amené le futur professionnel à évoquer ce métier comme un métier possible, et celui de la réalisation correspondant à la décision finale, c'est-à-dire les circonstances réelles qui ont conduit l'individu à en faire sa profession. En fait " l'origine du choix professionnel est une résultante directe ou indirecte des déterminations sociales, scolaires et idéologiques subies par l'individu depuis son enfance et des mécanismes par lesquels celles-ci ont influencé le choix professionnel. En outre, les cir-

---

[51] DUBAR, C. *Origine sociale et valeurs professionnelles des éducateurs*, In, J.M. DUTRENIT : *sociologie et compréhension du travail social*, éd. Privat , sciences de l'homme, 1980, p. 99.

constances de l'entrée dans les professions sont très souvent indépendantes de ces déterminations générales, et donc très largement contingentes. Elles représentent en quelque sorte la part de l'événement par opposition à celle des structures plus générales dans lesquelles s'insère le choix professionnel" (DUBAR, 1970, pp.142-143).

Cette thèse apporte une importante contribution à la compréhension des modalités d'insertion au métier d'éducateur, mais souffre du manque de fiabilité des informations recueillies par les écoles d'éducateurs, et utilisées par l'auteur. Ces critiques peuvent être également formulées à F. MUEL-DREYFUS(1983)[52], dont les analyses sont proches de celles de C. DUBAR.

L'auteur du "métier d'éducateur" a analysé les déterminants sociaux du choix de ce métier, en partant des "différentes trajectoires sociales et des romans d'origine" des enquêtés.

Dans son ouvrage la notion de génération prend une place primordiale. Le questionnement posé est très intéressant :

- Comment occupe-t-on un poste ?
- Comment s'investit une fonction ?
- Comment se fait l'adéquation des postes et des hommes ?
- "Comment se réalise le travail d'invention d'un métier... et au terme de quel travail complexe un individu vient-il à dire d'un métier qu'il exerce : j'en ai fait mon métier ?"

A cela F. MUEL-DREYFUS répond, qu'auprès de la "nouvelle génération abusée", (celle des années soixante-dix), il y avait un fait de structure provenant du décalage entre les aspirations produites par le système d'enseignement à la base même des aspirations sociales des familles et les chances réelles(op.cit.p.151). A travers ce décalage structurel, on peut comprendre l'histoire sociale et professionnelle de cette génération d'éducateurs. Cette histoire sociale et professionnelle des éducateurs est saisie à travers celle de la famille, dans la manière dont les individus reconstruisent leurs propres trajectoires.

Ses analyses placent le choix du métier et l'investissement du poste dans les accidents biographiques notamment la rupture avec la famille et la rupture avec l'école. Le choix du métier doit également être saisi principalement dans les bouleversements du système scolaire et les rap-

---

[52] MUEL-DREYFUS, F. *Le métier d'éducateur*, éd. Le minuit, 1983.

ports entre les diplômes et les postes à partir des années soixante. Ce qui lui fait dire que le "travail d'invention naît de la rencontre réussie, en certains moments de l'histoire, entre les individus et des positions sociales auxquelles ils donnent ou redonnent vie". Ce qui ne peut manquer de nous interroger sur le choix vocationnel du métier en tant que seconde lecture proposée par les enquêtés dans la rationalisation du choix professionnel.

Son travail s'est organisé "autour d'un récit plus large faisant une place centrale à une sociologie personnelle de l'histoire familiale passée. La reconstruction de la trajectoire sociale de la famille d'origine a été, inséparablement, une analyse critique de cette trajectoire, analyse qui manifestait de façon insistante le sens proprement sociologique de ce que l'on peut appeler le mode du retour sur le passé familial - appréciation de la réussite ou de l'échec social des parents, de leur perception du monde social et notamment, de leur représentation du système scolaire dans sa relation à l'espace des avenirs sociaux possibles, tout autant que celui des caractéristiques sociales effectives de ce passé : diverses formes de capital possédées par la famille d'origine, pente de la trajectoire sociale, etc.".

L'analyse ci-dessus, s'accommode fort bien de celles développées par R. LAPAUW, à propos de "l'heure du choix et de la difficulté d'analyser ce choix". Puisque dans l'analyse de sa propre trajectoire, le candidat au métier d'éducateur "se prend à s'écouter lui-même, s'attarde sur les motifs qui le poussent à faire ce qu'il réalise présentement. Il s'aperçoit alors que cette démarche est partiellement illusoire, qu'elle le renvoie de manière continue au passé, qui se trouve ainsi étroitement lié au présent. Il nous importe donc de tenir compte du rôle principal et central que joue cette relation "passé-présent" dont nous sommes conscients".[53] Passé-présent cernés à travers, les structures familiales, l'enfance, et les relations affectives qui sont autant d'éléments qui ont marqué le sujet. Eléments saisis "dans une vision globale, éclairée par-à-coups, des images du surmoi rejaillissant dans le champ de la conscience" (LAPAUW, 1969, p. 31). Il s'agit donc véritablement du retour au passé réflexif, dont parle F. MUEL-DREYFUS.

Enfin si le travail de F. MUEL-DREYFUS est intéressant pour le choix du métier des instituteurs, il nous questionne un peu au niveau méthodologique, lorsqu'elle aborde la partie sur les éducateurs spécialisés, notamment dans la manière dont l'échantillon à été constitué. Les éduca-

---

[53] LAPAUW, R. *Educateurs...inadaptés*. Ed. de l'Epi, Paris, 1969. pp. 29-30.

teurs de la prévention pris en compte par l'auteur ne représentent qu'une infime partie d'un sous-secteur peu représentatif de l'ensemble du terrain de l'éducation spécialisée. Comme le souligne M. AUTES, ce qui "vaut pour cette catégorie particulière, minoritaire dans la profession, ne vaut sans doute pas pour l'éducateur d'internat ou celui d'institut médico-pédagogique, c'est-à-dire pour près des quatre cinquièmes des éducateurs spécialisés"[54]. Par ailleurs, les enquêtes et les interviews de cette recherche ont été réalisées par des chercheurs différents dans des conditions et lieux différents.[55] Ce qui peut de nouveau appeler une réserve quant à la façon dont ces enquêtes et entretiens ont été réalisés.

La recherche de Alain VILBROD[56] emprunte la même démarche que celles des auteurs cités ci-dessus, même s'il souhaite s'en démarquer sur certains points. Pour quelles raisons devient-on éducateur ou éducatrice ? Pour répondre à cette question, il a interrogé plus de huit cents éducateurs. Ce travail démontre une nouvelle fois qu'on ne devient pas éducateur spécialisé par hasard, qu'il y aurait un "habitus du social"[57] qui agit et qui prédispose les "entrants" à ce métier.

L'auteur s'est attaché à rechercher les ressources dans lesquelles puisent ceux qui choisissent ce métier : les ressources familiales, c'est-à-dire que les héritages ont été privilégiés. Devenir éducateur est une affaire de famille, premier déterminant social du choix de ce métier. D'où une exploration des profils sociologiques des familles des éducateurs spécialisés, à partir des professions exercées par les parents en termes d'analyse de trajectoire, en privilégiant ce qu'il appelle "l'effet générationnel", par la reconstitution "des ancrages et des déplacements de la lignée afin de déceler cette alliance de la pente et du penchant susceptible d'avoir influé sur le choix de faire éducateur"[58]. Son étude a

---

[54] M. AUTES : l'identité de l'éducateur spécialisé ou les incertitudes du pouvoir de nommer, in Cahier *D'E.C.A.R.T.S.(ESPACE DES ACTEURS DE LA RECHERCHE POUR LE TRAVAIL SOCIAL),* n°6, 1983, p. 45 Publication de l'ASSOCIATION FRANCAISE POUR LA SAUVEGARDE DE L'ENFANCE ET DE L'ADOLESCENCE (A.F.S.E.A.).

[55] Voir à ce sujet l'excellente note de M. CHAUVIERE à propos de l'ouvrage de MUEL-DREYFUS in *Les cahiers de l'animation.*

[56] VILBROD, A. *Devenir éducateur, une affaire de famille*. Ed. L'harmattan , Paris, 1995.

[57] JOVELIN, E. Les travailleurs sociaux d'origine étrangère. Destins professionnels et choix du métier, *Revue Française de la Sauvegarde de l'Enfance*, n°4, 1993.

[58] A. VILBROD 1995, op.cit. p.95 et p.113: "Nous nous proposons d'y substituer, du moins d'y adjoindre une observation restituant bien mieux les positions d'origine, le terreau où l'on grandit, la marque d'un passé familial, d'une hérédité sociale qui conditionnent largement pensons-nous, l'expérience temporelle de ceux et de celles qui ont choisi et choisissent encore ce métier réputé pas comme les autres... Les prédispositions qui vont ordonner le parcours d'un individu, qui vont borner le champ des possibles, les choses à faire ou ne pas faire, à espérer sont bien plus fidèlement restituées par les orientations de la lignée, leurs trajectoires passées que par une seule position, celle du père en fin de carrière professionnelle".

permis de réactualiser certaines données : ainsi les profils sociologiques des personnes qui s'orientent vers ce métier ne diffèrent pas sensiblement de ceux de leurs aînés. Cela remet en cause la thèse d'une nouvelle génération d'éducateurs évoquée par F. MUEL-DREYFUS ; l'étude de leurs origines fait apparaître que très peu d'éducateurs ont des parents exerçant un métier de cadre ou une profession intellectuelle supérieure, remarque valant pour les précédentes études présentées. Plusieurs événements ont émaillé leurs cursus scolaires (échecs, relégations, réorientations), avec des redoublements atteignant 40% pour les éducateurs ayant interrompu leurs études en terminale et l'emprunt des filières scolaires dévaluées préparant à des diplômes à faible "rendement social". Cette population a précisément selon l'auteur "un rapport chaotique et désarmé face à l'école". Les hommes sont évidemment plus nombreux que les femmes à avoir prolongé leur cycle secondaire de deux ans avant de passer à autre chose.

Ce sont les enfants d'ouvriers et d'employés qui ont souvent accumulé les échecs donc "c'est plutôt une navigation à vue qui semble avoir présidé à leurs itinéraires scolaires" (VILBROD, 1995, p. 161). L'ensemble de ces éléments selon l'auteur resitue un contexte, mais ne livre pas de signes probants sur l'orientation précise vers le métier d'éducateur spécialisé. Et pourtant nombre d'entre eux ont bien tenté de s'orienter vers d'autres métiers, lassés par des échecs et des études trop longues. Nous sommes bien là dans le cadre d'un "repli professionnel". Repli indissociable de la famille d'origine, puissant vecteur d'orientation vers ce métier.

Enfin les analyses de Daniel VERBA[59] sur le choix du métier d'éducateur de jeunes enfants apporte une autre forme de contribution à la sociologie du choix professionnel. Cette étude s'est inspirée des différentes travaux précités, essentiellement , ceux de C. DUBAR et F. MUEL-DREYFUS. Dans *le métier d'éducateur de jeunes enfants*, D. VERBA parle de deux types d'expériences qui se complètent, évoquées par les enquêtés, en tant que déterminant du choix professionnel.

Dans le premier type d'expérience, il y a l'évocation d'une histoire familiale douloureuse et notamment les rapports difficiles quant au mode d'éducation reçue. Les éducateurs remettent en cause une éducation jugée "inadaptée et contraignante" d'où un "désir de faire vivre aux enfants ce que les professionnels n'ont pu vivre eux-mêmes dans leur enfance" (VERBA, 1995, p. 64).

---

[59] VERBA, D. *Le métier d'éducateur de jeunes enfants*. Paris, Ed. Syros. 1995.

Dans le deuxième type d'expérience, il s'agit de ce que A. VILBROD appelle "un cursus scolaire désarmé" : 68% des éducateurs de jeunes enfants reconnaissent avoir eu un cursus scolaire moyen et, 67% ont redoublé au moins une classe dont 20% la terminale.[60] Le choix du métier est en corrélation avec la carrière scolaire comme l'ont démontré certains auteurs.

Après ces différentes analyses sur le choix du métier d'éducateur, que pourrions-nous dire de celui d'animateur socio-culturel ? Nous pouvons affirmer que les analyses abondent dans le même sens si nous considérons celles développées par SIMONOT.

En effet la recherche de M. SIMONOT (1974)[61], qui s'est limitée à analyser la population des futurs animateurs socioculturels en cours de formation, pose l'hypothèse suivante : "l'aspiration à l'exercice de l'animation socioculturelle était liée à un certain nombre de conditions concernant à la fois l'histoire sociale et scolaire des sujets et certaines représentations reliées entre elles logiquement" (op.cit.p.173). Le choix du métier semble lié à une expérience antérieure comme animateur bénévole. L'origine sociale des animateurs a une influence déterminante sur leur histoire et leurs représentations.

Comme dans l'étude de C. DUBAR, on rencontre parmi les animateurs des trajectoires scolaires accidentées, interprétées selon les positions sociales d'origines de chacun.[62] Dans le choix professionnel, la vocation est rarement évoquée, mais presque souvent on cite un motif social (l'animation peut aider à la disparition des inégalités sociales).

Enfin, au même titre que les conclusions d'autres études abordées, "la genèse de l'aspiration à l'exercice de l'animation socioculturelle obéit à un ensemble de mécanismes complexes[63] . Le fait premier est bien la position

---

[60] J'ai beaucoup changé d'écoles d'où j'ai été renvoyée pour indiscipline. C'était un peu hachuré... J'étais mal à l'école... Je n'ai pas très bien vécu la période scolaire à partir du collège, qui s'est prolongée jusqu'au lycée. C'est une période où j'ai vraiment ressenti les choses, de façon vraiment désagréable par rapport au scolaire. p. 65.

[61] SIMONOT, M. *Les animateurs socioculturels, étude d'une aspiration à une activité sociale,* P.U.F, 1974.

[62] ELOY, J. GANTIER, P. SAMYN, E. Devenir professionnels de cinq promotions d'animateurs dans le Nord-Pas-de-Calais, *Les cahiers de l'animation,* 1984, n° 44/45 montrent dans leur étude que les animateurs ont des cursus scolaires différenciés, c'est-à-dire que le niveau d'étude atteint avant l'accès en formation à l'animation est fort variable. En effet, si 42% possèdent le bac, nombreux sont ceux qui ont arrêté leur scolarité avant le bac soit 25 % voire à la fin du premier cycle soit 12 %.

[63] Ce terme de " mécanisme complexe ", quant au choix du métier, a déjà été relevé par R. LAPAUW en d'autres termes mais complémentaires en ce sens : "Parmi les motifs qui conduisent un jeune vers la profession d'éducateur, entrent en fait un nombre incalculable de composantes qu'il n'est même pas toujours possible au candidat d'exprimer dans leur généralité", p. 31.

de l'individu dans la structure sociale. Mais il ne prend son sens que dans le cadre d'une histoire à la fois objective et subjective. Il s'agit de l'histoire socioculturelle et socioprofessionnelle de la famille de l'individu, c'est-à-dire d'abord l'histoire du père et de ses enfants en rapport avec l'avenir social projeté par le premier sur les seconds"(op.cit. p.183). L'étude précédente de A. VILBROD, s'inscrit sans nul doute dans le champ de M. SIMONOT, même si le premier analyse trois générations et le second seulement deux. Quant aux choix de ce métier en tant que promotion sociale, certains animateurs issus de couches supérieures le vivent comme un déclassement et ceux issus de couches inférieures comme une ascension (fait remarqué et souligné plus haut dans l'étude de C. DUBAR).

Quoi qu'il en soit, ces travaux n'ont pas pris en compte les caractéristiques particulières des personnes d'origine étrangère, certainement présentes dans les différents échantillons des auteurs précités. La question que l'on se pose est celle-ci : choisit-on le travail social de la même manière, lorsque l'on est d'origine étrangère ou Français d'origine ? En réponse à cette question, le choix d'une double enquête s'est opéré : les travailleurs sociaux d'origine étrangère et les travailleurs sociaux Français d'origine.

Mais d'autres auteurs, dont cette recherche s'inspire, ont tenté d'aborder cette question et révélé des tendances intéressantes. En France les travaux pionniers de D. DUPREZ[64], C. LAMARCHE[65] et M. DUPE, ont essayé d'apporter un important éclairage aux stratégies de professionnalisation dans le secteur social de jeunes issus de quartiers populaires, essentiellement les jeunes leaders. L'étude présentée dans cet ouvrage adopte la même démarche mais en élargissant le corpus au-delà du phénomène de leadership, c'est-à-dire en prenant comme échantillon la catégorie "origine étrangère" issue de l'Afrique noire et du Maghreb, d'où son intérêt particulier, comparativement aux travaux antérieurs.

---

[64] DUPREZ, D. *L'émergence du jeune leader dans les cités populaires et les nouvelles vocations à l'animation*, Actes des Vèmes journées internationales, VAUCRESSON, mai, 1985.
Voir également : les stratégies préventives des années 80, 1984.

[65] LAMARCHE, C. DUPE, M. Graine d'éducateur . Le jeune leader : une nouvelle idéologie du travail social ? Revue *Contradictions*, n° 47, 1986.
M. DUPE (avec la collaboration de D. DUPREZ) : Société et prévention dans la ville : les opérations de prévention ETE jeunes 84. ADRES-MIRE. Ministère des Affaires sociales et de la solidarité 1985.

CHAPITRE II

LES IMMIGRÉS ET LA CRISE ÉCONOMIQUE : UNE POPULATION EN DIFFICULTÉ D'INSERTION

PRÉAMBULE

L'intérêt porté à l'aspect économique de l'immigration étrangère s'avère nécessaire par rapport à la conjoncture actuelle pour comprendre de près ou de loin les stratégies que développent dans les années quatre-vingt les jeunes d'origine étrangère, quant à leur insertion dans certains secteurs d'activité, notamment les professions sociales. Cet intérêt est d'autant plus fécond que depuis un siècle, la population étrangère a contribué à la croissance économique de la France.

En effet, si la suractivité des étrangers par rapport à la moyenne nationale (autour de 50% tout au long de la première moitié du XXème siècle et à peine 40% dans les années 1970)[66] a été frappante, la crise économique a rendu cette population vulnérable, l'obligeant à adopter d'autres stratégies d'insertion.

Désirée pendant cette période de croissance continue, la main-d'œuvre étrangère a participé au développement de la France. Depuis les années soixante-dix, cette main-d'œuvre étrangère est devenue peu à peu un flux qu'il convenait de résorber par des incitations au retour ou par la fermeture des frontières, le but étant de substituer les actifs nationaux dans les emplois laissés vacants par le départ des étrangers. Cette situation rappelle étrangement les années trente où cette population était devenue indésirable.

Sans s'attacher longuement à l'histoire, il apparaît indispensable de rappeler par quelques chiffres, l'importance de l'appel à la main-d'œuvre étrangère, la place actuelle de cette population dans la crise et l'extinction de certaines

[66] NOIRIEL, G. *Population, immigration et identité nationale en France XIXème - XXème,* éd. Hachette, 1992.

pistes d'insertion dont elle a bénéficié depuis de nombreuses années. Il s'agit d'analyser d'une façon globale l'évolution de la population étrangère dans l'économie française, d'étudier la place des jeunes dans cette économie et surtout de montrer qu'à chaque fois que les étrangers ont investi un secteur d'activité, c'est parce que la pénibilité du travail était élevée et que ce secteur était délaissé par les nationaux. En est-il de même des professions sociales ?

Avant de répondre à cette question, une analyse rapide de la main-d'œuvre étrangère nous paraît nécessaire pour montrer en quoi celle-ci a permis de combler les handicaps de l'économie française sur le marché du travail et comment, d'une certaine manière, les travailleurs sociaux d'origine étrangère sont venus à leur tour atténuer les problèmes de la main-d'œuvre sur le marché du travail social, tant dans le recrutement du personnel que dans la prise en compte réelle des assistés sociaux.

I. CONNAISSANCE DE LA POPULATION ÉTRANGÈRE

I.1. Les notions d'immigré et d'étranger : clarifications conceptuelles

Le terme immigré est flou, ambigu et porteur de stéréotypes, car seul le statut juridique fondé sur la nationalité est retenu statistiquement d'une façon officielle. En règle générale, l'immigré est un individu qui a quitté son pays pour venir vivre et travailler en France. Il s'agit d'une personne "étrangère" vivant en France sans y être née.

Derrière cette définition se cachent beaucoup de malentendus, puisque les Martiniquais, les Antillais, les Guadeloupéens, les Réunionnais, les étrangers naturalisés, etc. sont souvent perçus comme des immigrés.

La définition ci-dessus est fondée sur une caractéristique qui est le lieu de naissance. Mais lorsqu'on s'intéresse aux étrangers venus en France en tant que tels, ce critère de lieu de naissance s'avère insuffisant. Un autre critère est nécessaire : celui de la nationalité. Si la nationalité est une notion juridique, celle d'immigré reflète les flux migratoires. Pour comprendre, il convient de définir ce qu'on entend par personne étrangère.

"*Est étrangère toute personne qui a sa résidence permanente en France, qui n'a pas la nationalité française, qu'elle soit née en France ou ailleurs*"(TRIBALAT, 1991).

Pour cette personne, la nationalité peut changer, par conséquent la manière de définir un immigré dépendra du facteur temps. En fait, selon TRIBALAT[67], si l'on s'intéresse à lui au moment de son entrée en France, il sera dans la situation évoquée ci-dessus. Par contre, quelque temps après son entrée, il sera, soit étranger, soit Français (en vertu des moyens qui lui sont donnés par le Code de la nationalité). Il serait donc soit Français par acquisition, par opposition au Français par attribution qui, lui, acquiert la nationalité à la naissance (Français d'origine). Cette personne, malgré l'acquisition de la nationalité française, est immigrée.

A cet effet, les propos de Simone BONNAFOUS (1992)[68] sont intéressants dans la clarification conceptuelle : *"l'immigré peut n'avoir jamais immigré s'il est de seconde ou de troisième génération... L'immigré peut être français ou étranger..."*, et ce terme *"... vous marque définitivement du sceau de l'extranéïté en fonction du critère qui semble être celui de la peau, du faciès et de la condition sociale beaucoup plus que l'origine réelle"*.

Finalement, les immigrés sont toujours renvoyés à un statut d'étrangers au cours de leur vie en France. Il s'agit de comprendre que tout immigré n'est pas forcément un étranger, et vice-versa[69].

Mais une confusion règne quant à l'utilisation de ces termes, puisque les enfants nés en France de parents immigrés sont considérés soit comme immigrés d'un côté, soit étrangers de l'autre.

D'après la définition ci-dessus, au recensement de 1990, il y avait 4,13 millions d'immigrés en France (soit 7,3 % de la population totale) dont 1,29 million ayant la nationalité française et 3,6 millions d'étrangers (soit 6,4 % de la population totale).

I.2. La population étrangère : chiffres *(voir tableau page suivante)*

Sur les 56,7 millions d'habitants recensés en 1990 en France, on comptait 3,6 millions d'étrangers, alors qu'ils étaient 3,7 millions en 1982[70]. Et ces chiffres qui paraissent stables masquent deux phénomènes :

---

[67] TRIBALAT, M et alii. *Cent ans d'immigration. Etrangers d'hier, français d'aujourd'hui. Apport démographique, dynamique familiale et économique de l'immigration.* INED, Travaux et documents, n°131, P.U.F., 1991.

[68] BONNAFOUS, S. Mots et Paroles de l'Immigration. Essai de mise en perspective sur 20 ans. *Revue Française des Affaires Sociales*, n°46, Décembre 1992.

[69] Voir aussi à ce sujet : la connaissance de l'immigration et de l'intégration. Rapport du Haut Conseil à l'Intégration, la Documentation Française, 1991.

[70] LABAT, J.C. *La Population Etrangère et son Evolution*, Données Sociales, INSEE, 1993.

FRANÇAIS, ÉTRANGERS ET IMMIGRÉS RÉSIDANT EN FRANCE MÉTROPOLITAINE
(source : INSEE)

Français de naissance et Français par acquisition nés en france :
51,8 millions en 1990
49,4 millions en 1982

Ensemble des Français :
53,1 millions en 1990
50,6 millions en 1982

Français par acquisition nés hors de France :
1,3 million en 1990
1,2 million en 1982

Ensemble des immigrés :
4,2 millions en 1990
4,0 millions en 1982

Étrangers nés hors de France :
2,9 millions en 1990
2,9 millions en 1982

Ensemble des Étrangers :
3,6 millions en 1990
3,7 millions en 1982

Étrangers nés en France :
0,7 million en 1990
0,8 million en 1982

POPULATION TOTALE :
56,7 millions en 1990
54,3 millions en 1982

Dans les 3,6 millions, trois nationalités comptent 600 000 personnes environ (portugaise, algérienne et marocaine) et quatre autres (italienne, espagnole, tunisienne et turque) regroupent chacune plus de 200 000 personnes.

Afin d'apporter un éclairage, les Français par acquisition ne représentaient que 1 % de la population nationale en 1931, 2 % en 1945, 2,9 % en 1962. Ce taux de 2,9 % restera stable pendant vingt ans, et évoluera en 1990 avec un taux de 3,1 %, soit 1,77 million de personnes étrangères devenues Françaises dont 30 % étaient originaires du Maghreb et 25 % d'Europe Occidentale.

Entre 1982 et 1990, le nombre de Français par acquisition résidant en France a augmenté de 25 %. Pendant cette même période, il y a un recul des ressortissants des pays de l'Union Européenne, qui représentaient 63% d'étrangers en 1982 et décroissent de 57 % en 1990. En ce qui concerne les nationalités d'Afrique[71], elles représentaient en 1990, 1 652 870 personnes.

La population africaine en France (hors Maghreb) a augmenté de 54,59 % entre 1982 et 1990, elle est passée de 152 244 à 235 362 personnes.

La comparaison effectuée à partir des recensements de 1982 et 1990 démontre que les Sénégalais et les Maliens sont toujours plus nombreux, avec respectivement 45 260 (+ de 39,9 %) et 34 937 (+ de 44,08 %) ressortissants. Mais les Zaïrois, dont la population a progressé de 236, 23 % avec 22 568 ressortissants, supplantent les Camerounais et les Ivoiriens, qui ont vu leur population augmenter faiblement (respectivement 26,3 % et 35,2 %).

Bien évidemment, les Maghrébins représentent toujours la communauté africaine la plus importante en France.

I.3. Apport démographique de l'immigration

L'apport démographique de l'immigration a été largement détaillé par M.TRIBALAT (1991)[72] grâce à un suivi des processus d'acquisition de la nationalité sur trois générations parmi la population actuelle. Selon ses calculs, près d'un cinquième de la population française aujourd'hui est d'origine étrangère. Aux quatre millions d'immigrés de la première génération, dont un quart ont acquis la nationalité française, il faut ajouter les enfants. Ce qui fait en tout, cinq millions dont quatre sur cinq sont des Français. A cela s'ajoute la troisième génération avec environ cinq millions de personnes.

Au total, quatorze millions de personnes vivant en France sont d'origine étrangère, dont dix millions de nationalité française. Ces chiffres donnent un aperçu du poids de l'apport démographique de la population immigrée. L'immigration a donc apporté à la société française dix millions d'individus. S'il n'y avait pas eu cet apport, la France compterait aujourd'hui 45 millions d'habitants.

---

[71] BAROU, J. Des chiffres en général et de ceux de l'INSEE en particulier. Le classement des données. *Migrants. Formation* , n° 91, déc. 1992.

[72] Voir aussi BERNARD, P. *L'immigration*. Ed. Le Monde, Coll. Marabout, 1993.

L'immigration a aussi permis de freiner le vieillissement de la population puisqu'une naissance sur cinq est attribuée aujourd'hui à un immigré arrivé en France depuis un siècle. En 1981, près de 11 % des enfants nés en France avaient deux parents étrangers, et 17 % d'entre eux étaient issus de couples mixtes.

Toutefois, depuis l'arrêt de l'immigration en 1974, on enregistre une baisse de la fécondité des femmes étrangères, quoiqu'elle soit encore supérieure à celles des femmes françaises.

II. PLACE DES IMMIGRÉS DANS L'ÉCONOMIE FRANÇAISE

A partir des données d'ensemble, l'objet est d'analyser la place des immigrés dans l'économie française. Il s'agit de voir les caractéristiques qui font l'originalité du modèle français de l'immigration : *une immigration de travail et de peuplement*, conséquence à la fois du ralentissement de l'accroissement naturel de la population et de l'essor économique de la France.

Ce qui fait dire à A. SAYAD : "Un immigré c'est essentiellement une force de travail et une force de travail provisoire, temporaire, en transit... Le séjour qu'on autorise à l'immigré est entièrement assujetti au travail, la seule raison d'être qu'on lui reconnaisse. C'est le travail qui fait naître l'immigré ; c'est lui aussi, quand il vient à cesser, qui fait mourir l'immigré... Ce travail qui conditionne toute l'existence de l'immigré n'est pas n'importe quel travail, il n'est pas n'importe où ; il est le travail que lui assigne le marché du travail des immigrés[73]".

Ces propos illustrent parfaitement ce que NOIRIEL (1992) appelle "l'aspect prolétarien" de l'immigration, en particulier les immigrations maghrébine et de l'Afrique noire.

Comme nous l'avons dit, il ne s'agit pas simplement de mesurer l'importance et le rôle des immigrés dans l'économie française, mais d'analyser les différentes pistes d'insertion dont ils ont bénéficiées et par là d'expliciter, ce qui pousse leurs enfants aujourd'hui à s'orienter vers le travail social.

---

[73] SAYAD, A. *L'immigration ou les paradoxes de l'altérité,* éd. Deboeck, 1991, p.61.

II.1. Du début du siècle aux années trente

L'industrie et l'agriculture ont massivement eu recours à la main-d'œuvre étrangère. Les premiers recensements datent de 1851[74]. On comptait 380 000 personnes ; ce chiffre passera successivement de 801 700 en 1876, 1 126 500 en 1886 et de 1 159 800 en 1911.

A la fin du XIXème siècle, ce sont les travailleurs des pays limitrophes (Suisses, Belges, Allemands, Italiens) représentant 85 % de l'immigration qui viennent offrir la force de travail.

Lors de la première guerre mondiale, un sixième de la population active masculine âgée de 18 à 60 ans (soit 1 400 000) disparaît, auquel il faut ajouter 1 500 000 blessés dont 900 000 invalides. Cette perte humaine occasionne le recours à la main-d'œuvre étrangère.

Sans trop s'attarder sur l'histoire, en matière de main-d'œuvre, en 1901, il y avait 305 292 ouvriers. Pour G. NOIRIEL (1988)[75], la part des ouvriers étrangers s'élevait à 50,8 % en 1901 et 66,9 % en 1931, parmi l'ensemble des étrangers. Si la population française n'a pas été majoritairement ouvrière, la population étrangère l'a souvent été. De 1921 à 1932, la France a absorbé un nombre très important de travailleurs immigrés pour répondre aux besoins de l'activité économique.

Ralph SCHOR[76] dans ses travaux montrent que les nord-africains étaient parmi les populations occupant les emplois les moins qualifiés entre 1919 et 1939 (1 065 spécialistes et 5 648 manœuvres). Il en est de même des différents secteurs d'emploi où les étrangers étaient concentrés dans les mines (15,5%), l'agriculture 10,4%), les constructions et les terrassements (13,3%), les industries chimiques (13,1%), les transports et les manutentions (9,7%).

Pendant cette période, on ne peut manquer de noter les écarts de salaire avec les nationaux, compte tenu de la pénibilité du travail. En ce qui concerne les conditions de travail, les étrangers partageaient tout de même cette souffrance avec certains ouvriers Français illettrés issus pour la plupart des campagnes. D'ailleurs, les nouveaux ouvriers Français issus de la paysannerie subissaient les conditions difficiles d'emploi contrairement

---

[74] Sur cette première période de l'histoire de l'immigration voir, G. NOIRIEL, *le creuset français*, Ed. du seuil, 1988 (chap. 2).

[75] NOIRIEL, G. *Le Creuset Français*, Le Seuil, 1988, p. 23.

[76] SCHOR, R. *L'opinion française et les étrangers*, 1919-1939, Publ. De la Sorbonne, 1995, pp. 45-48.

aux immigrés implantés depuis longtemps. En même temps, un courant xénophobe tendant à rejeter les étrangers s'est développé, provenant au-delà des problèmes de l'emploi, d'un fort courant nationaliste qui se basait sur la protection de la terre. L'étranger, ce n'était pas uniquement l'immigré mais celui qui n'appartenait pas au village, *"c'était le non local"*.

Il n'y a eu effectivement besoin de main-d'œuvre immigrée qu'à la suite des deux guerres mondiales, les raisons étaient évidemment de contribuer à l'effort de construction de la société française. Une fois cet effort accompli, des excédents de main-d'œuvre se sont manifestés et ont amené en même temps une crise de l'emploi.

Selon R. SCHOR[77], en additionnant les chômeurs complets déclarés ainsi que l'effectif des individus travaillant à temps partiel, la France comptait 1 000 000 à 1 500 000 chômeurs réels en 1933, et 2 000 000 en 1935 représentant 16% de la population active. On peut noter qu'entre 1931 et 1936, le nombre des emplois a diminué de 1,8 million, le chômage enregistré s'est donc accru. Et c'est dès 1919, que les pouvoirs publics durent dire aux immigrés sans emploi de rentrer chez eux. D'ailleurs de 3 millions en 1930[78] ils ne seront que 1,7 million en 1946.

La loi du 10 Août 1932 protégeant la main-d'œuvre française en limitant le recrutement des étrangers dans les entreprises, a poussé les chefs d'entreprises à mettre en place des filières parallèles de recrutement des étrangers[79]. La crise des années 30 a provoqué une vague xénophobe d'une ampleur inégalée. La critique des étrangers, comme cause du chômage est devenue un sujet presque naturel.[80] De 1932 à 1935, des lois vont restreindre ou encore fermer l'accès de certaines professions aux étrangers : professions médicales, d'avocats, de commerçants et d'artistes. Le seul secteur où les immigrés pouvaient encore exercer, ce sont les entreprises privées dans lesquelles les quotas n'étaient jamais respectés, notamment dans l'agriculture (TRIPIER, 1990, p. 46).

---

[77] SCHOR, R. *Histoire de l'immigration en France, de la fin du XIXème siècle à nos jours.* Ed. A. Colin, 1996, p. 120.

[78] MAUCO, G. (1932), *Les Etrangers en France*, op. cit. p. 33.

[79] Aucune entreprise ne pouvait obtenir de marchés des collectivités publiques si le quota d'étrangers dépassait un taux qui pouvait être réduit jusqu'à 5 %. Par cette loi, les Etrangers étaient mis hors des circuits économiques pour permettre à la main-d'œuvre nationale disponible d'intégrer le marché du travail. J. MOTTIN : *Les Immigrés et l'Emploi*, Ed. Litec, 1986, p. 76.

[80] Le député conservateur Pierre AMIDIEU du CLOS dira à l'époque : " nous ne souffrons pas d'une crise de chômage national, mais d'une crise d'invasion étrangère ", in R. SCHOR (1996), p. 121.

Durant cette période, aucune cohérence d'ensemble ou d'une coordination des politiques publiques n'apparaît. Celles-ci varieront selon le cas, en fonction de l'opinion publique, des pressions des entreprises ou encore des Etats dont étaient originaires les immigrés[81] .

L'histoire étant un éternel recommencement, la montée du chômage et la récession des années 70 poussent le Gouvernement à suspendre l'immigration en 1974. Une stratégie économique intégrant le départ d'un nombre important d'immigrés se fait jour, dans l'optique de les remplacer (à leur poste de travail) par les Français d'origine.

C'est dans ce sens que l'on peut comprendre *les politiques d'aide au retour volontaire*, qui vont se poursuivre dans les années quatre-vingt. Cette période est aussi révélatrice de nouveaux enjeux avec l'action collective de jeunes Maghrébins. La marche pour l'égalité qui débute à Marseille le 15 Octobre 1983 pour se terminer à Paris est l'une des réponses dans une société où la perte des repères sociaux, et l'exclusion sociale commençaient de plus en plus à se faire sentir.

II.2. Des années quarante aux années soixante

Dans la période 1940-1942, il est fait appel à la main-d'œuvre coloniale (essentiellement aux Algériens), comme en 1914, pour donner un *"coup de pouce"* à l'effort de guerre. Celui-ci se traduit de deux manières, soit en faisant partie des forces françaises, c'est à dire de l'armée, ou en intégrant les forces productives, c'est à dire les usines.

La différence entre la première et la deuxième guerre mondiale est que dans la seconde, les pertes humaines sont moins importantes. ARMENGAUD (1965)[82] avance un chiffre total de 600 000 personnes pour la seconde guerre, alors que pendant la première, les pertes étaient estimées à près de deux millions.

Après la guerre, la mobilisation de la main d'œuvre s'opère surtout dans l'agriculture. De 50 000 Algériens en 1946, on passe à 261 600 en 1954. Cet accroissement doit être compris dans le sens où le Gouvernement avait instauré une libre circulation entre l'Algérie et la France en 1946. Cette progression des Algériens s'accompagne d'une montée générale de l'ensemble

---

[81] WEIL, P. *La France et ses étrangers*, Ed. Gallimard, 1991.

[82] ARMENGAUD A, FINE A, *La Population Française au XXème siècle*, PUF QSJ n° 1167, Paris 1983 p. 48.

des étrangers, de 1 700 000 étrangers à 1 765 298, représentant 4,1 % de la population totale et 5 % de la population active (TRIPIER, 1990, p. 51). L'immigration algérienne dans la population rurale était de 1,3% en 1946 et de 12 % en 1954[83]. 65 % de cette population était ouvrière dont 14,7 % dans l'agriculture en 1954. Elle passera successivement à 72 % en 1962, et à 76,4 % en 1968.

Si on prend comme référence les recensements des années 1954, 1962 et 1968 concernant le pourcentage d'ouvriers, une sur-représentation de certaines nationalités apparaît (TRIPIER, op. cit. p. 52). En 1954, les Polonais, avec 80 %, étaient au-dessus du lot. Dans les années soixante, les Portugais, les Algériens et les Marocains, avec plus de 80 %, occupaient une place importante, mais ils ont été dépassés dès 1968 par les Turcs, avec 91 % .

II.3. Les années de crise : de 1970 aux années quatre-vingt dix

Depuis plusieurs années, la France traverse une grave crise de l'emploi. Celle-ci a pris de l'ampleur à partir du premier choc pétrolier subi à la fin de 1973, où les statistiques officielles du chômage ont dépassé le million de chômeurs.

En 1979, au moment où l'économie française reprend un second souffle, le deuxième choc pétrolier ébranle la reprise. Le prix du baril de pétrole passe de 12 dollars en 1978 à 38 dollars en 1980 (Le Monde, 23 Nov. 1985). La balance commerciale s'aggrave avec un déséquilibre nouveau de 13,5 milliards en 1979 et de 56,8 milliards en 1980. Quant à la balance des paiements, qui en 1978 avait un excédent de 31,6 milliards de francs, elle passe à un déficit de 17,6 milliards en 1980. Les entreprises ressentent les contrecoups de la crise, leurs prix de revient augmentent, elles vendent moins. Parallèlement, le nombre des chômeurs est en hausse et passe de 1 468 000 en 1979 à 1 632 000 en 1980.

L'arrivée de la gauche au pouvoir n'y fera rien, puisqu'en 1984, le nombre de chômeurs atteint deux millions et demi.

II.3.1. L'emploi des étrangers

La crise économique a entraîné une forte diminution de l'emploi des étrangers. Autant dire que ces vingt dernières années de ralentissement de la croissance, de multiples restructurations industrielles ont rendu les immigrés plus

[83] TALHA L. L'évolution du mouvement migratoire entre le Maghreb et la France. *Maghréb-Machrek,* N° 61, Janvier-Février 1974, p. 22.

vulnérables encore face à l'emploi : le premier grand tournant de l'emploi des étrangers commence avec la crise pétrolière de 1973. Le nombre de salariés étrangers dans l'industrie régresse et jusqu'au début des années quatre-vingt-dix, il en sera ainsi.

La seconde rupture a lieu dix ans plus tard, soit en 1983, avec les orientations de politique économique imposées par le plan Delors (Ministre des Finances)[84] . Ces orientations enlèvent à l'OS (Ouvrier Spécialisé) la fonction centrale qu'il occupait dans l'industrie. La conséquence directe de cette transformation se solde, entre 1975 et 1990, par la suppression de plus de la moitié des postes de travail occupés par les salariés étrangers.

Lorsque l'on regarde le secteur industriel, notamment l'automobile, entre 1975 et 1982, les effectifs ont baissé de 50,7 %. Entre 1973 et 1988, le nombre d'étrangers qui y travaillaient a baissé de 39 %, soit 500 000 salariés de moins. Or, près de la moitié des ouvriers des usines Renault Billancourt étaient étrangers (TRIPIER, 1990). Si quinze ans plus tôt, la population active étrangère était de 1 511 240, en 1990, elle est de 1 304 144, soit une perte d'environ 14 %.

Les étrangers ont été très touchés par les mutations du marché du travail et ils ont été utilisés dans les emplois délaissés par les nationaux. En 1975, les immigrés représentaient le quart des effectifs dans le secteur du bâtiment et de l'automobile. Il est clair que la population immigrée reste liée au travail pénible et en particulier dans des secteurs sous-qualifiés.

Le recours à la mobilisation pour réorganiser l'économie a touché en premier les étrangers. Ainsi, entre 1975 et 1990, on a constaté une baisse des effectifs étrangers oscillant entre 45 % et 57 % dans l'industrie, l'agriculture, la production et la distribution d'énergie. N'ayant pas d'autres choix, ils se sont tournés vers certains secteurs où les conditions de travail sont pénibles, comme la restauration, le commerce, le textile, l'industrie du nettoyage, etc.

Le profil de la main-d'œuvre étrangère s'est donc modifié avec la crise. On y trouve un grand contingent dans les professions moins qualifiées : gardiennage, artisanat, services scolaires ou hospitaliers. En 1971, on comptait 93 % d'ouvriers et 60 % seulement en 1990. Cet écart n'est pas le simple fait du chômage, il est lié en partie au fait que la qualification des travailleurs a beaucoup progressé (Toutefois, en 1990, 45 % des étrangers n'ont aucun diplôme, contre 35 % des Français). Malheureusement, cette qualification n'a pas été suivie par des emplois correspondants. Généralement, les étrangers sont moins

---

[84] Claude Valentin Marie : " l'immigration en France dans les années quatre-vingt-dix : nouvelle donne pour l'emploi et nouveaux enjeux de société " : *sociologie du travail*, n° 2/94.

qualifiés que les Français. En 1986[85], la proportion de cadres parmi les hommes salariés était de 15 % chez les Français et seulement 3,4 % chez les étrangers. Par exemple, le secteur bancaire employait moins de 1 % de personnes d'origine étrangère, alors qu'elles étaient très nombreuses dans le bâtiment (22 %). La proportion d'ouvriers étrangers non qualifiés correspondait à 32 %, inversement 15 % des Français étaient ouvriers non qualifiés. Quant aux femmes, 60 % d'entre elles étaient ouvrières sans qualification contre 25 % des Françaises.

Un regard sur les origines montre que 38,8 % des hommes salariés issus de l'Europe du Nord étaient cadres, contre 10,7 % des cadres asiatiques et 3,8 % seulement des cadres Africains (y compris les Maghrébins). Entre 1975 et 1990, le taux de personnes sans emploi a quadruplé chez les étrangers alors qu'il n'était que de 2,75% chez les Français.

En 1990, il y avait 1 620 189 actifs étrangers dont 938 000 ouvriers, soit 58 % dont 500 000 femmes et 1,1 million d'hommes. Si l'on y ajoute les personnels de service direct aux particuliers, ces deux catégories représentaient un total de 67 % de la population active étrangère. Toutefois, les Maghrébins et les Portugais étaient sur-représentés par rapport aux autres nationalités. En 1995, ils seront 1 519 000 actifs, soit 6,2% de la population totale, répartis ainsi par catégorie socio-professionnelle[86] :

- Agriculteurs exploitants 0,5%
- Artisans, commerçants, chefs d'entreprise 7,1%
- Cadres, professions intellectuelles 6,7%
- Professions intermédiaires 8,5%
- Employés 24,2%
- Ouvriers 53,0%

Plus de la moitié des actifs étrangers étaient ouvriers et plus d'un cinquième étaient ouvriers non qualifiés, alors que moins de 7% étaient cadres supérieurs. Les étrangers étaient deux fois plus représentés que la population active, chez les ouvriers non qualifiés (14,6% contre 6,2%)[87]. Cette remarque vaut également pour nos populations d'enquête, dont les parents des TSOE sont plus massivement ouvriers non qualifiés que ceux des TSFO.

---

[85] INSEE, enquête sur la structure des salaires, 1986.

[86] INSEE PREMIERE, La population immigrée, le résultat d'une longue histoire, n°458, juin 1996.

[87] INSEE PREMIERE, La population immigrée, le résultat d'une longue histoire, n°458, juin, 1996.

II.3.2. Une population plus vulnérable au chômage

Au cours de la période 1975-1989, le nombre de chômeurs étrangers est passé de 90 000 à 324 000. Il faut rappeler que le chômage des étrangers a essentiellement augmenté de 1975 à 1984 pour connaître ensuite un ralentissement. Cette évolution est restée malgré tout proche de celle des Français, au moins jusqu'en 1987.

En 1989, la communauté algérienne semblait plus touchée avec 73 000 demandeurs sur 324 000. Arrivaient ensuite les Marocains avec 53 000 demandeurs (environ 16 % des étrangers au début de 1989). La même année, le chômage des Africains représentait 13 % de l'ensemble des chômeurs contre 8 % en 1975, dépassant celui des Portugais. Le chômage des Tunisiens évoluait plus ou moins de la même façon que celui des étrangers dans l'ensemble. Mais celui-ci était plus faible, (23 000 demandeurs), contrairement aux Marocains et Algériens cités précédemment. Le regroupement des chômeurs étrangers par nationalité ou zone géographique fait ressortir la prédominance des Maghrébins et des Africains.

Entre les recensements de 1982 et de 1990, la population étrangère ayant un emploi a légèrement diminué, passant de 1 346 000 à 1 304 000 actifs. A cela on peut ajouter une augmentation du chômage qui touchait 316 000 étrangers en 1990 contre 220 000 en 1982.

Les ouvriers et les employés étaient (sont encore) les catégories les plus touchées avec un taux de chômage respectif pour l'ensemble des actifs de ces catégories de 12,9 % et 13,3 % en 1992. Les étrangers originaires de l'Afrique étaient plus touchés que ceux de la Communauté Européenne avec un taux de 8,8 %. Ainsi, un ouvrier maghrébin sur quatre était à la recherche d'un emploi[88].

En 1990, le taux de chômage des principales nationalités étrangères s'élevait ainsi (Insee, R.P. 1990, C.V. Marie, op. p. 152) :

- Portugais 10,2%
- Espagnols 12,5%
- Algériens 27,5%
- Marocains 25,5%
- Africains 27,7%

En 1992, le taux était en baisse pour les Portugais (8,7 %), mais en nette progression pour les Algériens (29,2 %), les Marocains (28,2 %), les Tunisiens (33,8 %) et montrait une certaine stabilité pour les autres africains (27,8 %).

---

[88] MARCHAND, O. *Les groupes sociaux face au chômage : des atouts inégaux*. Données sociales, INSEE 1993.

Dans le BTP, l'évolution du chômage entre 1991 et 1992 était de 22,8 % alors que dans les autres secteurs, elle n'était que de 4,1 % dans l'agriculture, 2,1 % dans l'industrie et 5,5 % dans le tertiaire. En 1995, le taux de chômage des immigrés a atteint 20% soit 8% de plus que le moyenne nationale. Les femmes et les jeunes ont été les plus touchés par ce fléau même si le chômage des femmes immigrées était en léger recul depuis cinq ans.

Une analyse comparative du taux de chômage d'immigrés par pays montre que les pays d'Afrique (y compris le Maghreb) et la Turquie ont un taux de chômage supérieur aux pays européens. Si le taux avoisine le double pour les hommes, il est de trois fois supérieurs chez les femmes[89]. L'analyse du chômage par âge et par sexe révèle qu'en 1995, une femme sur trois et un homme sur cinq âgés de 15 à 24 ans étaient à la recherche d'un emploi, tandis qu'un homme sur cinq et une femme sur quatre âgés de 25 à 39 ans étaient dans la même situation. De même, de 40 à 49 ans, on trouve 17% d'hommes comme de femmes qui étaient au chômage. A savoir qu'en 1995, les ouvriers et les employés étaient (et sont encore) les catégories les plus touchées avec un taux de chômage de l'ensemble des actifs (Français compris) de 14%, mais de 20% parmi les seuls immigrés. Toutefois, quelle que soit la catégorie socio-professionnelle, les immigrés se retrouvent plus souvent au chômage[90].

II.3.3. *Les jeunes d'origine étrangère : une intégration professionnelle difficile*

A partir de 1982, date à laquelle, sous l'impulsion de Bertrand SCHWARTZ, les premières missions locales ont été créées, de nombreuses mesures d'insertion destinées aux jeunes ont connu un important développement. Diverses mesures d'aide ont été prises (en lien avec la formation) : travaux d'utilité collective, contrats emploi-solidarité, stages d'initiation à la vie professionnelle, préparation active à la qualification et à l'emploi, etc.

Ces différentes mesures ont vu le jour pour limiter la progression du chômage des jeunes. En 1988, un jeune sur six, présent sur le marché du travail, occupait un emploi dans le cadre du dispositif précité.

---

[89] Taux de chômage des immigrés selon le sexe et le pays d'origine. Espagne (H : 13,2%, F : 11,3%), Italie (H : 11,9%, F : 11,2%), Portugal (H : 7,1%, F : 8,9%), Algérie (H : 26,5%, F : 36,0%), Maroc (H : 28,7%, F : 43,3%), Tunisie (H : 28,1%, F : 38,5%), Afrique noire (H : 26,2%, F : 31,2%), Turquie (H : 29,3%, F : 44,7%), Asie du sud-Est (H : 17,4%, F : 25,1%). Source, INSEE, enquête sur l'emploi, 1995. Contours et caractère. *Les immigrés en France*, INSEE, 1996, p. 84.

[90] Contours et caractères. *Les immigrés en France*, INSEE, 1996, pp. 86-87.

Selon l'INSEE, en 1988, la population des 16-25 ans se trouvait dans la situation suivante[91] :

- École 3 045 000
- En situation d'emploi 2 696 000
- Dans un dispositif d'insertion 870 000
- Au chômage 846 000
- Inactifs 463 000
- Au service national 245 000

En fait, plus d'un quart des jeunes semblaient être en difficulté d'insertion professionnelle. Cependant, face au problème d'insertion, les jeunes étrangers de 16 à 25 ans sont encore plus touchés. Pour mémoire, au recensement de 1982, les étrangers âgés de 15 à 24 ans étaient au nombre de 544 160, 67 400 étaient à la recherche d'un emploi, 149 800 exerçaient une activité.

En matière d'insertion, les jeunes étrangers vivent la même situation que les jeunes Français, même si les premiers vivent des situations plus délicates liées à leurs différentes origines. Entre 1982 et 1985, le nombre de jeunes ayant un emploi a diminué de 28 % ; ce qui nous paraît énorme. Cette vulnérabilité a conduit certains jeunes à s'intéresser aux emplois de proximité (comme les animateurs de quartiers, etc.), allant jusqu'à monter des actions dans leur quartier au nom de leur propre trajectoire.

Nous rappelons que 1982-1985 est la période où les jeunes issus de l'immigration font entendre leur voix. Ainsi, par exemple, un groupe de jeunes Beurs est parti d'Aix en Provence jusqu'à Paris pour revendiquer : *"le droit d'être Arabe en France et le devoir de fraternité de chacun"* [92].

Entre 1987 et 1992, beaucoup de ces jeunes vont investir les stages d'insertion. En 1987, les Maghrébins représentaient plus de la moitié des stagiaires (54,5 %), les Européens le tiers (33,8 %) et enfin les Africains noirs et les Asiatiques (12 %). En 1992, les Maghrébins étaient toujours majoritaires, mais en légère baisse avec 50 %, les Européens réduisaient leur effectif de moitié avec 15 % et les Africains progressaient avec 16 %[93].

---

[91] LEMOINE, M. " Les difficultés d'intégration professionnelle des jeunes Etrangers ou d'origine étrangère ", *Revue Française des Affaires Sociales*, n° 46, Déc. 1992, p. 173.

[92] BOUAMAMA. S. *Dix ans de marche des Beurs. chronique d'un mouvement avorté.* Ed. Desclée de Brouwer, 1994.BOUZID, *La marche : traversée de la France.* Ed. Sinbad, 1984.

[93] BON, A. (1993) : op. cit. p.55.

Ces constats montrent que, les jeunes sont particulièrement touchés par le chômage : un sur cinq de la tranche d'âge de 15 à 24 ans recherche un emploi. Les jeunes étrangers sont nettement exposés au chômage avec trois jeunes actifs sur dix. Comme pour les adultes, chez les jeunes la situation varie également selon les nationalités. Le taux de chômage des étrangers ressortissants de l'Union Européenne (16,4%) est inférieure au taux de chômage de l'ensemble des jeunes de moins de 25 ans (20,8%). Les jeunes maghrébins détiennent la palme, puisque la moitié d'entre eux est à la recherche d'un emploi, soit 50,1 %. Ce pourcentage baisse lorsqu'on franchit la tranche d'âge 25/26 ans, où plus d'un maghrébin sur quatre est au chômage.

Ainsi, lorsque le gouvernement demande aux jeunes de quartiers populaires de prendre en main la destinée de leurs cités, beaucoup de ceux issus de l'immigration se sont engouffrés dans cette voie qui, pour eux, représentait une piste de promotion sociale. Les jeunes d'origine étrangère touchés par la crise ont en effet, développé des stratégies d'insertion dans les années quatre-vingt en se tournant massivement vers l'éducation spécialisée. La première formation des travailleurs sociaux issus du milieu, organisée par l'EFAS (Ecole de Formation d'Animateurs Sociaux) de Lille, a d'ailleurs compté plus de deux tiers de jeunes d'origine étrangère.

CHAPITRE III

DE LA RÉVOLTE À LA NAISSANCE DU JEUNE LEADER : L'ARRIVÉE DES TRAVAILLEURS SOCIAUX D'ORIGINE ÉTRANGÈRE

I. LES ÉVÈNEMENTS DE LA BANLIEUE LYONNAISE[94]

La victoire de François Mitterrand à l'élection présidentielle de mai 1981 a été saluée par des faits d'une rare violence dans la banlieue lyonnaise appelés par la presse *"le triangle des trois V"* (Villeurbanne, Vaulx-En-Velin et Vénissieux). Des jeunes d'origine maghrébine (pour la plupart) volèrent des voitures avec lesquelles ils firent des rodéos la nuit et qu'ils brûlèrent ensuite. Durant toute cette période, les affrontements avec la police se sont poursuivis avec une hargne sans précédent : près de 250 voitures brûlées et beaucoup de magasins détruits. Cet été chaud de la banlieue lyonnaise va mettre la France sous le choc. Ces événements amplifiés par une médiatisation intense,[95] où des photographes auraient payé des jeunes afin qu'ils brûlent des voitures, ont eu comme effet la mise en place des dispositifs pour la lutte contre l'exclusion dans les banlieues. Cette révolte de jeunes est née certes d'une incompréhension entre les policiers et les jeunes, mais elle est surtout à rechercher dans ces cités perdues transformées en ghettos où cohabitent un pourcentage élevé de personnes d'origine étrangère, comme c'est le cas de la cité des Oliviers à Villeurbanne (avec plus de 80 % de maghrébins à l'époque), de la cité de la Grappinière à Vaulx-En-Vélin (avec 55 %) et de la cité des Minguettes à Vénissieux (avec 37 %). Ces cités parking se sont transformées peu à peu, devenant celles des immigrés, parce que les ménages ouvriers français qui y habitaient accédaient de plus en plus à la propriété ; et dans les appartements laissés vacants se sont succédé des ménages d'origine étrangère.

---

[94] DUBET et alii (1985). *l'Etat et les jeunes* op. cit. p. 56-60; A. JAZOULI , *L'action collective des jeunes Maghrébins de France*. Ed. L'Harmattan 1986 pp. 75-92.
A. JAZOULI , *Les années banlieues*. Ed. du Seuil pp. 29-26.

[95] Pour ce qui est de la médiatisation, voir Maria Llaumet : *les jeunes d'origine étrangère. De la marginalisation à la participation*. Ed. L'Harmattan 1984, p. 105-129.

Comme le souligne A. JAZOULI, *"sur 3 000 personnes qui quittaient les Minguettes chaque année, 800 seulement étaient d'origine étrangère, et sur les 1 100 arrivants, 600 étaient d'origine étrangère".*[96] Petit à petit, l'écart s'est creusé et le quartier a commencé à se vider, puisqu'entre 1975 et 1982, il a perdu près de 30 % de sa population.

Les événements de l'été 81 ont servi de révélateurs à un certain nombre de phénomènes de banlieues qui vont se succéder[97] dans les années quatre-vingt et le début des années quatre-vingt-dix, malgré les politiques sociales issues des premières révoltes de l'été 1981. Ces émeutes étaient une façon de répondre à leurs misères et à leur mal être. Elles ont comme cause une dégradation des conditions de vie, un ras-le-bol de la galère et sans oublier ce qu'ils appellent la provocation policière, c'est-à-dire les poursuites ou les affrontements qui se transforment en bavures et réveillent des passions qui jusqu'alors sommeillaient.[98] Elles vont pour la première fois permettre aux jeunes maghrébins de réveiller leur conscience collective et de constituer *"des îlots de résistance".*[99] De ces événements naîtront : "des leaders de banlieues" issus des associations de quartiers constituées *"dans la foulée"*, de la marche de l'égalité en 1983, de convergence 84 pour l'égalité[100] et bien d'autres encore.

II. DE LA MARCHE POUR L'ÉGALITÉ À CONVERGENCE 84

II.1. La marche pour l'égalité

La marche pour l'égalité contre le racisme peut être considérée comme l'un des catalyseurs du réveil de la conscience des jeunes de banlieues, quant à leur situation sociale et professionnelle. La marche, c'est la conséquence de ce que F. DUBET(1987, p. 335), souligne à propos des groupes de Minguettes où les révoltes ont été les plus percutantes, *"l'expérience da la galère a un sens ; pour les jeunes, la désorganisation, l'exclusion ou la rage ont une cause : le racisme. Le racisme est une expérience, une cause générale, une*

---

[96] JAZOULI , A. *L'action collective des jeunes maghrébins de France*. CIEM. L'Harmattan 1986, p. 82.

[97] BEGAG, A. La révolte des lascars contre l'oubli à Vaulx-En-Velin. *Les annales de la recherche urbaine* n° 49, 1991, p. 114-121.

[98] GARY, T. MARX : civil discorder and the agents of social control. *The journal of social issues*, vol. XXVI, n° 1, 1969 : a montré que dans les quartiers défavorisés, (habités par des noirs) frustrés par leurs conditions de vie, les policiers sont perçus comme des éléments extérieurs représentant la société dominante et dont les interventions dans les quartiers constituent à chaque fois une provocation.

[99] DUBET, F. *La galère : jeunes en survie*. Ed. Fayard 1991, P. 329.

[100] AICHOUNE, F. *Nés en banlieue*. Paris. RAMSAY 1991,
BOUZID : *La marche : traversée de la France profonde*. Ed. Sinbad, Paris, 1984,
S. BOUAMAMA : *10 ans, la marche des beurs*, Ed. Desclée de Brouwer 1994.

forme de destruction". Aux Minguettes poursuit-il *"il existe une mémoire historique commune aux jeunes et aux policiers qui s'affrontent directement"*(p. 337). Les événements de l'été 1981, ne sont que la suite logique de ces rapports tendus entre d'un côté des agents de l'ordre qui pensaient faire leur travail et de l'autre une population qui se sentait stigmatisée et marginalisée.

La marche de 1983 qui a traversé la France était une manière d'exprimer leur colère comme le souligne ce marcheur : *"Il fallait cette marche pour désamorcer la bombe de rage qui nichait en moi et dont la minuterie était d'ailleurs déclenchée"* (BOUZID, 1984, p. 15). De Dreux à Marseille, de Roubaix à Grenoble, de Mulhouse à Toulon, la marche a été vécue comme l'anéantissement de la pauvreté, du racisme et du mal (DUBET), mais le changement ne se décrétant pas, elle a donc été un moment historique d'illusion collective.

Toutefois, les effets de la marche ont été surtout la création de plusieurs associations de jeunes. Une nouvelle génération de militants se constituait grâce à la conscience acquise au cours de cette longue marche. Des marcheurs ont rencontré des élus de retour chez eux pour poser leurs revendications notamment l'embauche de jeunes dans les travaux de réhabilitation des quartiers.[101]

II.2. Les assises nationales / convergence 84

Des assises nationales ont eu lieu du 9 au 11 juin 1984 à Lyon , six mois après la marche. Elles regroupaient près de 400 jeunes représentant plusieurs associations issues de l'immigration. Ces assises feront apparaître d'énormes divergences sur la politique à mener ensemble. Malgré de nombreux points d'accord, des divergences sont apparues sur les stratégies à adopter. De ces divergences naquirent deux courants :

Un premier courant privilégiait la construction d'un mouvement autonome des jeunes issus essentiellement de l'immigration, en particulier de l'immigration maghrébine. On s'orientait vers la construction d'un mouvement à base ethnique. On privilégiait donc les liens communautaires sur les rapports sociaux.

Le deuxième courant consistait à favoriser la construction d'un mouvement autonome, toujours à base communautaire, pour s'attaquer aux crimes et aux agressions racistes.

En fait, la question qui traversait ces assises était celle-ci : " fallait-il choisir des alliés dans le système politique français ou ne fallait-il compter que sur leurs propres forces? " (DUBET,1987, op. cit. p.360). Le conflit s'était donc

[101] DUBET (1987), p. 344.

largement politisé, puisqu'il y avait ce glissement vers le droit à la différence, à l'identité ethnique, mais en écartant tous ceux qui n'étaient pas des leurs. Notre question étant : " peut-on fonder un droit avec le droit à la différence? " (G. GOSSELIN). Cet aspect pouvait conduire au repli communautaire symbolisant un renversement aux stigmates et aux pressions assimilationnistes. Ces assises ont montré le chemin qui restait à parcourir pour trouver des points convergents dans la lutte qui était engagée.

En décembre 1984, s'est tenue une autre manifestation appelée " Convergence 84 ". Le but était de montrer que la France est un pays " pluri-ethnique " et qu'il est nécessaire que les communautés immigrées soient intégrées. Il fallait démontrer que " la France, c'est comme une mobylette, pour avancer, il faut du mélange ". Cette idée avancée par une partie du collectif parisien en juillet 1984 n'a pas fait l'unanimité puisqu'une partie des associations présentes à Lyon était absente. Cette division est la conséquence des assises de Lyon entre les modérés et les radicaux. Le collectif parisien organisateur du mouvement était lui-même divisé en deux groupes. Après quelques tractations suivies de querelles internes entre les associations, le 3 novembre, des groupes de jeunes quittèrent cinq villes de France en mobylette pour se rassembler en une manifestation le 1er décembre 1984 à Paris.

Convergence 84 était en rupture avec certaines idées communautaires impulsées lors des assises de Lyon. Car elle insistait sur l'existence d'une France multiculturelle, sur l'exigence de l'égalité pour tous, et sur la revendication d'une citoyenneté, ce qui n'était pas le cas d'autres mouvements.[102] Convergence 84 a donc été l'un des mouvements qui en France a posé le débat sur la citoyenneté en France au-delà des clivages ethniques.

Que peut-on tirer comme enseignements de ces événements, (marche pour l'égalité, les assises nationales, convergence 84) ?

Ces différentes manifestations ont révélé deux phénomènes incontournables :

Le premier est la prise de conscience de populations issues de l'immigration maghrébine notamment les jeunes qui sont nés ici, des difficultés vécues dans leurs cités et la constitution par la même occasion d'une identité puisée dans les fragments de la culture maghrébine, qui jusque là sommeillait en eux. Cette prise de conscience leur a permis de radicaliser leurs revendications, tout en sachant qu'ils resteront en France. Les idées de leadership qui se développent à cette époque ne sont pas étrangères à toutes ces manifestations. Pendant notre enquête, des leaders nous ont parlé de ces manifestations, ainsi que de leur leader des années quatre-vingt, S. BOUAMAMA, qui a été pour nombreux d'entre eux, " celui à qui on voulait ressembler ".

---

[102] BOUAMAMA (1994), op.cit. pp. 102-103.

Le deuxième phénomène s'inscrit dans les analyses de P. YONNET[103]. La France a découvert à cette époque qu'il y avait aussi d'autres personnes, issues de cultures différentes. Ainsi les critiques que P. YONNET a faites à l'endroit du SOS racisme, et la polémique qui en est résultée révèle un profond malaise dans la société française.

P. YONNET parle d'un paradoxe dans la lutte contre le racisme : "en luttant contre le regard raciste qui maintenait l'autre dans son origine et faisait obstacle à son admission dans la société des égaux, c'est-à-dire des semblables humains, l'antiracisme a acclimaté la notion de race" (p. 44).

Pour l'auteur, l'antiracisme des années quatre-vingt mené par SOS racisme et d'autres associations a acclimaté l'idée de race et réveillé des passions qui étaient éteintes. En fait, ce combat a rendu légal les concepts "d'appartenance raciale ou ethnique", revendiqués par SOS racisme sous le terme du " droit à la différence ". Le problème que pose P. YONNET est celui de savoir, en quoi cette différence qui jadis était "invisible", ne serait-elle pas réellement "visible" aujourd'hui et contribuerait par la même occasion à amplifier un racisme qui jusque là était modéré ? En quoi finalement ces mouvements n'ont-ils pas installé une idéologie qu'ils croyaient combattre ?

En fait, P. YONNET nous ramène à cet éternel théorème de THOMAS[104] "self fulfilling prophecy", que R. K. MERTON[105] appelle "la prédiction créatrice". Ce théorème s'énonce ainsi : "quand les hommes définissent des situations comme réelles, elles sont réelles dans leurs conséquences". C'est-à-dire que "les gens, les acteurs sociaux, répondent à une situation par l'expression d'opinions et par des comportements, non seulement en fonction des caractères objectifs de cette situation mais aussi, et souvent, surtout, en fonction de la signification que cette situation a pour eux, en fonction de la représentation qu'ils se font de cette situation, en fonction par conséquent, de la manière dont ils définissent cette situation. Et cette définition de la situation par les acteurs sociaux, les représentations subjectives de la situation, cela devient un élément essentiel de cette situation, un élément aussi réel de la situation que les traits objectifs eux-mêmes"[106].

On peut interpréter le théorème de THOMAS de la manière suivante : ce qui n'était qu'une représentation de l'immigré, voire de l'immigration dans les années quatre-vingt est devenue réelle, par les revendications et les publicités qui ont été faites autour de certains faits qualifiés de "racistes". La mise en situation sociale du problème de racisme, notamment les représentations collectives liées, par exemple, à la couleur de la peau, s'est traduite dans la réalité.

---

103 YONNET, P. *Voyage au centre du malaise Français*, Ed. Gallimard, 1993.

104 SIMON, P.J. *Histoire de la sociologie*, PUF, 1991, p. 463.

105 MERTON, R.K. *Eléments de théorie et de méthode sociologique*, Ed. Plon, 1965.

106 SIMON, P.J. (1991), op. cit. p. 464.

Les thèses de P. YONNET sont certes discutables, mais posent un problème réel, celui du militant anti-raciste. Ainsi, "si je ne suis pas militant anti-raciste qui suis-je ?". Peut-on ne pas être anti-raciste et ne pas être raciste ?

Ses thèses posent aussi un dilemme, puisque ne pas réagir aux propos racistes, c'est accepter une certaine domination qui consisterait à ne pas se positionner en tant qu'acteur dans ce monde. La question serait, dans ce cas précis : quelle forme d'action peut-on mener dans une telle situation pour ne pas réveiller les passions ?

III. LES OPÉRATIONS ANTI " ÉTE CHAUD " [107]

Après les rodéos des Minguettes en 1981, le renouvellement des politiques préventives des années précédentes devenait urgent, puisque la prévention traditionnelle répondait de moins en moins aux nouvelles formes d'exclusion sociale. Plusieurs initiatives évoquées ont été prises, dont les opérations été-chaud ou encore les Opérations Prévention Eté (OPE).

Pour éviter la reproduction des événements de l'été 1981, jugés *"douloureux pour la communauté nationale et porteurs de risques de fracture sociale"* (Nicole QUESTIAUX, Ministre de la Solidarité Nationale), les pouvoirs publics ont proposé en 1982 des actions de prévention et de loisirs dans onze départements, mobilisant différents acteurs. Ces dispositifs, directement liés aux événements de l'été 81 dans la banlieue lyonnaise, étaient la réponse donnée à l'opinion publique. Il fallait donc écarter les jeunes délinquants des quartiers où ils vivaient pour les occuper par des activités sportives ou ludiques, dans des séjours de rupture organisés à cet effet. Les Ministres de la Solidarité, de l'intérieur, de la Justice et de la Jeunesse et des Sports ont été au cœur des différents dispositifs. Il y a eu la participation de l'armée et de la police qui ont fourni une logistique humaine et matérielle en proposant des camps et des stages. Beaucoup de jeunes ont donc fait plusieurs activités (plongée sous-marine, équitation) encadrés par des militaires ou des policiers.

L'opération la plus spectaculaire reste le camp, organisé en Ardèche conjointement par le Club Méditerranée et le Ministre de l'intérieur (Trigano-Deferre) auxquels 360 enfants des cités lyonnaises et marseillaises participèrent. Il fallait faire un grand coup et montrer qu'on pouvait assurer la paix

---

[107] DUPE, M. (avec la collaboration de D. DUPREZ) : *les politiques de prévention de la jeunesse : le cas des opérations ETE 83*. MIRE 1985.
M. DUPE (avec la collaboration de D. DUPREZ) : *société et prévention dans la ville : les opérations de prévention ETE Jeunes 84*. ADRES-MIRE. Ministère des Affaires Sociales et de la Solidarité 1985.
DUBET et alii 1985 : *l'Etat et les jeunes* op. cit. p. 55-107.
D. DUPREZ : stratégies préventives des années 80' : les opérations anti " été-chaud ", *cahiers de l'animation* n°48, 1984.

sociale dans les quartiers. Des jeunes ont bénéficié de diverses activités dont ils n'avaient jamais eu la possibilité de profiter et, de surcroît, avec certains *"policiers"*. La médiatisation de ce camp a masqué quelque peu les actions réalisées dans d'autres régions qui s'inscrivaient dans la même dynamique de la *"mise à l'écart éducative"* (DUPREZ 1984 p. 59).

L'opération été 1982 a été un succès, avec plus ou moins 10 000 jeunes ayant bénéficié de cette opération sur les onze départements concernés : l'opération été 1982 *"a été vécue comme une véritable image de réhabilitation de leur quartier"*.[108] D'une situation tendue à l'approche de l'été, on est passé à un sentiment de soulagement. L'opinion publique s'est montrée très favorable du fait que les associations de quartiers, les travailleurs sociaux et les municipalités se soient mobilisés pour éviter un nouvel affrontement et aient apporté de nouvelles réponses jugées tout à fait positives.

L'opération anti-été chaud 1982 aura été marquée par trois logiques : [109]

- la mise à l'écart des jeunes de leur quartier habituel pour éviter de nouvelles violences ;
- la participation directe de l'Etat pour développer de nouvelles formes de travail social ;
- une redéfinition des politiques de prévention de la jeunesse.

Vu le succès de cette opération, elle a été renouvelée en 1983 avec une certaine évolution, notamment le remplacement de la logique de mise à l'écart par celle de la *"rééducation par le travail"*.[110] Des jeunes ont ainsi, par exemple, participé à une opération de surveillance et de prévention des incendies pendant les vacances. Il s'agissait de mettre de côté l'axe ludique en favorisant le rôle éducatif, et en permettant à des jeunes de *"découvrir le monde du travail"* pendant leurs vacances [111].

Dans le cadre de l'opération prévention été 1984, la circulaire du premier Ministre est venue conforter cette idée de mise au travail des jeunes en déclarant : *"il doit clairement s'agir de proposer aux jeunes des quartiers retenus des activités très diversifiées qui allient des animations locales et des séjours de vacances, des activités de loisirs et des perspectives d'insertion sociale et professionnelle"*.[112]

On commençait à s'orienter vers une autre forme d'encadrement de ces jeunes, en les faisant participer à diverses activités d'intérêt collectif pour les rendre acteurs et par là susciter des vocations.

---

[108] DUBET alii 1985 op. cit. p. 64.

[109] DUPE, M (1984) op. cit. p. 8. Au lieu de trois logiques nous pensons que pour le politique, il n'y en a qu'une seule "la paix sociale" et que cette logique se distribue sur les trois axes.

[110] DUPREZ, D. (1984) op. cit. p. 59.

[111] Idem, p. 59-60.

[112] Idem, p. 59-60.

Depuis 1982, il y a eu reconduction des opérations anti-été chaud. Si la première opération fit réellement *"un coup"*, dans les suivantes, il y eut un relâchement des acteurs du terrain et ils perdirent quelque peu de leur efficacité, sauf dans les quartiers où quelques irréductibles travailleurs sociaux militants concevaient *"encore"* les opérations comme des espaces d'initiatives et pas simplement des *passe-temps* pour les jeunes en difficulté.

Si, pour Simone Veil, les O.P.E constituent un *"élément phare des politiques de prévention menées sur le terrain"*, aujourd'hui, on peut dire que les Opérations Prévention Eté sont passées d'un objectif de départ axé sur la paix sociale dans les quartiers difficiles à un objectif global qui est la prévention des difficultés individuelles dans ces mêmes quartiers.

La préoccupation assignée aux associations et aux services publics était de repérer, d'intéresser les jeunes les plus marginalisés et de les faire bénéficier *"d'un premier contact éducatif (pour les nouveaux arrivants) et de consolider une relation éducative trop fragile pendant l'année, parce que fugace, aléatoire et peu engagée de la part du jeune"*.[113]

Selon le ministère, approcher les jeunes les plus marginalisés et les plus exposés était l'axe prioritaire pour les Opérations de Prévention Eté. Mais cet objectif paraissait difficile à atteindre à cause des problèmes que rencontrent les jeunes et auxquels ont à faire face les acteurs de prévention. Il s'agit essentiellement des problèmes de retard scolaire, de précarité économique, de délinquance, etc. Il ressort du rapport d'évaluation, qu'on demandait aux acteurs de *"réussir un traitement social global que les actions locales et permanentes ne parvenaient pas à éradiquer, si ce n'est à contenir"*.

En 1993, 29 départements, dont 500 communes, ont été concernés par les Opérations de Prévention Été avec un chiffre de 535 000 jeunes bénéficiaires du programme pendant l'été. 42 millions de francs y ont été consacrés par l'Etat.[114] Les activités proposées étaient à 60 % sportives, à 10 % d'ordre professionnel et les autres à dominante culturelle. Concernant les 10 % d'activités d'ordre professionnel, on peut noter l'importance accordée à la formation des jeunes encadrants (jeunes leaders). Parmi les encadrants, il y avait des vacataires (34 %) et des bénévoles (17,3 %) constitués dans leur majorité des jeunes qui se socialisaient aux professions sociales notamment les jeunes d'origine étrangère.

Comme l'a dit Michèle DUPE (1985), les Opérations Prévention Été ont tout de même permis *"le réveil du travail social"* par le développement *"d'un néo-travail"* issu de structures militantes et bénévoles, par la concep-

---

113 DUBOUCHET, L. Rapport d'évaluation des OPE. Janvier 1994. 91 pages. CHATEAUNEUF-LE-ROUGE (13790). Voir Travail Social Actualités n°505, 1994.

114 Pour les OPE 1994, 52 millions ont été consacrés par l'Etat avec une augmentation du nombre de départements à 36 au lieu de 29 en 1993.

tion de nouveaux projets, par une nouvelle vision du travail social et, en ce qui concerne cette recherche, par l'apparition de nouveaux profils professionnels, notamment les jeunes issus des quartiers difficiles avec une majorité de jeunes d'origine étrangère.

IV. LA NAISSANCE DES TRAVAILLEURS SOCIAUX D'ORIGINE ÉTRANGÈRE

IV.1. L'impulsion de l'état

A partir de l'opération été 1982, des mesures pour la réorganisation du travail social ont été mises en place à cause de l'essoufflement que connaissait ce secteur. L'absence des travailleurs sociaux classiques dans les quartiers chauds, imposait cette réorganisation.

Pendant l'opération été 1982, les jeunes leaders issus des quartiers populaires commencèrent à se professionnaliser comme vacataires, dans leurs quartiers d'origine. Un certain nombre d'entre eux s'étaient retrouvés dans les eaux troubles de la révolte de 1981. L'intrusion de ces nouveaux acteurs signifiait l'interpellation du travail social par la mise en place de nouvelles formes d'intervention.

On assistait à la remise en cause des rouages traditionnels de l'action sociale, en insistant sur l'intervention de nouveaux acteurs dans le domaine des loisirs de jeunes. En intégrant des jeunes à une profession sociale déjà structurée, mais en perte de vitesse sur le terrain de la prévention, on permettait l'insertion professionnelle de ces jeunes (donc on s'inscrivait dans les objectifs étatiques) et on aboutissait à des pratiques professionnelles différentes (par la prise en compte de la parole des habitants, et par la participation de la communauté). Cela amènera l'émergence de groupes d'associations issus de quartiers défavorisés, pilotés la plupart du temps par des personnes d'origine étrangère. Le cas des CRAIGNOS de Lille est un exemple concret de l'émergence des mouvements associatifs et des leaders des années quatre-vingt.[115]

Cette arrivée des jeunes issus de quartiers populaires, impulsée par les pouvoirs publics, est partie de plusieurs constats. En effet, il s'est avéré qu'il y avait des publics avec lesquels les institutions sociales et, notamment les travailleurs sociaux, n'arrivaient pas à ouvrir un dialogue réel. Or, il existait dans ces quartiers des jeunes qui, par leur passé, leur trajectoire, leurs actions quotidiennes, souhaitaient s'investir professionnellement dans l'animation sociale et participer au développement de leurs quartiers.

---

[115] DUPE, M. 1984 (op. cit.).

Partant de ces constats, en janvier 1983, le Conseil des Ministres élabora un programme de lutte contre la pauvreté et la précarité autour de cinq objectifs principaux : [116]

- *Amélioration de l'accueil*, mise en place d'un dispositif d'aide aux mères isolées, développement des régies d'avance dans les DDASS et du dialogue avec les familles et les mères isolées, amélioration de l'accueil ;
- *Éviter les ruptures de prestations*, en améliorant le dispositif entre les différentes caisses concernées ;
- *Veiller au risque de pauvreté*, essentiellement au niveau des chômeurs de longue durée, par une plus grande disponibilité des permanences sociales, mettre en place une politique de loisirs cohérente pour les enfants des quartiers défavorisés ;
- *S'attaquer aux causes de pauvreté*, par la lutte contre l'analphabétisme et l'illettrisme, par l'aide aux familles défavorisées, facilitant l'accès aux soins et les conditions du recouvrement des créances ;
- *Favoriser le développement social par la formation des travailleurs sociaux issus des milieux défavorisés.*

Dans ce dernier objectif, l'ambition affichée était la formation rapide de 300 jeunes en difficulté issus des milieux.

Cette formation des *"balayeurs de rue"* (D. DUPREZ) faisait partie des mesures contre la pauvreté et pour l'insertion des jeunes. Le pari était de procurer *"par tous les moyens"* à 600 000 jeunes de 16 à 25 ans, dès la fin de 1983 (chiffre porté à 700 000 en 1984), des formules d'insertion adaptées à la diversité de leurs situations, avec comme point de convergence une alternance entre formation et apprentissage de la vie professionnelle. Les collectivités territoriales ont été invitées à participer activement à cet effort aux côtés de l'Etat, en développant diverses formes de contrats.

L'impulsion de l'Etat faisant appel aux jeunes leaders ne s'est pas faite attendre, puisque la circulaire du Premier Ministre le 23 Mars 1983 abonde dans le sens du cinquième objectif de la lutte contre la pauvreté : *"chaque fois que cela sera possible, il conviendra de prévenir autrement, en laissant une large place aux initiatives des jeunes eux-mêmes et en favorisant un processus de solidarité inter-jeunes. En effet, le concours des jeunes eux-mêmes constitue un facteur de réussite important de ce programme. Dans cette perspective, vous veillerez (MM les préfets NDLR) à favoriser toutes*

---

[116] Dossier de Presse : Ministère des Affaires Sociales et de la Solidarité Nationale. Service d'information et de la presse, 26 Janvier 1983.

les initiatives susceptibles de permettre à des jeunes issus des quartiers de devenir les futurs animateurs des projets retenus (par des actions de sensibilisation ou de formation en les associant étroitement à la préparation)".[117]

Afin de préciser les modalités et les objectifs de mise en œuvre de ce programme, une autre circulaire (N°83/29 du 23 septembre 1983) est venue conforter la précédente en insistant sur l'axe formation :

"Le Gouvernement s'est donné pour objectif de faire accéder à une qualification professionnelle reconnue de travailleur social de jeunes adultes qui, du fait de leur origine sociale et de leur expérience individuelle, seront à même d'apporter au travail social une dimension et une efficacité nouvelles. Cet objectif sera atteint grâce à l'organisation d'un cycle de formation qui s'adressera exclusivement à un public issu de milieux défavorisés, cycle doté de moyens renforcés et d'une pédagogie adaptée, mais s'insérant dans un cursus normal de préparation à des diplômes d'Etat".[118]

Ces circulaires ministérielles soulignent ce que P. LASCOUMES appelle *"les contradictions du travail social"*,[119] puisque l'objectif était de récupérer des agents ayant une certaine notoriété dans leurs quartiers et auprès de leurs pairs, pour renforcer l'efficacité des moyens d'action sociale dont la finalité voulue était *"d'empêcher le développement de mouvements revendicatifs avec leurs formes spécifiquement violentes chez les jeunes".*[120]

C'est donc la naissance de ce que D. DUPREZ nomme *"les fixateurs des bandes"* avec une mission précise *"un auto encadrement des uns pour briser la violence des autre"* [121]. Ce *"fixateur de bande"* appelé *" jeune porteur"* ou encore *"jeune fusible"* (selon l'expression des leaders rencontrés lors de notre enquête) devenait "le garde champêtre ou l'îlotier de quartier" (D. DUPREZ), dont l'objectif était *"d'établir un consensus social en rapprochant les dominés eux-mêmes de l'exercice du pouvoir"* mais aussi *"d'atténuer le clivage entre dominants et dominés par une valorisation des idées de citoyenneté et de participation à la vie locale".*[122]

---

[117] Circulaire du Premier Ministre, voir : C. LAMARCHE, M. DUPE : Graine d'éducateur, le jeune leader : une nouvelle idéologie du travail social ? *Revue Contradiction,* n° 47, 1986.
-Les dispositifs de formation à l'animation pour les jeunes issus des quartiers dégradés. N°6, Mars 1985, EFAS.

[118] Ministère des Affaire Sociales et de la Solidarité Nationale, circulaire du 23 septembre 1983 N° 83-29.

[119] LASCOUMES, P. *Prévention et contrôle social. Les contradictions du travail social,* Paris, Ed. Masson, 1977.

[120] DUPE, M. (1984) op. cit. p. 16.

[121] D. DUPREZ, D. (1984) op. cit.

[122] DUPREZ, D. (1984) op. cit. p. 64.

En réalité, c'est une façon *"d'amortir l'impact social du mouvement"* puisque grâce à eux, on pouvait facilement circonscrire des vagues de violence : telles celles de Vénissieux en 1981. Ainsi, tant que celles-ci ne dépassent pas les limites du quartier, elles ne se propageront pas dans un ensemble plus grand ; donc, on pourra éviter un affrontement direct contre l'Etat,[123] ce qui rejoint les idées de J.P. GARNIER : *"un conflit localisé, c'est un conflit qui ne se propage pas, un conflit qui oppose des individus et non des groupes, un conflit qui reste interne à la communauté considérée au lieu de la dresser contre l'Etat ou d'autres couches de la société, bref, c'est un conflit qui ne se politise pas".*[124] Cela induit forcément un autre mode de participation des acteurs sociaux au contrôle social. Les leaders des quartiers se sont vus offrir des emplois d'animateurs qui leur donnaient une place désignée, donc *"à part"*, par rapport aux autres.

Ceci rappelle étrangement ce qui s'est passé aux Etats-Unis dans les années soixante où les administrations démocrates, en réponse à plusieurs émeutes raciales, ont associé les *"mesures les plus remuantes"* [125] aux programmes des réformes pour colmater les brèches, et en Angleterre où, à la fin des années 1970, une politique de professionnalisation des animateurs issus du milieu a été engagée après la révolte des banlieues (DUPREZ ET HEDLI, 1992, p.135). La formation des travailleurs sociaux issus des milieux, entreprise par le gouvernement de la gauche en 1982, est une copie de ce qui avait été fait auparavant à Los Angeles et dans certaines villes américaines.

Par ce grand souci de favoriser la parole sociale[126], de permettre aux habitants de *"prendre en mains leurs destinées"*, l'Etat s'est doté des moyens facilitant *"l'encadrement de ces populations remuantes"*, c'est à dire une sorte de quadrillage des populations, que Jacques DONZELOT appelle *"un complexe tutélaire"* [127], du fait de la multiplicité des interventions et des institutions sociales assistant les familles, pour ne pas employer le terme de *"contrôle social"*.[128]

---

[123] Idem.

[124] GARNIER, J.P. Des inconnus dans la ville. *Espaces et sociétés* n° 40, 1982.

[125] GARNIER, J.P, 1984 op. cit.

[126] Nous nous associons aux remarques de S. BODY GENDROT, qui souligne qu'il s'agit là "d'un fantasme des classes moyennes de gauche, relayé par les urbanistes", car les habitants non informés, de surcroît dépourvus de parole sociale ne pouvait s'adresser à des experts s'exprimant la plupart du temps de manière inaudible. Et qu'il n'a jamais été facile que les habitants deviennent acteurs de leur propre changement. D'ailleurs, dans les réunions DSQ, souvent, ce sont les représentants des associations qui y assistent et non pas les habitants, sauf en de problèmes subits. cf. *ville et violence. L'irruption de nouveaux acteurs.* Ed. PUF, 1993, p. 220.

[127] DONZELOT J. *La police des familles.* Ed. de Minuit, 1977.

[128] Voir à ce sujet l'article de J. HIGGINS : Control theories in social policy, in *journal of social policy*, 9, 1, 1980.
Concernant la bibliographie sur ce concept, voir : *la revue Informations Sociales* n° 4-5, 1979.

Enfin, l'apparition de travailleurs sociaux d'origine étrangère est tout de même liée entre autres à cette impulsion de l'Etat dans les années quatre-vingt où ce dernier commençait à avoir des difficultés à agir sur les problèmes sociaux rencontrés dans les banlieues. Comme il n'arrivait pas à s'y attaquer réellement, il s'est attaché à en réguler les effets par une autre forme de gestion du local, notamment par l'appel des populations issues de quartiers en difficulté.[129]

IV.2. La formation d'animateur issus des quartiers

IV.2.1. *<u>Analyse d'une unité expérimentale de formation</u>*

Une formation expérimentale d'animateurs de jeunes *"issus de milieux sous-prolétaires"* [130] a été mise en place entre 1976 et 1981. Les idées qui ont présidé à la naissance de cette unité expérimentale sont les mêmes que celles qui ont contribué à l'apparition des jeunes leaders des années quatre-vingt : *"la violence des banlieues"*. Certains jeunes par leur situation sociale, ne trouvaient de valorisation que dans la violence et le vol. C'était l'un des moyens de s'identifier dans leurs milieux et réseaux d'appartenance.

La phrase suivante est révélatrice du climat de l'époque : *"Quand on a été depuis toujours et qu'on reste gravement frustré par une société qui à la fois vous tente et vous frustre, on vole et on viole au lieu de faire autre chose"*.[131]

Parmi eux, des jeunes leaders exerçaient une réelle influence et agissaient déjà dans les quartiers comme bénévoles ou vacataires dans les structures existantes. Le but était de capitaliser cette socialisation professionnelle par une formation et permettre à ces leaders, par la suite, de constituer pour les jeunes de leur milieu un pôle d'identification en se professionnalisant.

---

[129] Comme le soulignent D. DUPREZ ET M. HEDLI : "Devant les difficultés à mobiliser localement les travailleurs sociaux pour qu'ils soient sur le terrain pendant les périodes difficiles, l'idée est d'appeler les jeunes à s'auto-organiser, à proposer des projets d'animation ou de vacances qui seraient subventionnés largement par le dispositif de prévention. D'une manière implicite, il s'agissait aussi d'améliorer le dispositif de contrôle social sur les quartiers en faisant appel aux grands frères pour occuper et canaliser les petits" (op. cit, pp 134-135). Voir également à ce sujet l'ouvrage récent de P. DURET, *L'anthropologie de la fraternité dans les cités*. Ed. PUF, 1996.)

[130] LEDU, J. et alii. *Analyse d'une unité expérimentale de formation. En vue d'une formation de jeunes issus de milieux sous-prolétaires*. novembre 1976 - juin 1981 - novembre 1981.

[131] LEDU, J. et alii 1981 op. cit. p. 2. Il ne faut pas croire que tous les jeunes étaient des violeurs et des voleurs. Mais on ne peut pas manquer de souligner les problèmes que connaissaient certains jeunes et qu'il a bien fallu traiter pendant quatre années de formation.

C'est la raison pour laquelle cette expérience de formation a été tentée. Certaines personnes iront jusqu'à dire : en se professionnalisant comme animateurs, ils n'ont pas fait autre chose que de *"traiter ce qui en eux les prédisposait à la violence et à l'entraînement pulsionnel aux fluctuations d'une bande"*. Ceci montre les enjeux et le pari d'une telle formation pour un tel public.[132]

Le rapport (Jean LEDUC op. cit.) ne manque pas de noter que beaucoup de stagiaires ont longtemps conservé des réflexes de jeunes parmi les jeunes et ont acquis difficilement les comportements de professionnels. Au lieu de devenir, par exemple, des médiateurs plus utiles à leurs groupes de référence, il y eut plutôt chez eux un allégement et une transformation de leur conduite de leadership, en devenant moins violents et plus habiles. Ce fait interroge d'ailleurs D. DUPREZ (1984) sur ce qui se joue dans *" la construction d'une gestion du local s'appuyant sur des animateurs issus du milieu populaire"*. Il s'agit, ici, d'une crainte consistant à dire que les effets de professionnalisation de jeunes leaders peuvent être de courte durée et finalement ne règlent pas d'un côté la question centrale du travail social (par exemple le manque d'effectifs), mieux adapté à la situation de ces cités difficiles et, de l'autre, la régulation de la délinquance dans les quartiers.[133]

Il semblait que dans le processus d'amélioration du dispositif de contrôle social, il fallait faire attention au profil des leaders, afin de ne pas s'appuyer sur des animateurs qui seraient enclins à développer des systèmes mafieux dans les quartiers.

Et enfin, il fallait taire ses propres sentiments dans le recrutement, pour que celui-ci ne "relève pas d'un système mafieux, mais plutôt d'une sélection reposant sur la motivation et la compétence"[134] pour éviter ce qui s'est passé à Lille-Sud.

Avant d'aborder la formation qui a eu lieu en 1983-1987, il faut rappeler qu'il y a eu des ratés dans la formation précédente. Les ratés de cette première formation doivent être attribués à deux effets :

- *un effet de déséquilibre* lié au manque de participation des professionnels de terrain à la formation. Cela a laissé un vide au niveau des apports empiriques ;
- *un effet de discordance* lié au manque de concertation, entraînant des projets différents avec forcément des objectifs divers.

---

[132] Lors du colloque de l'AFSEA en 1993 auquel j'ai participé, deux animateurs issus de cette première formation sont venus me rencontrer après mon intervention et nous avions échangé justement sur leur parcours en tant qu'anciens leaders de leur quartier.

[133] DUPREZ (1992), op.cit. pp. 134-135.

[134] DUPREZ, D. Entre discrimination et désaffiliation : l'expérience des jeunes issus de l'immigration maghrébine, *Les annales de la reherche urbaine,* n° 76, 1997.

IV.2.2. Formation professionnelle d'animateurs issus de milieux défavorisés (1983-1987)

Suite à l'Unité Expérimentale de Formation d'Animateurs issus de milieux défavorisés organisée de 1976 à 1981, et sous l'impulsion du Ministère des Affaires Sociales et de la Solidarité Nationale, il a été décidé d'organiser de nouveau, en 1983, un cycle de formation professionnelle d'animateurs ayant vécu en milieu défavorisé.

Ce projet s'est élaboré à partir de l'expérience des stagiaires, acquise dans diverses associations et ayant une connaissance des réalités et des contraintes de vie en milieu défavorisé.[135]

Ce projet avait pour ambition de valoriser de nouvelles pratiques de travail tout en permettant l'insertion professionnelle d'une jeunesse en galère qui avait des difficultés à trouver sa place dans les cités. Comme nous l'avons souligné, il s'agissait bien évidemment d'aider l'intégration de ces jeunes à une profession sociale déjà structurée et de permettre l'émergence de pratiques sociales et professionnelles différentes.

C'est le moment où il fallait faire un choix : faire du social en décidant de se former, ou continuer de faire du social en refusant la formation et donc s'exposer à un *"chômage éternel"*.[136]

Un animateur responsable d'association que nous avons rencontré s'exprime ainsi :

"Il fallait faire un choix. Nous, à la différence des autres, on savait qu'il fallait se qualifier. Si on n'arrivait pas à faire preuve de nos savoirs pratiques, par des savoirs théoriques sanctionnés par des qualifications reconnues, on sera toujours accusés de faire de l'activisme. Donc, on est tous rentrés dans des cycles de formation. En ce qui me concerne, je suis rentré dans un cycle de formation discontinu en cours du soir. Je suis issu, moi, de la formation professionnelle, de toute façon, avec toutes les difficultés que cela pose quand tu es obligé de travailler. J'ai préparé le DEFA, en parallèle, j'ai préparé le DUT Carrières Sociales. J'ai obtenu les deux diplômes en six mois d'intervalle. C'est en 1986. Cela ne m'a pas suffi, même si j'avais trois ans d'études, j'ai souhaité aller au-delà. Donc, je me suis inscrit à l'université, j'ai préparé et obtenu une maîtrise de gestion et développement social que j'ai terminée l'année dernière. Ca fait dix ans que je suis dans les études, tout en travaillant en même temps, ce n'est pas simple. Sinon, je partirai à autre chose ".

---

[135] TAVERNIER, J.D. et alii : *présentation de la mise en place du cycle de formation d'animateurs sociaux. Option : développement communautaire en milieu urbain défavorisé.* Octobre 1983-avril 1984. Ecole de Formation d'Animateurs Sociaux (EFAS). Avril 1984.

[136] La Voix du Nord du 12 avril 1984 : Du chômage à l'animation sociale, un itinéraire pour quinze jeunes parmi d'autres.

Cet extrait renvoie aux analyses de E.C. HUGHES[137] sur la sociologie de professions à propos de la *licence* et du *mandat* : *"un métier existe lorsqu'un groupe de gens s'est fait connaître la licence exclusive d'exercer certaines activités en échange d'argent, de biens ou de services. Ceux qui disposent de cette licence, s'ils ont le sens de la solidarité et de leur propre position, revendiqueront un mandat pour définir les comportements que devraient adopter les autres personnes à l'égard de tout ce qui touche à leur travail... Licences et mandats constituent les manifestations premières de la division morale du travail, c'est-à-dire des processus de répartition des différentes fonctions morales entre les membres de la société, individus ou catégories d'individus".*

Pour les leaders des quartiers, il s'agissait de passer la première étape, celle d'un "savoir empirique" à une seconde étape celle de l'obtention d'un "savoir théorique" pour faire partie du groupe professionnel segmenté des travailleurs sociaux. Mais l'autorisation d'exercer, comme le relate le leader ci-dessus, devait passer par une reprise des études pour les leaders qui souhaitaient (qui avaient la capacité de) continuer la professionnalisation.

Le diplôme (la licence), permettait aux nouveaux arrivants d'entrer dans "le cercle magique des collègues"[138], et d'être reconnus par eux.

Or, il s'est avéré que beaucoup de leaders, n'avaient pas le capital nécessaire pour suivre les formations pourtant adaptées qui leur étaient proposées. En ce moment là, il y a eu une scission entre ceux qui pouvaient poursuivre la formation et les autres. Il s'en est suivi une frustration profonde débouchant à l'intégrisme pour certains, du fait des ambitions déçues.[139]

Après les sélections du 21 et 22 novembre 1983 pour l'entrée en formation à l'EFAS, 22 candidats ont été retenus dont 16 d'origine étrangère. En effet, c'est l'époque où les personnes d'origine étrangère se tournent vers les professions sociales.

Une enquête effectuée par l'AFAS (Association Nationale pour le Perfectionnement des Formations à l'Animation Sociale)[140] auprès de 113 stagiaires sur 300, dans six centres de formation, IRFTS de Talence (21), IFCS de

---

137 HUGHES, E.C. *Le regard sociologique. Essais choisis*, Ed. de l' E.H.S.S., 1996 (Textes rassemblés et présentés par J.M. CHAPOULIE), pp. 99-100.

138 HUGHES (1996) , op. cit. p. 100

139 Au cours de nos entretiens avec les leaders, ce point n'a pas été approfondi, mais il nous été dit que, dans la banlieue Lyonnaise, des anciens leaders étaient devenus intégristes, parce qu'ils avaient été éliminés dans la course au diplôme, à cause de leur faible capital scolaire.

140 Contribution à une étude sur la Formation Professionnelle d'Animateurs issus de milieux défavorisés / Préparation DEFA 1983-1987. Recherche menée par l'AFAS en 1985. RENNES.

Rennes (20), EFAS de Lille (20), CNFA-UFCV de Paris (16), SJT-UFJT de Paris (16) comprenant 65 hommes et 48 femmes, a montré que les 113 stagiaires se répartissaient ainsi :

· La nationalité :
- Française 74
- Algérienne 21
- Marocaine 8
- Turque 1
- Malgache 1
- Espagnole 1
- Portugaise 1
- Allemande 1

plus 4 doubles nationalités soit :
- 2 Franco-algériens
- 1 Franco-marocain
- 1 Franco-portugais

· le pays de naissance :
- France 79
- Algérie 21
- Maroc 7
- Turquie 1
- Portugal 2

Au regard de ces résultats, la nationalité et le pays de naissance donnent des résultats très proches ; 74 sont Français et 29 sont de nationalité algérienne ou marocaine. Il faut souligner que la forte similitude entre ces deux tableaux ne signifie aucunement que dans l'ensemble, la formation n'aurait que peu touché les personnes d'origine étrangère. En effet, toutes nationalités confondues, on peut remarquer qu'une grande partie de stagiaires est d'origine étrangère.

En ce qui concerne la formation, d'une manière générale, le lien théorie/pratique a fonctionné positivement, permettant aux stagiaires plus d'efficacité sur le terrain, plus de recul par rapport aux situations professionnelles vécues, une meilleure appréhension de la nature de leurs interventions sur le terrain. En fait, si on poursuit la logique du rapport[141], cette formation a donné aux stagiaires l'opportunité de sortir d'une situation de crise, car elle a offert la promotion sociale et professionnelle à ces jeunes.

---

[141] Bilan effectué par les centres de formation, cycle de formation d'animateurs sociaux. Réflexion intermédiaire. Janvier 1986. EFAS. LILLE.

Agissant souvent en milieu pluri-ethnique, les jeunes issus du milieu étaient en position de médiateurs, ils ont ainsi redonné un sens à une fonction qui, jusque là, était peu remplie. L'une des critiques que nous pouvons formuler à cette étude est d'avoir ignoré le cas de ceux qui arrêtaient en cours de route. C'est-à-dire qu'elle n'a pas suffisamment développé les effets démobilisateurs qui sont apparus lorsqu'il a fallu affronter les contraintes de l'écriture et de la théorie, comme nous le remarquons aujourd'hui chez les travailleurs sociaux en formation sélectionnés pourtant avec le baccalauréat. Dans la mesure où les trajectoires de ces personnes engagées dans la formation ont montré qu'elles avaient des difficultés particulières, tant scolaires que sociales, les formateurs ont dû user de stratégies pour les amener au bout mais que le rapport ne mentionne pas.

Nous nous posons la question de savoir si les centres de formation n'auraient pas dispensé des enseignements au rabais pour permettre à ces jeunes d'aller jusqu'au bout, et essentiellement pour toucher toutes les subventions accordées par les pouvoirs publics. Rappelons que les subventions étaient accordées en fonction du nombre de stagiaires, ce qui peut influer sur l'efficacité de la pédagogie développée.

Pour nous, cette période symbolise l'arrivée en force dans le champ du secteur social des travailleurs sociaux d'origine étrangère qui ont accédé à des qualifications permettant d'assurer leur avenir par le biais du travail social.

Le succès de précédentes formations a poussé le Ministère des Affaires Sociales et de l'Intégration, le Ministère du Travail, de l'Emploi et de la Formation Professionnelle[142] à poursuivre dans cette voie. C'est la raison pour laquelle, dans le cadre de la politique de la ville, un programme de pré-formation en travail social a été décidé en 1991 pour 400 jeunes issus de quartiers difficiles dont 45 dans la région Nord - Pas-de-Calais.

Ce cycle d'une durée de 800 heures sur 6 mois (janvier à juin 1992) devait permettre aux stagiaires d'accéder ensuite, dans le cadre d'un contrat de qualification, à une formation qualifiante en travail social, dès septembre 1992. Ce cycle prenait le relais d'une autre action de pré-formation menée à partir d'octobre 1986. Actuellement, plusieurs écoles[143] proposent des pré-formations aux professions sociales.

---

[142] Circulaire DAS/DFP/TS1/91/N°91/38 du 13/11/1991.

[143] INSTEP Douai, Ecole d'Educateurs Spécialisés de Lille, Ecole de Service Social de la Région du Nord, le CEMEA.

CHAPITRE IV

CARACTÉRISTIQUES SOCIO-DÉMOGRAPHIQUES DES TRAVAILLEURS SOCIAUX D'ORIGINE ÉTRANGÈRE

I. SEXE, ANNÉE DE NAISSANCE ET SITUATION FAMILIALE

Plus de la moitié des TSOE.[144] ont entre 20 et 35 ans (soit 88 personnes). Sinon l'âge varie entre 20 et 55 ans. Les TSFO paraissent plus jeunes que les TSOE.

Par contre, ce qui est surprenant et de surcroît nouveau, c'est la répartition par sexe. Toutes les études ne cessent de montrer que le travail social est très largement féminisé. Or, pour les populations d'origine étrangère, les hommes 72 (59,5 %) sont plus nombreux que les femmes 49 (soit 40,5 %).

L'une des explications possibles est que la catégorie " jeunes leaders ", par exemple, est largement représentée parmi les hommes. En outre, lorsque l'on prend les TSOE ayant exercé dans leurs quartiers d'origine, il y a une prédominance des hommes. A notre sens, il y a un "étouffement traditionnel " d'accession à ces métiers lié à la structure même des familles immigrées. Le travail social est un métier que les parents connaissent moins bien. Dire aux parents que l'on souhaite faire un métier pour s'occuper des autres est un non-sens, car la prise en charge des personnes en difficulté dans les villages africains (y compris les personnes issues du Maghreb) est communautaire et ne nécessite donc pas une professionnalisation quelconque.

Ainsi, pour beaucoup de nos enquêtés, à la question "qu'est-ce que vos parents pensent de votre métier ?", les réponses paraissent assez surprenantes ; nous en avons obtenues du style : *"mon père ne sait pas ce que c'est... mon père ne comprend pas que je puisse faire ce métier etc."*.

Selon les Africains, la vraie promotion se trouve dans les emplois de bureau et non pas en sillonnant les rues pour répandre la bonne nouvelle et réintégrer dans la norme une certaine catégorie de personnes qui se trouvent dans la marge.

---

[144] En guise de rappel, cette étude est basée sur un échantillon de 170 travailleurs sociaux d'origine étrangère. Nous avons recueilli 121 questionnaires des T.S.O.E. (72 hommes et 49 femmes) et réalisé 27 entretiens (15 hommes et 12 femmes) semi-directifs.

Au sein de cette population, nous avons 103 personnes d'origine maghrébine et 17 originaires de l'Afrique noire. Soixante-seize personnes (62,5 %) sont nées en France et 43 (35,5 %) sont nées à l'étranger[145]. Sur les 121 TSOE, nous avons 90 personnes (74,4 %) de nationalité française et 31 (25,6 %) qui ont gardé leur nationalité d'origine. On peut en déduire que, sur 43 personnes nées à l'étranger, 8 seulement ont acquis la nationalité française.

En ce qui concerne la situation familiale, nous avons respectivement : 28,1 % de personnes mariées, 60,3 % sont célibataires, 5,8 % sont divorcés et le même nombre de personnes cohabitent ensemble. Ces résultats ne diffèrent pas sensiblement des TSFO, sauf pour les cohabitations, où, pour les TSOE, il n'y a que les hommes qui vivent en cohabitation. Ce qui est normal lorsqu'on connaît le contrôle social exercé sur les femmes quant au choix du conjoint et l'importance que revêt le mariage dans les sociétés africaines.

Nous ne pouvons manquer de souligner, comme le suggère M.TRIBALAT[146], que les unions dans les pays africains sont soumises à la tutelle familiale. Si dans ses travaux, il a relevé que l'ensemble de jeunes âgés de 25 à 29 ans ont souvent une relation amoureuse, toutes origines confondues, par ailleurs, il est à noter que les jeunes hommes d'origine algérienne semblent moins souvent engagés dans une relation amoureuse (54 % des 25-29 ans et 36 % des 20 à 24 ans). Ce qui les place au même niveau que les jeunes français, pour les mêmes problèmes liés au chômage. Sur 100 jeunes âgés de 25 à 29 ans, 29 d'origine algérienne vivent en couple contre 55 en moyenne en France et respectivement 58 et 70 chez les Espagnols et les Portugais. Pour les filles, on trouve le même schéma dans l'ensemble, sauf pour celles d'origine algérienne, où l'on relève un nombre plus ou moins supérieur à celui des garçons (38 %).

Concernant le nombre d'enfants, si 89 TSFO (66,9 %) n'ont pas d'enfants, nous retrouvons le même phénomène auprès des TSOE. avec 81 personnes, soit 66,9 %. Pour ceux qui en ont, la répartition s'élève de la manière suivante : 15 (12,4 %) ont 1 à 2 enfants et 8 (6,6 %) en ont 3. Ces chiffres correspondent à la situation familiale de nos enquêtés où 28,1 % seulement sont mariés.

II. PROFESSIONS ET CATÉGORIES SOCIALES DES PARENTS

Les professions des parents peuvent être mesurées à travers l'ancienneté de vie en France. Selon notre échantillon, 71,9 % des pères contre 76 % des mères vivent en France depuis plus de 10 ans et seulement 15,7 % des pères

[145] Non-réponses : 2.

[146] M. TRIBALAT, 1996 op. cit. pp. 98-100.

contre 16,5 % des mères n'y ont jamais vécu. Il s'agit donc en majorité, d'une population dont les parents sont implantés en France depuis de nombreuses années. Parmi les TSOE, on trouve les personnes issues de la deuxième et de la troisième génération.

En ce qui concerne les professions et catégories sociales des parents, on peut lire selon le tableau suivant :

P.C.S DES PARENTS	PÈRE		MÈRE	
	Effectif	%	Effectif	%
Agriculteurs	5	4,1	-	-
Commerçants	2	1,7	7	5,8
Cadres et professions supérieures	3	2,5	1	0,8
Professions intermédiaires	2	1,7	4	3,3
Employés	3	2,5	4	3,3
Ouvriers qualifiés	24	19,8	1	0,8
Ouvriers non qualifiés	73	60,3	2	1,7
Inactifs	1	0,8	95	78,5
Non réponses	8	6,6	7	5,8
TOTAL	121	100,0	121	100,0

L'analyse de ce tableau offre des résultats étonnants. Nous pouvons constater que :

- 73, soit 60,3 % des pères, sont ouvriers non qualifiés (alors qu'il n'y en a aucun chez les TSFO). 24 (19,8 %) sont ouvriers qualifiés, contre 11 (8,8 %) TSFO ;
- Chez les mères des enquêtés, 95 (soit 78,5 %) sont inactives et à peine 15 % ont une profession déclarée.

Ces résultats confirment la tendance nationale et l'aspect "prolétarien"[147] de l'immigration. Des auteurs comme G. NOIRIEL (1992) ont montré que la part des ouvriers dans l'ensemble des natifs étrangers n'a cessé de croître entre 1901 et 1975 (de 50,9 % à 84,1%). Dans notre étude, la part des ouvriers représente au total 97 personnes (80,1 %).

[147] G. NOIRIEL : *Population, immigration et identité nationale en France : XIXème - XXème siècle*. Ed. Hachette, Paris, 1992. pp. 66-67.

Le taux d'activité féminine a également beaucoup baissé, passant de 30,7 % en 1901 à 18,8 % en 1975. Ce qui démontre le confinement des femmes dans l'espace domestique, non par choix, mais plus par la précarité du marché de travail. Enfin, la lecture globale du tableau ci-dessus confirme les constats faits plus haut sur la place des étrangers dans l'économie française.

III. NIVEAU D'INSTRUCTION DES PARENTS

L'analyse des résultats du niveau d'instruction des parents fait ressortir que 94 (77,7 %) n'ont aucun diplôme chez les hommes contre 99 (81,8 %) chez les femmes. En ce qui concerne les diplômes obtenus chez les pères des enquêtés, on dénombre 9 personnes ayant le CEP, 5 le CAP/BEP, 2 le BAC et 3 possèdent un niveau supérieur à BAC+2. Chez les mères des enquêtés, 6 possèdent le CEP, 2 ont un niveau variant du BEPC au CAP/BEP et enfin 3 ont un niveau supérieur à BAC+2.

Nous sommes donc en présence de parents possédant un niveau d'instruction relativement bas. En outre, parmi ceux n'ayant obtenu aucun diplôme, on en dénombre beaucoup ne sachant ni lire, ni écrire.

En effet, sur 94 pères de TSOE ne possédant aucun diplôme, 51 ne maîtrisent pas la lecture. Ce chiffre est encore plus élevé lorsqu'il s'agit des femmes, puisque 81, soit 66,9 %, se retrouvent dans la même situation que leurs maris. Le couple des parents des travailleurs sociaux d'origine étrangère se distingue donc par un capital scolaire bas par rapport à leurs collègues Français d'origine. Les travailleurs sociaux d'origine étrangère sont majoritairement issus de familles qui cumulent des positions défavorables, ce qui n'a pas manqué d'influer sur leurs trajectoires.

Nos résultats rejoignent de près ceux de M. TRIBALAT[148] qui souligne que si les migrants issus des pays de l'Europe ont presque tous été scolarisés, beaucoup de ceux venus d'Afrique ne sont jamais allés à l'école. Parmi les migrants d'Afrique noire, 20 % environ n'ont pas été scolarisés, contre 41 % originaires d'Algérie et 31 % du Maroc.

Concernant le taux élevé de mères de notre échantillon ne sachant pas lire : 81 personnes (66,9 %) ; une partie de réponses nous est fournie par l'étude de M. TRIBALAT[149] qui confirme que 78 % des femmes du milieu rural qui ont quitté l'Algérie après l'âge de 15 ans et 52 % issues du milieu urbain n'étaient jamais allées à l'école. Au regard de l'ancienneté de notre population, il s'avère que celle-ci rentre parfaitement dans celle étudiée par l'auteur précité.

---

148 M. TRIBALAT : *De l'immigration à l'assimilation*, Ed. la découverte, INED, 1996, pp. 40-44.

149 Idem.

Une autre caractéristique non négligeable est liée aux rôles familiaux dans les sociétés africaines : les hommes sont les garants de la politique extérieure et les femmes gèrent "la politique intérieure". C'est-à-dire qu'elles sont reléguées à la gestion des affaires domestiques. Pour cela, faire des études n'est pas une nécessité. C'est finalement l'immigration qui donnera à ces femmes "une nouvelle identité sociale, un nouveau statut", et elles se trouveront dans l'obligation "d'assumer un nouveau rôle en contradiction avec le modèle traditionnel"[150]. Face au contexte migratoire, certains rôles et fonctions des membres de la famille se sont transformés sous la pression de la société occidentale .

En guise de conclusion, on peut souligner que les parents des TSOE occupent le bas de l'échelle de la société française et sont pour la plupart analphabètes. On peut donc poser l'hypothèse, qu'accaparés par leur travail quotidien, et de surcroît analphabètes, ils n'ont jamais été en mesure de contrôler efficacement la scolarité de leurs enfants.

IV. TRAJECTOIRES SCOLAIRES DES TRAVAILLEURS SOCIAUX D'ORIGINE ETRANGÈRE

Après avoir examiné les origines sociales des TSOE ainsi que le niveau d'instruction des parents, il convient maintenant d'étudier leurs trajectoires scolaires.

IV.1. Niveau d'études

DIPLÔME SCOLAIRE LE PLUS ÉLEVÉ

DIPLÔMES OBTENUS	Effectifs	%
CEP	4	3,3
BEPC	5	4,1
CAP/BEP	25	20,7
BAC	55	45,5
BAC + 2	6	5,0
BAC +3	6	5,0
> BAC +	17	14
Non réponses	3	2,5
TOTAL	121	100,0

150 BOUAMAMA, S., SAD SAOUD, H. *Familles maghrébines de France*, Ed. Desclée de Brouwer,1996, p. 77.

151 TILLION, G. *Le Harem et ses cousins*, Ed. du Seuil, 1966, p.189.

Les résultats de notre enquête, illustrés par le tableau ci-dessus dénotent une certaine dispersion des niveaux, répartis ainsi : 3,3 % d'entre eux ont obtenu le CEP, 4,1 % ont obtenu le BEPC, 20 % ont obtenu le CAP/BEP, mais avec un nombre un peu plus élevé de personnes ayant un niveau supérieur au baccalauréat par rapport aux TSFO.

Nous avons respectivement : 45,5 % de bacheliers, 5 % ayant déclaré avoir un niveau Bac+2 et Bac+3 et enfin 14 % (soit 17 personnes) avec un niveau supérieur à Bac+3, alors qu'il n'y en a que 2 (1,5 %) chez les TSFO.

On peut se poser la question de savoir pourquoi on trouve plus de diplômés ayant un niveau supérieur à Bac+3 auprès des TSOE que chez les TSFO Est-ce lié à un repli professionnel dû essentiellement à une difficulté de rentabiliser leurs diplômes dans leurs filières d'origine ? Il est entendu que le relâchement du marché de travail serait un début de réponses, mais pas nécessairement suffisant.

IV.2. Diplôme scolaire le plus élevé par sexe

DIPLÔME SCOLAIRE LE PLUS ÉLEVÉ PAR SEXE

DIPLÔMES OBTENUS	HOMMES		FEMMES		TOTAL	
	Nombre	%	Nombre	%	Nombre	%
CEP	2	50,0	2	50,0	4	3,4
BEPC	3	50,0	2	40,0	5	4,2
CAP/BEP	19	76,0	6	24,0	25	21,2
BAC	25	45,5	30	54,5	55	46,6
BAC + 2	2	33,3	4	66,7	6	5,1
BAC +3	6	100,0	-	-	6	5,1
> BAC +	13	76,5	4	23,5	17	14,4
TOTAL	70	59,3	48	40,7	118	100,0

Le croisement des diplômes scolaires les plus élevés par sexe, donne peu d'indications dans l'analyse des performances scolaires. La comparaison s'avère donc difficile, d'autant plus que le nombre entre les femmes et les hommes n'est pas identique. Toutefois, on peut noter que les femmes ont un niveau scolaire supérieur aux hommes.

Ainsi donc, au regard des bacheliers, on peut voir que sur 70 hommes, 25 possèdent le baccalauréat, et sur 48 femmes, 30 l'ont. En outre, on trouve un nombre de diplômes niveau V plus élevé chez les hommes que chez les femmes. Mais, il s'agit essentiellement de diplômes professionnels obtenus notamment par le contrat d'apprentissage.

Il n'est donc pas possible de vérifier, à travers cette étude, l'hypothèse classique qui consiste à dire que les filles d'origine étrangère réussissent mieux à l'école que les garçons.

IV.3. Le redoublement

Si pour les TSFO le redoublement s'effectue principalement au collège (49)[152] et au lycée (42), pour les TSOE, beaucoup redoublent au lycée (46) et au cours des études supérieures (33), le niveau primaire arrivant en dernière position avec 23 suffrages recueillis.

Concernant les causes du redoublement, les suffrages exprimés sont les suivants :

1. Manque de soutien scolaire 34
2. Problèmes familiaux 21
3. Indifférence des enseignants 13
4. Manque d'intérêt pour l'école 36
5. Problème de langue 8
6. Autres causes 24
7. Non-réponses 28

Les items *"manque d'intérêt pour l'école"* et *"manque de soutien scolaire"* ont recueilli plus de suffrages, suivi de l'item *"problèmes familiaux"*.

L'item *"manque de soutien scolaire"* renvoie plus à l'origine sociale qu'à l'origine ethnique comme on a eu tendance à l'affirmer par le passé. Un volume culturel minimal étant nécessaire pour la réussite scolaire des enfants, le milieu social d'origine a donc son importance dans la performance scolaire des enfants. Et nous savons que les familles ayant un capital scolaire élevé favorisent les meilleures scolarités de leurs enfants.

Ceci fait dire à G. CHAUVEAU et E. ROGOVAS-CHAUVEAU[153] qu'invoquer l'appartenance sociale ou la culture d'origine comme des entités qui expliqueraient les difficultés scolaires des enfants de milieux défavorisés ne résiste pas à l'examen. Ils appuient leur thèse sur des observations effec-

---

[152] Ici, il s'agit des suffrages exprimés et non des pourcentages.

[153] CHAUVEAU, G et ROGOVAS-CHAUVEAU, E. *A l'école des banlieues*, Ed. ESF, pp. 28-30.

tuées dans des cités populaires de l'Est-parisien, où ils ont analysé les scores obtenus en lecture-écriture par un groupe d'enfants d'origine maghrébine d'un quartier difficile et ceux d'élèves des classes moyennes du centre ville de la même commune. Le fait premier est la plus grande disparité des niveaux de lecture-écriture chez les enfants des travailleurs maghrébins à l'entrée du CP, voire à la sortie. Leurs scores sont plus nettement dispersés que ceux des catégories sociales les plus aisées.

Abondant dans le même sens concernant l'origine sociale et la réussite scolaire des enfants, J.M. de QUEIROZ[154] donne l'exemple d'un groupe d'élèves entrés en 6ème en 1972, 1973 et 1974. Les carrières scolaires de ces élèves donnent les résultats suivants : 71 % d'entre eux sont entrés en 4ème, 41 % en seconde, et 35 % en terminale.

Par contre, si on se fonde sur l'origine sociale à travers trois catégories (groupe favorisé, groupe moyen, groupe défavorisé), les résultats montrent l'importance "de la connivence culturelle"[155] qui existe entre l'école et les classes moyennes/supérieures :

% des élèves	Groupe favorisé	Groupe moyen	Groupe défavorisé
Entrée en 4ème	93	75	68
Entrée en seconde	75	42	36
Entrée en terminale	59	25	20

On peut remarquer que plus on avance dans la trajectoire scolaire, plus les élèves issus du groupe défavorisé diminuent.

Le redoublement des TSOE au lycée (46), collège (30) et au DEUG (33) pourrait être interprété dans le même sens.

1. *"J'ai redoublé la 6ème et le DEUG. Mes résultats de 6ème étaient en chute sérieuse. Les professeurs ont décidé de me faire redoubler la 6ème. Moi je pense que c'est le passage du CM 2 à la 6ème qui m'a tuée. Je n'ai pu rattraper le niveau. En 3ème, j'ai eu aussi beaucoup de mal. Je suis passée mais... dur. A la seconde, pareil, je suis passée en première mais je sentais qu'il fallait que je travaille beaucoup... Mes difficultés sont liées au suivi par la famille. Elle ne m'aidait pas beaucoup. Mes*

[154] DE QUEIROZ, J.M. *L'école et ses sociologies*, Ed. Nathan 1995, p. 17.
[155] CHAUVEAU, G., ROGOVAS-CHAUVEAU, E. op. cit p. 28.

parents ont tout fait pour qu'on réussisse en achetant des livres, en ayant toutes les fournitures scolaires, une chambre à nous pour qu'on apprenne bien ; mais ils n'avaient pas la capacité de nous suivre. Ils ont fait la scolarité en France, mais ils ne sont pas allés suffisamment loin. Mais sinon, j'avais mes sœurs qui m'ont donné les cours. En fait, je suis allée dans les mêmes écoles qu'elles et j'ai bénéficié de leurs cours"(Educatrice, 23 ans).

2. *"J'ai redoublé le CM 1 et ensuite la seconde. En CM 1 je ne comprenais rien,... J'étais complètement bloquée. Pour la seconde, c'était des problèmes personnels, j'ai redoublé, c'était dur de remonter la pente... Mes parents me donnaient un coup de main en primaire, mais après ils n'arrivaient plus" (Animatrice, 31 ans).*

3. *"J'ai redoublé en CM 1 parce que j'avais manqué 3 mois, j'étais placé à F... en Belgique. Mes notes n'étaient pas mauvaises... je n'avais pas le coup de pouce qu'il y a maintenant, c'est-à-dire l'aide aux devoirs, être plus attentif aux élèves. En fait, celui qui suivait c'est bien, celui qui ne suivait pas tant pis... Comme mes parents étaient illettrés, je n'avais personne pour me guider. Je faisais mes devoirs le matin quand je me réveillais, avant de partir à l'école. Le soir, je balançais mon cartable et j'allais voir mes copains. Il n'y avait pas encore comme maintenant des animateurs, des éducateurs et un centre social pour s'occuper de nous. Nous étions livrés à nous-mêmes" (Animateur, 33 ans).*

4. *"J'ai redoublé beaucoup de classes... j'étais désintéressé, je n'étais pas assidu, j'étais ailleurs. Avec mes parents qui ne savaient pas lire, il fallait que je me débrouille seul pour les devoirs..." (Animateur, 30 ans).*

5. *"J'ai suivi une scolarité normale. J'ai redoublé la troisième et la terminale et une année de psychologie. C'est surtout le manque de soutien. Mes parents étaient là, mais ne pouvaient m'aider... peut-être à cause de leur niveau ?" (Educatrice, 22 ans).*

Ces discours montrent le poids de l'origine sociale et du capital scolaire dans la trajectoire des enfants. Donc la variable "immigré", ou "le diagnostic du handicap lié à l'effet étranger"[156] ne peut expliquer la part des inégalités dans la réussite scolaire des enfants d'origine étrangère.

Il se trouve justement que plus de 80 % des TSOE appartiennent aux classes défavorisées et de surcroît 77,7 % des pères des enquêtés et 81,8 % des mères ne possèdent aucun diplôme. A cela s'ajoute des difficultés dans la maîtrise de la lecture et de l'écriture (42,1 % des pères et 66,9 % des mères), comme nous avons eu l'occasion de le souligner, à propos du niveau d'instruction des parents des TSOE.

---

[156] Pour un état des lieux sur la scolarisation des enfants d'immigrés voir à ce sujet : F. LORCERIE : Scolarisation des enfants d'immigrés. Etat des lieux et état des questions en France, *Revue confluences*, n° 14, printemps 1995, Ed. L'harmattan pp. 25-60.

Enfin, pour mieux saisir les causes du redoublement des TSOE de notre échantillon, il aurait été nécessaire de mettre en valeur les effets de certains facteurs comme le lieu de naissance, l'âge d'arrivée en France, voire le rang dans la fratrie, ainsi que la durée de l'enseignement préélémentaire. Mais cela n'était pas l'objet de notre thèse.

IV.4. Orientation scolaire

A la question : "au cours de votre scolarité vous est-il arrivé d'être orienté, réorienté vers certaines classes, sections, etc. qui ne faisaient pas *a priori* l'objet de vos préférences ?"

Cinquante et un TSOE répondent positivement contre 62.

Si, pour eux, les orientations proposées relèvent de l'arbitraire et qu'ils les vivent comme quelque chose d'imposé, les orientations souhaitées posent un problème quant au choix des professions sociales, puisque, mises à part les 75 non-réponses, il en reste seulement 6 qui auraient aimé être orientés vers les professions sociales.

Ceci pourrait être attribué aux non-réponses, mais le nombre n'augmente pas sensiblement lorsqu'il s'agit de désigner le métier souhaité par les enquêtés dans leur jeunesse (27 sur 121 ont répondu : professions sociales).

La décision d'orientation est plus souvent contestée qu'acceptée. Elle est exprimée avec amertume, en la reliant quelquefois à l'origine ethnique.

1. *"Mes résultats scolaires étaient bons. J'aurais aimé faire de la médecine ou tout ce qui est du domaine médical. En sortant de la 3ème, j'aurais aimé être orientée vers une seconde scientifique, mais j'ai été mal orientée par la conseillère d'orientation et les professeurs" (Animatrice, 23 ans).*

2. *"J'avais demandé de faire une première G, le conseiller d'orientation a demandé à mes parents, mais ils ont refusé. Je voulais faire une seconde technique, être chimiste, mais dans le coin, il n'y en avait pas. Il fallait aller à Valenciennes, c'était trop loin. Donc cela représentait une surcharge pour la famille, les parents ont refusé. Le projet était de devenir comptable. Pour eux c'était obligatoire avec le retour au Maroc. Il fallait que je prépare quelque chose de monnayable" (Animateur, 27 ans).*

3. *"A un moment donné, j'ai quitté une filière d'enseignement général vers une filière technique (de la seconde au BEP) parce qu'on m'a forcé à changer. Je m'étais battu avec un autre élève, j'ai été renvoyé. Je suis allé dans un autre établissement, on ne m'a accepté qu'en BEP" (Educateur, 34 ans).*

4. *"Au départ, je voulais être comptable. On m'a orienté vers la chaudronnerie et la soudure... Mes notes n'étaient pas mauvaises, mais j'étais*

turbulent à l'école. Je faisais le zouave, le clown. J'avais de bonnes notes, c'est pour cela que je voulais faire un itinéraire normal. En 5ème, ils m'ont orienté vers le LEP. Je voulais passer en 4ème, ce n'était pas possible à cause de ma conduite. Ils m'ont orienté en LEP. J'ai choisi un premier voeu comptabilité, après mécanique, après chaudronnerie-soudeur ; ils ont pris le dernier choix... Mon orientation est due uniquement à ma conduite... Moi, depuis que je suis tout petit, je voulais être comptable. On n'a pas tenu compte de mes désirs. J'ai été mal orienté, même si je faisais le con. A côté de ça... et pourtant je travaillais, je rendais mes notes, j'étais bon en maths, en anglais, en français. J'avais toujours la moyenne. Et, suite à ma conduite, ils m'ont envoyé en LEP. Au fait à l'époque, c'était Madame X... professeur principal qui avait mis l'accent sur la conduite. Je foutais le désordre, sans pour autant agresser les professeurs. Je les respectais. Il y en avait avec lesquels j'avais des bons contacts : le prof de gym, Madame Y... le prof de musique. Il y en a qui me rejetaient parce que j'étais turbulent. Sinon au niveau travail, je rendais mes travaux. J'en veux à Madame X... (professeur principal), elle ne voulait pas me reprendre l'année d'après..." (Animateur, 34 ans).

5. *"J'ai suivi un itinéraire de formation normale mais je me suis retrouvée en 6ème et 5ème de transition. En CM 2 mes résultats n'étaient pas fameux, pas plus catastrophiques. J'étais classée en moyenne 12/13ème dans une classe de 30 élèves. Je me souviens encore du classement pour le passage en 6ème, j'étais 11ème. Je m'en souviens parce que cela m'a frappée. La directrice de l'école à dit, à partir de N tout le monde va en classe de transition. J'ai trouvé ça aberrant. J'avais le droit d'aller en 6ème. C'était empêcher les gens de poursuivre les études normalement. Je prends l'exemple de mes deux sœurs : en primaire, elles étaient respectivement 12ème et 17ème, et pourtant elles ont eu de meilleurs résultats en seconde. L'une a obtenu un DEUG de sociologie et une licence en sciences de l'éducation. Aujourd'hui elle est instit. L'autre est psychologue avec un DESS. Dire qu'au niveau de l'école primaire, tel élève ne pourra pas faire de grandes études, avoir des préjugés, ce n'est pas normal.*

   Psychologiquement j'ai été marqué parce que certains étaient en 6ème normale et moi je me disais être en 6ème anormale. Mon autre sœur qui était 6ème dans une autre école, on l'a laissé passer " (Animateur, 31 ans).

6. *"J'ai redoublé en 3ème au collège, parce qu'on voulait m'envoyer en BEP. Je voulais continuer. Ensuite en 1ère G, parce que je ne me sentais pas bien. Au niveau de l'orientation, ils voulaient m'envoyer en traitement des eaux. En fait, le principal ne voulait plus de moi. Ce n'est pas par rapport à mon comportement, parce que lui me voyait en BEP, ça ne m'intéressait pas. Mais j'avais 15 ans, je voulais faire autre chose : les langues" (Animatrice, 26 ans).*

Ces discours montrent le poids d'une orientation mal vécue. Il s'agit d'une orientation subie, totalitaire, perçue comme une sélection liée à l'origine ethnique. Nombreux sont ceux qui associent "ces orientations" à un sentiment d'exclusion. Fait rencontré également auprès des travailleurs sociaux Français d'origine.

Un discours négatif est souvent tenu à propos des enseignants et de l'institution de l'Education Nationale. Les T.S.O.E ont l'impression, dans la plupart des cas, d'avoir subi leur orientation. Pour eux, une ségrégation scolaire de fait demeure. Cette orientation imposée vers des filières non désirées a laissé des marques chez ceux qui l'ont subie : rejet de la formation et arrêt de la scolarité par dégoût. Ceci ne doit pas être généralisé, mais il faut reconnaître que les décisions d'orientation prises en fin de 5ème et de 3ème déterminent assez souvent les carrières scolaires.

Le problème de l'orientation des élèves a été soulevé par DURUBELLAT et HENRIOT-VAN ZANTEN[157] La logique académique voudrait que les bons élèves fassent de longues études et suivent les filières les plus cotées, mais nos auteurs soulignent que les décisions varient fortement en fonction de l'origine sociale. S'appuyant sur l'exemple de l'académie de Dijon, ils précisent que le taux de passage de la 5ème à la 4ème des enfants de cadres supérieurs est de 89 %, celui des enfants d'ouvriers de 54 %. Et pourtant, même si le niveau scolaire des premiers est considéré meilleur, il s'avère qu'à l'âge et notes identiques, les enfants du groupe social favorisé ont tendance à choisir plus souvent les filières générales du collège et les enfants d'ouvriers se retrouvent dans des filières professionnelles courtes.

Ceci renvoie à la manière dont sont prises les décisions d'orientation. Lorsque l'enfant est trop faible, il y a un renoncement des familles aux orientations scolaires les plus difficiles. Mais, lorsque l'élève est moyen, l'auto-sélection est faite en fonction de l'origine sociale. Dans une situation incertaine, les familles d'origine ouvrière se montrent plus prudentes à l'orientation et se rabattent sur des formations professionnelles. Or, ces demandes sont prises en compte par les enseignants. Enfin, nos auteurs affirment que les enseignants sont également sélectifs avec les élèves de milieu populaire, et tendent à reproduire dans leurs orientations les inégalités déjà existantes.

Les discours de nos enquêtés sont donc avalisés par les analyses de DURUBELLAT et HENRIOT-VAN ZANTEN (1992, p.39) qui affirment "dès le niveau collège, les différences de carrière scolaire ne peuvent s'expliquer par des facteurs strictement méritocratiques ou, en d'autres termes, ne peuvent être considérés comme le reflet d'acquisitions plus ou moins réussies". Une prise en compte des divers facteurs évoqués précédemment s'avère nécessaire.

---

[157] DURUBELLAT, M., HENRIOT-VAN ZANTEN. *Sociologie de l'école*, Ed. Armand Colin, 1992.

IV.5. Arrêt de la scolarité.

Si, pour les TSFO, 97 personnes ont déclaré avoir arrêté leur sccolarité, elles sont 76 chez les TSOE. Les raisons invoquées pour cet arrêt sont nombreuses et il nous est difficile de dresser une typologie permettant de nous renseigner clairement. Toutefois il y a prédominance de trois items :

IV. 5.1. Manque d'intérêt pour l'école et échec dans les études

1. *"J'ai connu une grande démotivation pour le monde scolaire tel que je le vivais..." (Educateur, 25 ans).*
2. *"J'ai abandonné à cause d'un échec au bac (2 fois) et ensuite j'ai fait un pré-stage..." (Educateur, 29 ans).*
3. *"Désintérêt de l'université et désintérêt du monde scolaire..." (Animatrice, 26 ans).*
4. *"J'en avais marre parce que je ne trouvais pas ma place dans la formation que je faisais" (Educatrice, 23 ans).*
5. *"Le langage ne passe pas que par les mots, il faut dans un groupe de travail des personnes qui comprennent, décodent et traduisent le langage" (Animateur, 30 ans).*

Dans cette catégorie, se trouvent évidemment ceux qui ont subi une mauvaise orientation. On peut remarquer implicitement la critique du système scolaire (discours 5) quant à la manière de dispenser l'enseignement.

IV.5.2. Socialisation aux métiers du secteur social

1. *"J'ai souhaité connaître le terrain et confirmer mes ambitions avant de m'engager dans la formation" (Educatrice, 27 ans).*
2. *"Après avoir arrêté mes études d'infirmière, je me suis mise à la recherche d'un pré-stage. Ce fut aussi une période de remise en question, à savoir si c'était bien ce que je voulais faire..." (Educatrice, 23 ans).*
3. *"J'ai arrêté pour effectuer un pré-stage et évaluer mes potentialités d'engagement dans la profession" (Animateur, 25 ans).*

Ces discours montrent que l'arrêt de la scolarité n'est pas simplement vécu comme un moment d'échec mais comme celui de la réflexion ; c'est l'heure des choix. C'est une période de transition, d'apprentissage aux professions sociales, de test personnel pour mesurer ses capacités à s'engager. Le problème est que cet arrêt de la scolarité n'est pas toujours volontaire. C'est le fait des échecs successifs qui imposent une réorientation. Ceci nous renvoie aux discours véhiculés dans l'item "manque d'intérêt/échec".

IV.5.3. Difficultés financières

1. *"J'ai eu besoin de travailler très tôt parce que mon père était malade" (Animateur, 29 ans).*
2. *"Mon père était mis en incapacité médicale de travailler dans la branche où il exerçait auparavant et n'arrivait pas à trouver dans d'autres branches. Donc, je me suis mis à travailler pour aider ma famille" (Educateur, 35 ans).*
3. *"J'ai arrêté l'école afin de subvenir à des besoins financiers qui sont indispensables dans les grandes familles qui ne peuvent vous donner les finances nécessaires à la poursuite des études" (Educateur, 28 ans).*

Si nous comparons les deux populations d'enquêtes, c'est-à-dire les TSFO et les TSOE, nous pouvons relever qu'auprès des TSOE (44), le poids des facteurs économiques sur l'arrêt de la scolarité a été plus prégnant que chez les TSFO (27).

On peut voir dans les discours que ce besoin financier est corrélé avec les problèmes familiaux, notamment la maladie d'un membre de la famille, le divorce, ou encore d'autres facteurs, par exemple la perte de la bourse d'études.

Le nombre élevé des TSOE ayant déclaré avoir arrêté leur scolarité pour des raisons financières (44 personnes su 76) confirme l'aspect prolétarien des origines sociales de nos enquêtés. En effet, nous sommes en présence de personnes qui, à un moment donné, n'avaient d'autres alternatives que de travailler pour subvenir aux besoins de leurs familles. Certains enquêtés étant aînés dans la fratrie ont tenté de combiner études et gain d'argent pour aider les autres membres de la famille.

CHAPITRE V

CHOIX DES PROFESSIONS SOCIALES

I. MÉTIERS SOUHAITÉS PAR LES PARENTS ET LES ENQUÊTÉS

Dans la société, une certaine logique voudrait que les parents nourrissent des projets pour leurs enfants. Ces projets constituent des repères dans l'évolution des enfants. Selon M. PAGES,[158] le projet parental fonctionne comme "une courroie de transmission de l'histoire". Il est donc un élément central du processus de constitution de l'identité, au sens de V. de GAULEJAC[159]. En effet, selon cet auteur, la famille étant le carrefour qui structure l'identité des individus, celle-ci nourrit en principe, des projets pour sa progéniture. Les parents proposent des buts à atteindre, des objectifs de vie. La notion de projet parental rend compte de deux aspects : "d'un côté un but à atteindre, de l'autre une projection, c'est-à-dire une impulsion qui conditionnera la trajectoire de l'enfant". Dans ce cas, les rapports parents-enfants sont structurés par un double processus d'identification : "identification des parents à l'enfant présenté comme le modèle auquel il convient de ressembler, et identification de l'enfant à ses parents comme modèle d'adulte". Ce double mouvement permet à l'enfant de se situer dans la trajectoire familiale, puisqu'il se perpétue à chaque nouvelle étape. Cette genèse de projet parental se trouve en fait dans la généalogie. Mais le projet parental est traversé par les contradictions auxquelles l'enfant est souvent confronté. Il est véhiculé par les conditions sociales d'existence des parents, par leur position sociale et le rapport qu'ils entretiennent avec cette position. Et nous savons que le niveau d'aspiration scolaire des parents est déterminé par le volume culturel de la famille et nous postulons qu'il en va de même du choix professionnel. Enfin le projet parental s'inscrit "dans un contexte qui détermine les identifications possibles et impossibles, les conditions concrètes de réussite, les possibilités d'accès à certains modèles, les idéologies qui structurent les idéaux personnels... la réalité sociale vient imposer des logiques, des ruptures, des opportunités et des contradictions qui déterminent la nature du scénario que le projet propose" (V. de GAULEJAC, 1987, p. 57).

---

[158] PAGES, M. Les systèmes sociomentaux, *bulletin de psychologie,* tome XXXIV, n° 350, p. 599.

[159] GAULEJAC, V de. *La névrose de classe*, éd. Hommes et groupes, 1991 (2ème édit.), pp. 53-63.

Pour saisir les métiers souhaités par les enfants et les parents, deux questions ont été posées :

- Quel métier vos parents vous voyaient-ils exercer ?
- Quel métier auriez-vous aimé exercer ?

Nous avons remarqué auprès des TSFO que les souhaits étaient largement diversifiés. Si les souhaits des enfants se sont portés le plus souvent sur les professions sociales à 42,1 %, ceux des parents se tournent résolument vers l'enseignement à 14,3 %, puisque le travail social n'a été désigné qu'à 6,8 %.

MÉTIERS SOUHAITÉS PAR LES PARENTS

Métiers	Nombre	%
Commerce	9	7,4
Profession médicale	36	29,8
Industrie	6	5,0
Profession sociale	3	2,5
Enseignement	9	7,4
Autre	14	11,6
Ne sait pas	36	29,8
Non réponses	8	6,6
TOTAL	121	100,0

MÉTIERS SOUHAITÉS PAR LES ENQUÊTÉS

Métiers	Nombre	%
Commerce	7	5,8
Profession médicale	12	9,9
Industrie	3	2,5
Profession sociale	27	22,3
Enseignement	22	18,2
Autre	32	26,4
Ne sait pas	11	9,1
Non réponses	7	5,8
TOTAL	121	100,0

L'analyse de ces tableaux appelle une remarque, celle posée par Z. ZEROULOU (1985),[160] dans sa thèse sur la réussite scolaire des enfants issus de l'immigration algérienne. Elle est arrivée à la conclusion qu'il y avait réussite ou échec scolaire à partir du moment où l'école était considérée comme un moyen de promotion sociale et professionnelle, si le projet migratoire était largement clarifié, et enfin, dès lors que la famille se mobilisait autour du projet de l'enfant.

Ici, on peut s'interroger sur le degré de mobilisation des parents de nos enquêtés par rapport aux projets tant professionnels que scolaires de leurs enfants.

Au regard de ces deux tableaux, on peut constater qu'il y a un décalage entre les souhaits des parents et ceux des enfants.

Les choix des parents se portent de très loin sur les professions médicales (29,8 %). Ce souhait doit être corrélé avec les pays d'origine, notamment les pays africains où le médecin jouit d'une telle notoriété qu'il est considéré comme "un demi-dieu".

Chez les enquêtés, deux professions prédominent : les professions sociales (22,3 %) et l'enseignement (18,2 %). Comparés aux travailleurs sociaux Français d'origine, le souhait vers les métiers du secteur social est le double (56 personnes, soit 42,1 %) par rapport aux TSOE.

Par contre l'item "*autre*" recueille 26,4 % des suffrages ; celui-ci est difficile à analyser parce qu'il y a une multitude de métiers que nous avons eu du mal à classer, notamment : pilote de ligne, prêtre, footballeur, pilote de chasse, éleveur, fleuriste, artiste comique, etc.

Ce qui frappe dans les souhaits des parents est l'item "*profession sociale*" qui recueille 2,5 % (soit 3 enquêtés seulement). La même remarque vaut pour les souhaits des parents TSFO (6,8 %). Cela s'est vérifié dans les entretiens effectués auprès de nos enquêtés. En fait, il s'agit d'une profession méconnue comme relaté ci-dessous :

1. *"Dès le départ mon père voulait que je sois électricien. Mes parents ne comprennent pas trop ce que signifie le travail social. Ils ne savent pas trop ce que je fais. Pour ma mère, je m'occupe de gens. Pour mon père, je travaille, je gagne ma croûte, c'est tout. Cette semaine, j'ai fait plus de 60 heures ; ils ont dit : mais ce n'est pas possible. Ils ne comprennent pas que je m'occupe des gens. Pourquoi t'occupes-tu d'eux ? Me demandent-ils. Lorsque je réponds, parce qu'ils ont des problèmes, ils me répondent : mais tout le monde a des problèmes. C'est difficile d'expliquer ce qu'on fait..." (Educateur, 30 ans).*

[160] ZEROULOU, Z. *Mobilisations familiales et conditions de scolarisation des enfants. Le cas de l'immigration algérienne.* Thèse de 3ème cycle, Université de Lille I, 1985.

2. *"Le métier que je fais, mes parents ne le comprennent même pas. Ils savent que je suis éducateur, mais c'est tellement varié. A la limite, quand je travaillais au foyer* (actuellement il est chef de service dans un club de prévention), *ils savaient que j'avais les gamins en charge. Par contre, actuellement, ils se demandent ce que je fais. Une fois, j'ai eu un rendez-vous au tribunal, une autre fois à la maison d'arrêt. En plus, ce qu'il y a de particulier en prévention, c'est qu'on a des horaires particuliers qui sont relativement extensibles. Je peux arriver le matin à 10h30 mais à 20h...21h, je suis encore là. Donc, ils ne comprennent pas bien. Je crois que c'est la relation qu'ils peuvent avoir avec le travail. Autant mon père, qui a travaillé à la mine, avait un horaire précis. Je vois mon collègue qui est Français de souche, ses parents ne comprennent pas non plus, son père dit exactement la même chose. Quand le matin, il va chez ses parents déposer les enfants, son père lui demande : mais tu commences à quelle heure ?, normalement 9h. Son père dit : mais il est 9h30 et tu es encore ici, comment ça se fait ? Il sait que, le matin, il n'a pas de rendez-vous, donc il arrive un peu tard... Mon père a travaillé 38 ans à la mine : s'il était du matin, il était là à 5h, s'il était de l'après-midi, il était là à 13h et pas 13h30... En plus, en travaillant aussi bien avec la justice qu'avec le centre de toxicos, ils ne comprennent pas quoi..." (Chef de service éducatif, 33 ans).*

En effet, le monde du travail social paraît inconnu pour les parents d'origine étrangère, voire même pour les Français d'origine. Il y a manifestement méconnaissance du secteur social de la part des parents. Ainsi, lorsqu'il s'agissait de bâtir des projets pour les enfants, ils se sont tournés vers les métiers dont ils avaient connaissance.

L'item " *ne sait pas* " (métier souhaité par les parents) a recueilli les mêmes suffrages tant chez les TSOE qu'auprès des TSFO (respectivement 36 et 34).

On ne peut s'empêcher d'établir un parallèle entre les réponses " *ne sait pas* " et le capital culturel des parents. Les discours qui suivent tendent à confirmer ce que nous venons de souligner.

1. *"Mes parents souhaitaient simplement que nous poursuivions nos études le plus longtemps possible pour mieux choisir un métier..." (Educateur, 30 ans).*

2. *"Mes parents ne me voyaient pas faire un métier particulier..." (Assistante sociale, 22 ans).*

3. *"Ils ne me disaient rien. Ils n'en parlaient pas. Ce sont mes frères qui regardaient les bulletins..." (Educateur, 27 ans).*

4. *"On ne m'a jamais demandé ce que je voulais faire comme métier. Ils voulaient que je m'occupe..." (Educatrice, 27 ans).*

5. *"Pour mon père ce sont surtout les garçons qui devaient ramener les bons résultats. Pour les filles, cela n'avait pas d'importance. Pour le métier c'était l'indifférence. Si j'avais un petit boulot de secrétaire, c'était déjà bien. Je suis une femme, je pouvais me marier. Les études c'était secondaire..." (Animatrice, 31 ans).*

6. *"Franchement, mes parents ne nous ont jamais parlé d'un métier. Ce qu'ils voulaient, c'est qu'on fasse des études. Ils ne nous ont jamais orienté par rapport à un choix. Ce qu'ils voulaient, c'est qu'on ne se retrouve pas au chômage..." (Animatrice, 28 ans).*

7. *" Mon père voulait que je reste à la maison... ça ne le dérangeait pas que je ne fasse pas d'études... " (Animatrice, 25 ans).*

Pour eux, il y a un paradoxe. L'école est reconnue, notamment pour les garçons, comme une voie de promotion sociale, mais il n'y a pas eu mobilisation de la famille concernant leurs projets scolaires. Le faible niveau scolaire des parents paraît révélateur de ces types de prise de position. On peut voir également à travers les discours des filles que certains parents voyaient déjà en elles "des filles à marier" (discours 5,6,7).

Il s'agit de la reproduction d'un "habitus traditionnel", tendant à confiner les femmes dans un univers domestique. C'est sans doute la question de la place et du rôle de ces filles dans la famille[161] qui est posée à travers ces discours.

En terme de projet des parents, nous avalisons les dires de A. VILBROD[162] à propos des éducateurs spécialisés : les parents des TSOE "portaient indubitablement la trace des trajectoires qu'ils avaient suivies... et ils n'avaient pas le sens du jeu" nécessaire pour positionner leurs enfants dans des filières dont ils n'avaient même pas connaissance.

Plus loin dans les années soixante-dix, la thèse de C. DUBAR (1970 op. cit.) posait déjà la question " vos parents voulaient-ils vous voir faire un métier précis?". A ceux qui avaient répondu positivement, le choix du travail social, semble avoir été un choix pas sérieux, "puisqu'il s'agit d'un métier à part dont il était difficile d'évaluer la crédibilité" ; "La profession d'éducateur ne faisait pas partie des avenirs pensables" et était considérée comme une " profession indescriptible" ; *"mes parents, ils ne comprennent pas bien ce que je fais"* ; "dont on a du mal à rendre compte chez soi, c'est aussi inséparablement une profession sur laquelle on n'a pas de compte à rendre aux siens"[163].

---

[161] BOUAMAMA, S., SAD SAOUD, H. *Familles maghrébines de France*, Ed. Desclée debrouwer, 1996 pp. 75-92.

[162] VILBROD, A. (1996) op.cit, pp. 168-170.

[163] MUEL-DREYFUS, F. (1983) op.cit, pp. 168-170.

II. EMPLOIS ANTÉRIEURS

EMPLOIS OCCUPÉS AVANT D'ACCÉDER AU TRAVAIL SOCIAL

Emplois	Nombre	%
Professions sociales	29	24,0
Employés	22	18,2
Ouvriers	36	29,8
Autres	11	9,1
Non réponses	23	19,0
TOTAL	121	100,0

Ce tableau montre que 29 enquêtés, représentant un taux de 24 %, se trouvaient déjà dans le secteur social. Finalement, ces statistiques sont assez proches de celles relevées auprès des TSFO. On peut surtout voir que les TSOE sont plus nombreux à avoir été ouvriers (36) que les TSFO (17) avant l'orientation vers les métiers du secteur social. Cela est normal puisque peu d'étudiants d'origine étrangère ont la chance d'être boursiers. Pour ceux qui le sont, le paiement s'effectue d'une façon épisodique. Selon les analyses, les 17 TSOE issus de l'Afrique noire ont été tous manutentionnaires pour subvenir à leurs besoins. Ce fait n'est pas propre aux TSOE, VILBROD[164] souligne dans son étude qu'une large majorité des éducateurs spécialisés ont, hormis quelques accidents scolaires à l'université, occupé un ou plusieurs emplois durant trois ou quatre ans avant d'envisager le métier d'éducateur.

De même, dans l'étude menée par J. ELOY[165] auprès des promotions d'animateurs sorties après deux ans de formation au cours des années 1977 à 1981, la grosse majorité des formés (80 %) ont exercé un emploi avant d'entrer en formation d'animation. Dans 25 % des cas, il s'agit d'un emploi dans l'animation.

Au risque de simplifier, nous avons l'impression que le secteur social est "un secteur de repli" depuis longtemps et que cela était moins visible du fait que le chômage n'avait pas encore atteint le niveau alarmant d'aujourd'hui, puisque de nombreux travaux signalent la reconversion de plusieurs personnes au travail social après avoir exercé un autre type de métier.

---

164 VILBROD, A. (1996) op.cit, pp. 191-192.

165 ELOY, J., GANTIER, P., SAMYN, E. Devenir professionnel de cinq promotions d'animateurs dans le Nord-Pas de Calais. *Les cahiers de l'animation* n°44/45, 1985.

III. EMPLOIS OCCUPÉS DANS LE TRAVAIL SOCIAL

Professions	Effectifs	%
Éducateurs	61	50,4
Animateurs	49	40,5
Assistants sociaux	11	9,1
TOTAL	121	100,0

Au moment de l'enquête, on dénombrait : 50,4 % d'Educateurs, 40,5 % d'Animateurs, 9,1 % d'Assistants sociaux.

Il faut préciser que les personnes occupant des postes à responsabilité sont peu nombreuses. Il y en a à peine 6 dont les fonctions sont réparties de la manière suivante : 4 chefs de service et 2 directeurs. Ce constat vaut aussi au niveau régional où les cadres d'origine étrangère sont extrêmement rares dans le secteur de l'action sociale.

Au regard des emplois occupés par les TSOE dans le secteur social, nous avons remarqué que 29,8 % avaient des contrats à durée déterminée, 37,2 % avaient des contrats à durée indéterminée et 12,4 % détenaient des contrats de droit commun, notamment les contrats de qualification et les contrats d'emploi solidarité.

Quant aux types d'établissements où ils exerçaient leurs professions, ils sont répartis de la manière suivante : 47 (38,8 %) en internats spécialisés, 48 (39,7 %) en externats, 15 (12,4 %) dans d'autres dispositifs, notamment les centres de formation.

Mais, pour comprendre les caractéristiques des types d'établissements, il convient de connaître le type de population prise en charge par ces établissements. En effet, 64 (52,9%) déclarent travailler avec des cas sociaux. C'est-à-dire qu'il y avait pratiquement plus de la moitié qui exerçait dans les secteurs dits " difficiles " et généralement désertés par les travailleurs sociaux.

Il est important de préciser que les internats pour inadaptés sociaux sont désaffectés parce qu'ils sont difficilement compatibles avec " une vie familiale équilibrée " et que de surcroît, ils accueillent " un public compliqué ". Beaucoup préfèrent les semi-internats, voire l'externat et le secteur accueillant les handicapés où d'ailleurs les TSOE sont rares (7 seulement soit 5,8 %), tant les places sont également difficiles à obtenir.[166] L'enquête CURSUS menée par T. LAMBERT (1981), a essayé de montrer que certains secteurs professionnels sont habituellement désertés par les travailleurs sociaux. Il apparaît par exemple que les taux de départ dans les internats pour cas sociaux est de loin supérieur aux autres départs : 35,8% maximum contre 24,4% dans les autres internats. Le milieu ouvert a le taux le plus faible, soit 17%. Ainsi, les éducateurs restent beaucoup plus longtemps en internat pour déficients mentaux qu'en internat pour caractériels ou cas sociaux. D'ailleurs, si à l'époque beaucoup d'éducateurs s'orientaient vers le secteur de services non marchands, notamment l'enseignement, la mobilité entre les institutions est marquée par la fuite des "établissements dits compliqués", essentiellement les internats pour caractériels et cas sociaux, alors que les internats pour déficients sont beaucoup moins touchés. Lorsque l'on regarde le type d'échanges entre structures déficitaires et bénéficiaires, il s'avère que le milieu ouvert, les semi-internats, les institutions pour adultes, les institutions de formation et associations recrutent surtout dans les établissements pour inadaptés accueillants des cas sociaux dit délinquants. Les plus grands déficitaires restent les établissements qui accueillent "le public difficile", puisque beaucoup de professionnels transitent dans ces établissements en attendant de trouver mieux ailleurs. C'est dans ce secteur déserté qu'on trouve un grand nombre de TSOE. Attractif et formateur en début de carrière, l'internat pour inadaptés sociaux est souvent désaffecté parce qu'il est difficilement compatible avec "une vie familiale équilibrée". L'évolution de carrière montre une orientation sensible vers les semi-internats, l'externat et le milieu ouvert, peu ouvert en début de carrière, faute de places disponibles.

En guise d'exemple, le centre d'apprentissage de Phalempin (Nord) a vu son effectif d'éducateurs renouvelé en dix ans. Sur les 22 postes éducatifs, on ne compte plus que deux anciens. Parmi les éducateurs qui ont quitté l'établissement, cinq sont devenus chefs de service dans des structures en milieu ouvert, et les autres occupent divers postes éducatifs (formateurs, coordinateurs RMI, éducateurs). Les raisons invoquées pour leur départ sont essentiellement : le type de public accueilli, les conditions de travail jugées difficiles, le manque de reconnaissance, la lourdeur institutionnelle, le souci d'avoir une vie équilibrée. Pour illustrer nos propos, voici ce que dit une ancienne éducatrice : *"Quand, j'étais à Phalempin, c'était difficile au niveau de la vie familiale. Je voyais à peine mon copain le soir quand je rentrais. A un moment, ça a été mal parce que je rentrais à minuit, 1 heure du matin, mais c'était le boulot. Quand tu finis normalement ton boulot à 23 heures, comme c'est indiqué dans l'horaire de travail, cela signifie minuit, tu arrives chez toi à 1 heure du matin. A Phalempin, ce sont mes nuits qui étaient bousillées. Maintenant, ce sont mes soirées, puisque je termine à 21 heures 30... et je peux encore aller au cinéma, voire même sortir. On appelle ça vivre...maintenant je vis...et il faudra qu'on me paie le triple pour retourner travailler dans les établissements comme ceux-là".*

---

[166] LAMBERT, T. *Les éducateurs spécialisés. Etude démographique de leurs origines sociologiques et de leur devenir professionnel.* Publications du CTNERHI, 1981.

IV. SOCIALISATION PROFESSIONNELLE

IV.1. Rencontre avec les travailleurs sociaux

Acteurs ou objets des dispositifs sociaux, 75 (62 %) de nos enquêtés ont rencontré des travailleurs sociaux dans leur jeunesse avant de s'orienter vers les professions sociales, alors qu'ils sont 62 (46,6 %) TSFO. Ces rencontres se sont déroulées dans des circonstances différentes :

- Suivi personnel 3,8%
- Suivi famille 9,6%
- Suivi personnel et famille .... 2,9 %
- Suivi copains 15,4%
- Rencontre au centre social 48,1%
- Autre lieu de rencontre 20,2%

Même si, dans les données ci-dessus, les suffrages exprimés sont minimes pour le suivi social des T.S.O.E. et de leurs familles, rappelons que les populations immigrées bénéficient en principe de la plupart des mesures prises dans le cadre de l'action sociale du droit commun.

Certains d'entre eux baignent dans le travail social depuis qu'ils sont tout jeunes. Comme le rappelle H. MILET[167] : "de la crèche à l'âge adulte, les enfants des immigrés maghrébins ont toujours eu face à eux un travailleur social disposé à les encadrer, à les animer, à les éduquer spécialement, à les enjoindre de se prendre en charge en élaborant des projets".

En effet, ces rencontres pour 48,1%, avec les travailleurs sociaux, notamment dans les centres sociaux, semblent avoir été le catalyseur pour l'accession aux professions sociales, surtout pour les jeunes issus des quartiers dont les structures deviennent leur seconde résidence :

"Je fréquentais les centres de loisirs sans hébergement (CLSH) tous les mercredis et samedis après-midi, où je passais les trois quarts du temps. Les animateurs de l'époque m'ont poussé à travailler l'ambiance et le relationnel dans le quartier" (Educateur, 27 ans).

"Le fait de vivre dans un quartier difficile, j'ai été amenée à voir les éducateurs suivre des copains et certains animateurs, je les rencontrais au centre social... Le plus évident, pour moi aussi, et le plus accessible a été le travail social..." (Animatrice, 23 ans).

"Depuis mon enfance, je connais les éducateurs, ils venaient à la maison parce que j'ai connu des problèmes..." (Educateur, 26 ans).

---

[167] MILET, H. Les jeunes adultes français d'origine maghrébine face au travail social, *Migrants formation* n°88, mars 1992 p. 83.

"Le profil du social s'est développé au contact des jeunes, des prises de position, des rencontres diverses au foyer des jeunes..." (Animateur, 23 ans).

"Quand j'étais jeune, le travailleur social représentait une aide pour la famille. L'image était intéressante" (Educatrice, 33 ans).

Les contacts avec les travailleurs sociaux les ont amenés à intérioriser un métier d'aide qui les a poussés à passer les diplômes d'animation (non-professionnels) premier tremplin avant de concrétiser un rêve consistant à obtenir le DEFA (Diplôme d'Etat relatif aux Fonctions d'Animateurs), le DEES (Diplôme d'Etat d'Educateurs Spécialisés) ou le DUT carrières sociales.

Mais avant tout, l'une des voies d'accès a été le passage d'un diplôme d'animation menant à l'encadrement des colonies de vacances.

IV.2. Diplômes d'animation obtenus

DIPLÔMES D'ANIMATION

Diplômes	Effectifs	%
Aucun	41	31,1
B.A.F.A.	70	53,0
B.E.A.T.E.P.	1	0,8
B.A.F.D.	16	12,1
B.N.S., S.B., A.F.P.S.	4	3,0

D'après ce tableau, on constate que plus de la moitié des TSOE possèdent le Brevet d'Aptitude aux Fonctions d'Animateurs (BAFA) (53 %) et 12 % le Brevet d'Aptitude aux Fonctions de Directeurs de Centres de Vacances (BAFD). Ces deux diplômes non professionnels constituent le premier pas vers une réelle qualification. Les structures d'accueil poussent leurs jeunes à les passer moyennant au départ une activité bénévole.

Du reste, les TSFO ont été également nombreux à passer ces diplômes : 75 (46,3 %) pour le BAFA et 18 (11,1 %) le BAFD C. DUBAR (op. cit. p. 149) et M. SIMONOT (op. cit. p 145) font état dans leurs travaux de l'encadrement des colonies de vacances auprès de leur échantillon en tant qu'activité préliminaire avant d'opter pour les professions sociales.

Le discours ci-dessous permet de situer l'impact d'encadrement d'activités de loisirs dans l'aspiration vers les professions sociales :

"J'ai fait du bénévolat pour avoir mon BAFA et pouvoir travailler dans l'animation. Je n'avais pas encore d'idée de faire le DUT carrières sociales. Avant tout, c'était le BAFA... Tout en étant en première année de lettres, j'étais bénévole, je faisais de l'animation. Cela m'a permis de connaître le côté social... Après avoir passé mon BAFA, j'ai discuté avec des personnes qui étaient en DUT. Ensuite, je me suis dit pourquoi ne pas en faire mon métier, puisque ça me plaisait. Voilà pourquoi je suis là aujourd'hui..." (Animatrice, 23 ans).

L'expérience d'animation permet donc aux futurs professionnels d'avoir la connaissance du milieu et également de se présenter dans des conditions optimales à la sélection aux formations sociales. Dans ce cadre, le choix de faire l'animation des colonies de vacances est "un choix imposé" d'une façon implicite par les écoles de formation, parce qu'il constitue l'une des conditions "*sine qua non*" pour le jury qui vérifie la capacité du candidat à s'adapter au milieu dans lequel il va évoluer.

A. VILBROD (1996 op. cit. p. 240) évoque deux interviews d'éducatrices qui étaient "colons" dans leur jeunesse et dont il suppose que cet acte permettait de fait "de situer la genèse de leur aspiration à être éducateur". Ce point a été négligé dans notre recherche et nous avalisons ses propos, tant il est vrai que la fréquentation des colonies de vacances dans l'enfance, de même que les centres sociaux, constitue "un point d'éveil aux métiers d'aide", et nous ramène à cet aspect de la "socialisation anticipatrice" dont R. K. MERTON s'est fait l'écho.

Toutefois, ne nous trompons pas, l'animateur de séjour de vacances reste un saisonnier, à qui ce travail permet de se procurer un petit pécule pour les études.

L'une des plus grandes associations du tourisme social de la région du Nord, "Autrement Loisirs", qui envoie 6 000 enfants en vacances et embauche 1 000 vacataires par an, reçoit énormément de candidatures de "Bafasiens" à la recherche d'un poste. On y trouve rarement des chômeurs et le niveau des candidats va du jeune lycéen à l'enseignant du secondaire. En outre, c'est une activité qui allie loisirs et travail, donc il serait inopportun aujourd'hui de voir, entre l'orientation vers le secteur social et la fréquentation des centres de vacances, une cause à effet immédiat. Mais on peut penser que c'est une "impulsion supplémentaire" qui permet à certaines personnes de s'adapter facilement ou de modifier leur orientation, dès lors que les événements de la vie en décident autrement.

V. L'ORIENTATION VERS LE TRAVAIL SOCIAL

Les résultats ont été obtenus en posant la question suivante. Quelles sont les raisons qui vous ont orienté vers le travail social ?

1. Intérêt professionnel ?
2. Moyen d'accéder aux études universitaires ?
3. Echec dans les études antérieures (Bac, DEUG, etc.) ?
4. Chômage ?
5. Conseil d'un ami ?
6. Conseil d'un parent ?
7. Militantisme ?
8. Désir d'aider les jeunes ?
9. Autres ?

Nous avons ensuite demandé aux enquêtés de développer leurs motivations. Les analyses s'appuient sur des réponses recueillies dans le questionnaire et surtout dans les entretiens. Nous adopterons trois types d'approches : une approche globale, une approche par profession et une approche par sexe.

V.1. Approche globale

RAISONS DU CHOIX DU TRAVAIL SOCIAL

Raisons	Nombre	%
Intérêt professionnel	40	33,3
Moyen d'accès à l'université	8	6,7
Échec dans les études antérieures	38	31,7
Chômage	37	30,8
Conseil d'un ami	28	23,3
Conseil d'un parent	7	5,8
Militantisme	20	16,7
Désir d'aider les jeunes	80	66,7
Autres	17	14,2
Non réponses	1	

Il ressort de ce tableau la prédominance d'un item :

- *Désir d'aider les jeunes* : 80 (66,7 %).

Suivi de très loin par cinq items, dont trois très proches quant aux suffrages recueillis :

- *Intérêt professionnel* .... 40 (33,3 %)
- *Echec dans les études antérieures* .... 38 (31,7 %)
- *Chômage* .... 37 (30,8 %)
- *Conseil d'un ami* .... 28 (23,3 %)
- *Militantisme* .... 20 (16,7 %)

Nous allons donc analyser les items précités afin de saisir les discours des TSOE justifiant le choix de tel ou tel item. Ici nous avons volontairement voulu laisser s'exprimer les hommes et femmes qui se sont orientés vers ces métiers, pour saisir dans ces paroles le poids de cette "notion d'aide", celui "de l'intérêt professionnel" etc. ou encore du revirement vers cette profession dû à "l'échec dans les études", au chômage, ou autre.

V.1.1. *L'item : "désir d'aider les jeunes"*

Cette notion doit être reliée à l'exigence même des professions sociales et on la retrouve dans le code de déontologie de l'association nationale des assistantes sociales, à l'annexe 5,[168] où nous pouvons comprendre, dès le début, la place prépondérante qu'occupe cette notion "d'aide" :

"L'assistante sociale met en œuvre tous les moyens que sa compréhension et compétence professionnelle lui suggèrent :

- pour aider chacun à prendre conscience de ses devoirs et de ses responsabilités et à utiliser au mieux ses conditions d'existence ainsi que les ressources institutionnelles et légales.
- pour conseiller et prolonger l'action sociale des organismes.
- pour utiliser en vue de l'intérêt général, les concessions qu'elle est amenée à faire dans l'exercice de sa profession".

Il s'agit d'améliorer le fonctionnement social et professionnel des individus, afin qu'ils s'adaptent à leur milieu. Le travailleur social est là "pour restaurer les capacités détériorées, procurer des ressources individuelles et sociales, et enfin prévenir le mauvais fonctionnement".[169]

En fait, "l'aide" est le summum des devoirs principaux des travailleurs sociaux. Qu'elle soit exaltée par les TSFO : 89 (68,5 %) et par les TSOE : 80 (66,7 %), cela semble normal, car ce n'est que la reproduction de l'exi-

---

[168] Annexe 5 : Titre I : Devoirs généraux des assistantes sociales.

[169] Mathilde du RANQUET : le service social et familial ou case work, in S. CRAPUCHET, G.M. SALOMON : *l'intervention dans le champ social*, éd. Privat, 1992 pp.111-112.

gence de base enracinée dès l'origine dans les missions du service social, surtout dans les pratiques des assistantes sociales de "case-work[170]" qui s'appuyait sur un modèle psycho-social.

Cette notion d'aide fait donc partie des valeurs professionnelles du travail social qui ont une influence particulière sur le choix du métier. Mais la réactivation de cette influence s'exerce en fonction des normes du groupe auquel on appartient.

"Un désir d'aider les gens en grande difficulté, car je vis dans un quartier difficile : chômage, délinquance y sont très présents. Il faut réagir". (Animatrice, 22 ans).

"Mes motivations initiales sont : aider les enfants en échec scolaire, aider les enfants à s'extérioriser, à exprimer leurs sensations, leurs émotions, afin de se sentir bien dans leur corps et dans leur tête, afin de mieux appréhender la vie adulte..." (Animatrice, 34 ans).

"Essayer, avec ce que l'on est, d'apporter un petit plus à des personnes en grande difficulté et qui ne recherchent qu'à être aidées..." (Educatrice, 25 ans).

"Ça fait longtemps que je suis dans le social, mais en faire mon métier, c'est un peu par hasard. J'ai atterri à la PAIO... comme secrétaire, ensuite lorsque j'ai vu ce travail de soutien par excellence, j'ai trouvé le domaine intéressant, cette relation d'aide, d'accompagnement du public en difficulté. C'est à partir de ce moment que j'ai décidé de préparer une formation me permettant d'accéder à ce secteur... pour venir en aide, me valoriser un peu... la grande satisfaction que j'ai, est d'avoir aidé un toxicomane à s'en sortir. Là je suis sortie de mon champ professionnel, je suis allée le voir en prison, je l'ai soutenu. Cela fait un an qu'il est sorti de prison, il n'a plus touché à la drogue, je lui ai trouvé du travail. Il s'en est sorti... c'est ça ma reconnaissance" (Animatrice, 28 ans).

" Ce qui m'intéresse dans le domaine socio-éducatif, c'est le rapport avec les populations, le fait également d'essayer d'aider certains à s'intégrer, à s'insérer dans la société... même si le travail est difficile, le fait de leur donner une nouvelle chance est important et formidable " (Educatrice, 22 ans).

---

[170] Selon Y. KNIBIEHLER : "la notion centrale du case-work, son épine dorsale, c'est le respect de la personne et de son caractère unique... la personne est un responsable, unique, qui a son propre élan vital, sa propre destinée... c'est l'acceptation du client tel qu'il est. Ce respect conduit à une attitude pratique qui conditionne l'efficacité de la méthode : c'est l'acceptation du client tel qu'il est, et cela a un sens bien précis... Il vient comme il est, pour être aidé, avec ses valeurs positives et négatives, son passé, sa culture, son idéal de vie... Celui qui vient à nous doit être assuré que, quelles que soient ses difficultés, il nous trouvera là pour le soutenir ". In *Nous les assistantes sociales. Naissance d'une profession. Trente ans de souvenirs d'Assistantes sociales françaises* (1930-1960), éd. Aubier Montaigne, 1980, p.300.

A travers ces discours, on voit le travail social qui veut "combattre les causes et non plus seulement les effets". Comme le souligne G. VATTIER,[171] l'éducateur, le travailleur social a pour "fonction de favoriser le développement de la personnalité et la maturation des inadaptés". Nous retrouvons "la mission salvatrice, l'exaltation du service d'autrui comme sens de l'engagement professionnel " (MORAND, 1992 op. cit. p 129). Nous sommes bien là dans le schéma de l'accompagnement social. Accompagner afin d'aider les assistés. Le travailleur social se veut un tampon entre la société et l'assisté social qui lutte pour obtenir ou garder une place dans ce monde.

En même temps, dans certains discours, on tombe dans la dérive "sublimante", ou "spiritualiste", c'est-à-dire que la situation d'exclusion devient une crise personnelle dont il faudrait aider à trouver le sens.[172]

"L'aide" exaltée par les TSOE serait en quelque sorte pour une partie d'entre eux une manière détournée de "psychologiser" les difficultés sociales rencontrées par les personnes. Les travailleurs sociaux rentrent donc dans un monde solidaire où l'entraide est définie par la reconnaissance d'une situation commune, illustrée par la parabole du bon samaritain ("on se sent proche au nom d'une humanité commune" : ce sont nos frères, nos prochains; "au nom d'une communauté de destin" : on a vécu les mêmes choses; "au nom d'une communauté de risques partagés" : ça peut nous arriver à nous aussi).[173]

Cela amène à revendiquer, voire à exalter cette notion "d'aide", en fonction de sa propre trajectoire mais reconnaissons que cela pourrait affecter l'action entreprise auprès de l'assisté social, du fait de cet effet miroir entre l'assistant et l'assisté. En oubliant la distanciation nécessaire, il pourrait y avoir brouillage des rôles et des statuts sociaux, pouvant amener une mystification sociale de cette fameuse aide, et pouvant aussi conduire à l'illusion.

Dans l'enquête de SIMONOT (op. cit.) cette notion "d'aide" est également présente puisque la majorité des animateurs (62 %), toutes origines confondues, pense que l'animation peut aider à faire disparaître les inégalités sociales.

V.1.2. L'item : "intérêt professionnel"

Cet item arrive en deuxième position, et ne peut-être isolé des autres. L'intérêt vers les professions sociales est à rechercher dans la trajectoire de chacun. Ce sont les positions sociales de chacun des agents sociaux dans la société qui ont donné l'envie et marqué l'intérêt vers ces professions. Cet

---

[171] VATTIER, G. *Introduction à l'éducation spécialisée*, Ed. Privat, 1991 p. 19.

[172] *Accompagnement social et insertion*, Ed. Syros 1995 p. 116.

[173] UNIOPSS : *Accompagnement social et insertion. Pratiques associatives* (préface de Hugues FELTESSE), Ed. Syros, 1995, pp. 108-109.

intérêt professionnel est soit "ancré" en eux du fait de la socialisation précoce vers ces métiers, comme c'est le cas des jeunes issus des quartiers difficiles, ou encore des accidents biographiques liés au chômage, des échecs dans les études antérieures, de l'abandon de la scolarité à cause des problèmes familiaux etc.

Pour éclairer nos propos, nous allons retracer trois trajectoires :

1. B. est née en 1961, mariée sans enfant, issue d'une fratrie de 3 enfants. Elle est aujourd'hui directrice d'un établissement. Voici comment elle explique son insertion dans le secteur social à travers son analyse biographique.

" Mon père est décédé à la suite d'un accident. Il est arrivé en France en 1947. Il travaillait dans les mines. Il était mineur de fond. Ma mère n'a jamais travaillé. Elle a toujours élevé ses enfants... Mon père ne savait ni lire et ni écrire. Ma mère, quant à elle, sait lire et écrire. Pour mon père, je l'ai appris quand j'avais 18 ans. Et pourtant, quand on avait de mauvaises notes... on avait un entretien avec lui, mais jamais ma mère ne l'a dit. On l'a appris comme ça. Il se débrouillait, il reproduisait des tas de symboles. D'ailleurs, mon père avait obtenu un poste d'interprète au tribunal, et pourtant, il ne savait pas lire et écrire. Mon père n'avait rien. Maman, elle, était première en classe. Elle devait passer le certificat d'études primaires. Elle voulait faire l'école d'institutrices à l'époque. Elle était hospitalisée parce qu'elle avait la tuberculose. Elle a donc été obligée d'arrêter...

Dans le quartier, ma mère a fait partie d'une association des locataires. Mon père s'impliquait au niveau de la commune. C'est quelqu'un qui s'était bien intégré dans la vie collective, mais sans pour cela adhérer à un parti politique.

Comme itinéraire de formation, j'ai une scolarité qu'on peut qualifier de brillante à un moment donné, de très difficile en première et en terminale. J'étais une bonne élève, jusqu'à la classe de 3ème. J'étais première de ma classe. J'ai eu le brevet des collèges avec 19 ¾ en mathématiques. La seconde n'était pas très bonne parce que je ne m'y retrouvais pas. Je voulais faire une seconde A, mon père voulait que je fasse une seconde C, et j'ai fait une seconde B. Pour mon père être bon en mathématiques, c'est se débrouiller dans la vie. Il disait : tu t'en sortiras, si tu fais des mathématiques. Et il disait aussi, si on ne t'a pas appris l'Arabe, c'est parce qu'il faut d'abord savoir s'exprimer correctement en français, c'est ça qui te sauvera dans tes études. Au niveau des études mon père était quelqu'un de très rigoureux... J'ai donc fait un bac B sciences économiques. Entre deux, j'avais rattrapé mon frère qui, lui, avait redoublé sa 4ème. Donc on a fait notre scolarité ensemble, de la quatrième à la terminale. C'est très important pour l'itinéraire parce qu'en ce moment là mon frère a passé son concours d'entrée à l'IUT B et moi j'ai redoublé ma terminale. Suite à cela, après j'ai travaillé...

Moi, je suis celle qu'on appelle atypique du social, j'ai travaillé dans un magasin où on vendait des journaux entre 12h et 14h et c'était pendant ma terminale, pour me faire un peu d'argent. Je ne regrette rien. Je trouve que c'était un moment enrichissant et qu'il fallait le faire. Aujourd'hui, certaines personnes devraient plutôt le faire, au lieu d'attendre. J'ai fait des tas de boulots... sorties scolaires, baby-sitting, vendeuse, un peu tout... Après ma terminale, il fallait travailler parce que mes parents étaient séparés et c'était mon frère qui était à la fac, ma mère en maison de repos, et l'autre frère était encore scolarisé. C'était une période de transition où je me suis occupée des repas, de la maison... Je ne savais pas trop ce que je voulais faire. A l'origine, je voulais faire une école de droit. Mais, bon, le mois de décembre est arrivé, maman est rentrée en maison de repos, il fallait absolument que je travaille parce que nous avions besoin d'argent. Je me suis dit pourquoi pas éducatrice, parce que là encore il y a du boulot. J'ai postulé comme pré-stagiaire. Cela m'a permis de faire un peu d'économies. Je me suis aperçue que cela me plaisait bien. Ce que je ne voulais pas c'était passer le concours en espérant ne pas l'avoir. C'était un drame quand j'ai eu mon concours. Mon objectif était de faire encore 6 mois de pré-stage pour avoir encore plus d'argent. Quand je me suis présentée au concours, je me suis dit : je vais y aller mais je l'aurai pas... Vraiment les mains dans les poches. L'entrée en école d'éducateurs a été un choix difficile parce que j'avais besoin d'argent...

J'aurai souhaité être avocate. De toute manière, je me pose encore la question. Je me demande si je ne reprendrai pas un jour. Je pense que de par ma nature par rapport à l'individu, je pense que, même si j'avais fait des études de droit, je me serais quand même intéressée à ce type de public. J'aime beaucoup ce que je fais avec ce public. J'aurais quand même pris une orientation sociale... A côté de ça, chez nous on avait quand même quelques difficultés financières. L'assistante sociale, c'est quelqu'un qui venait à la maison. Et qui représentait quelque chose. Elle apportait un peu de solution, d'aide, de conseil, et je trouvais que c'était un métier intéressant.

2. A.F 23 ans, est issue d'une fratrie de 5 enfants, dont le niveau de formation ne dépasse pas le BEP. Voici comment, elle raconte son insertion dans le secteur social :

   "Mes parents vivent en France, depuis plusieurs années. Ma mère a 50 ans, mon père 73 ans. Vous vous rendez compte, 23 ans d'écart...

   Mon père est décédé l'année dernière. Sinon, avant, il était ouvrier, ensuite, il a fait des économies, il a ouvert un café hôtel restaurant. Ensuite, il a été commerçant. Ma mère n'a jamais travaillé... enfin, elle a commencé à travailler à la retraite de mon père.

   Pour mon itinéraire de formation... je suis allée jusqu'en 3ème de collège. J'ai redoublé en CM 1, CM 2, parce que j'étais faible en maths et français. Je n'ai pas passé mon BEPC. Ensuite, j'ai suivi une filière qui ne me convenait pas... il s'agit d'un CAP coiffure... J'ai suivi cette formation parce que je n'avais pas le choix. Le conseiller m'a orienté vers cette formation. Au départ, je voulais être hôtesse de l'air. Je voulais continuer jusqu'au BAC, ensuite entamer la formation... D'après la psychologue, cette formation (d'hôtesse de l'air) ne me convenait pas, voilà pourquoi je suis allée dans la coiffure. En fait, j'ai perdu une année pour rien.

Ensuite une de mes amies qui travaille dans l'animation m'a présenté au centre social de... où j'ai travaillé comme bénévole. C'était au mois d'août. Ensuite, je me suis dirigée vers l'animation. Je suis allée d'abord à la PAIO, pour expliquer mon projet. Le conseiller m'a trouvé une formation de secrétaire, avant de me lancer dans celle de l'animation. J'ai donc entamé une formation d'animateur en tourisme fluvial d'une durée de 8 mois. Il s'agit de faire de l'animation dans les bateaux. A l'intérieur de la formation, on a passé le BAFA, le BNS, et le SB. J'ai tout obtenu. Par la suite, j'ai travaillé avec plusieurs organismes : la Chênaie, l'ADP 59, la FLASEN, l'amicale des Algériens en Europe, France Vacances (agence de voyage)...

Mon arrivée dans le social c'est tout ça, c'est l'intérêt de s'occuper des autres. C'est en rapport avec le métier que je voulais. Regardez, le métier que je voulais avant est celui du tourisme. Si je reviens en arrière, je voulais être institutrice. En fait, le métier que je voulais, c'est tout ce qui était en rapport avec un public... lequel ? Je ne sais pas trop. Je me suis aperçue après que c'était bien d'être en contact avec les jeunes.

Enfin, si je revois un peu ma jeunesse, tout ce que j'avais raté, que je n'avais pas réussi dans ma jeunesse... j'avais surtout envie de leur dire attention, ne faites pas ça... Enfin essayer de les aider, de les diriger pour qu'ils ne prennent pas le même chemin... Le travail social, je connais depuis que je suis petite. Je me rappelle, je connaissais une éducatrice, parce que quand j'étais jeune, non loin de chez moi, il y avait un centre qui organisait des voyages à la journée. J'y allais pour rencontrer des copains et des copines, faire des sorties ensemble...

J'admirais ce que faisait cette éducatrice là... ce sont des choses qui marquent et qu'on oublie pas. Le déclic vient aussi de ce que j'ai vécu là-bas. Les éducateurs nous aidaient. Nous, on avait pas forcément les moyens de faire des voyages... Nos parents n'avaient pas les moyens...

3.K.M était âgée de 23 ans au moment de l'entretien. Elle est née en France, issue d'une famille de 8 enfants. Son père est arrivé en France entre 1955 et 1956. Sa mère arrivée en 1950 est décédée; elle aurait aujourd'hui, 49 ans. Son père, âgé de 59 ans, s'est remarié. En ce qui concerne la trajectoire scolaire des parents : son père n'a jamais été scolarisé, sa mère s'est arrêtée au certificat d'études et elle n'a jamais travaillé. Son père a travaillé un peu à Paris, où il avait commencé par vendre des cacahuètes. Après, il a obtenu un poste d'ouvrier chez Béghin-Say, et il a terminé sa carrière dans la mine.

La situation scolaire des frères et sœurs se présentait comme suit : l'aîné s'est arrêté en 5ème, ensuite il a préparé un diplôme d'électricité (non obtenu), et il est resté longtemps au chômage jusqu'à son décès par accident. Le second a préparé un BEP, il a eu des problèmes de délinquance, et n'a pu aller jusqu'au bout, parce qu'il a été placé dans un foyer. Le troisième a préparé un BEP maintenance, qu'il a raté. Il travaille dans la maintenance. Le 4ème a fait comme ses frères, il a raté le CAP, mais exerce aujourd'hui comme ouvrier. La 5ème de la fratrie est une fille qui a désespérément préparé un CAP couture, non obtenu, divorcée avec deux enfants, en recherche d'emploi à l'époque. Et enfin, les derniers de la fratrie étaient scolarisés au collège. Voici comment elle explique son cheminement professionnel :

" ... Pour mon itinéraire de formation, je possède un bac A. J'ai fait deux premières années de DEUG espagnol, et une première année de DEUG lettres-modernes... A part le redoublement en DEUG, à cause des problèmes familiaux, j'ai toujours été parmi les bons élèves... Mes parents voulaient que je devienne médecin, c'est la profession que tous les parents maghrébins rêvent pour leurs enfants. Quand j'étais jeune, je voulais devenir sage- femme, jusque là ça allait. A l'adolescence, quand je leur ai dit je voudrais être professeur d'espagnol, ils ont tiqué... finalement le principal était que je fasse des grandes études. Mais la représentation était qu'il fallait que je sois dans la médecine, surtout que mon oncle, le frère de ma mère est chercheur en chimie bio-marine. Il fallait à tout prix que la grosse tête de la famille soit comme lui.

Et comme pour mes frères c'était plutôt, mal parti... Mais mon père est très fier de moi, parce que j'ai réussi à continuer mes études, vu le contexte de la famille, à trouver un boulot et à me stabiliser. Mais je pense qu'à un moment donné, ils ont été très déçus lorsque je leur ai appris que je ne serais pas médecin. Et, je ne voulais pas être médecin, c'était professeur d'espagnol, depuis que j'ai 17 ans. Après, ils ont suivi mon parcours de très loin...".

" Le choix du travail social... je pourrais dire les échecs au DEUG..., oui et non, j'ai toujours aimé l'animation. Cela fait 4 ans que je suis animatrice. J'ai travaillé pendant 3 ans avec la ville de Villeneuve-d'Ascq, j'ai été aussi animatrice scolaire dans un centre social... je n'ai fait que ça. Je n'ai jamais fait d'autres métiers. Pourquoi ? je ne sais pas. Disons qu'être amenée à travailler dans le social est un concours de circonstances. La première raison, c'est aussi le fait que j'ai toujours aimé l'animation. On en arrive plus ou moins au social et, à un moment donné, on fait plus du social que de l'animation. Et puis, je cherchais à travailler avec les ado-

lescents ; il me fallait travailler par besoin d'argent... Mais il me fallait travailler aussi pour ma formation ... Le travail social... le choix ... tu sais c'est très en rapport avec moi-même. C'est difficile à expliquer, parce que cela me touche profondément... Bon... J'ai été amenée par la force des choses à connaître les problèmes de la délinquance, de drogue par des proches de ma famille. Ce qui m'a donné envie de m'y orienter... C'est aussi une envie de changer les choses. Changer ce qui existe. Aller contre la fatalité. Changer le statut, dans ma tête un statut facile à obtenir, puisque j'ai commencé par un pré-stage... C'est aussi un renouveau au niveau de ma vie professionnelle, parce qu'en rapport avec ce statut. Une reconnaissance..."

"Quand je dis mon histoire, mon histoire familiale qui ne m'a pas touchée, mais qui a touché mes frères et sœurs. Le social, je le connais depuis longtemps, parce que j'ai subi ses inconvénients. J'ai eu des visites d'éducateurs chez moi. Mais ce sont des inconvénients qui, à un moment donné, pouvaient être des avantages, parce que c'est à ce moment là que les choses se disaient. Les éducateurs venaient en tant que médiateurs par rapport à des conflits entre mes frères et mes parents... conflits intergénérationnels... conflits interculturels. Je voulais travailler dans le social, pour changer cette réalité que je vivais chez moi, cette réalité par rapport à d'autres gamins. J'ai eu cette opportunité de travailler avec les délinquants, mais l'opportunité est devenue un choix, choix par rapport à l'histoire de ma famille. Choix parce que je suis restée, j'ai renouvelé mon contrat et j'ai voulu surtout me perfectionner. En fait, je pense que ce perfectionnement est le fait que je recherchais ce qui n'avait pas été chez moi. Pourquoi à un moment donné ça a cassé chez moi ? Pourquoi à un moment donné, il y a eu l'intervention des éducateurs ou des assistantes sociales ? Pourquoi à un moment donné, il y a eu des placements ? J'ai eu un frère et une sœur placés, pourquoi ?... "

" Après, je peux expliquer aussi ma venue par autre chose, mais c'est arrivé plus tard, là, c'est par rapport à un professionnalisme; là j'ai été heurtée à un retour sur moi-même. Je me suis aperçue que j'avais un comportement qui était issu de mon histoire, notamment par rapport à mon agressivité. J'ai recherché, on m'a aidé aussi à rechercher, pourquoi j'étais agressive. Et tout ça m'a amenée à penser que je voulais combattre une fatalité qui était le décès de ma mère... Maintenant, si je mets mon comportement ici, il faut comprendre que mon comportement personnel est une révolte contre le monde. Mais mon arrivée vers le social, c'était prendre le monde tel qu'il est et changer ce qui ne va pas. Surtout ce qui touche les humains. La justice de la gamine qui se fait violer par son père. La justice du gamin qui subi l'injustice dans ce monde... "

*"Et puis le choix vers le social, il y a beaucoup de choses dans ma tête... c'est aussi probablement la distance que mes parents faisaient entre moi et mes frères. Cette distinction là... elle n'est pas comme les autres (*di-

saient ses parents, en parlant d'elle). *Dans un sens positif, mais aussi très négatif pour mes frères. Dès que je faisais un écart... tu vas devenir comme tes frères et sœurs (dans le langage des parents, il fallait pas suivre le mauvais exemple). Cette comparaison par rapport aux autres est allée très loin. Cela s'est reproduit à l'adolescence, puisque au niveau physique, je suis différent de mes frères et sœurs. Mes frères sont tous grands (1m 95), ma sœur fait 1m 78, moi, je ne fais que 1m 70, par exemple. Au niveau du visage, je suis la réplique de ma mère. Il y a certainement un peu de rancœur. J'ai eu la réflexion de mon plus vieux frère décédé : "toi tu n'es pas comme nous. On est tous beaux dans la famille, sauf toi". Je lui ai répondu : je m'en fous, toi, tu n'es qu'une grosse merde. Cela a fait une grosse histoire dans la famille, parce que j'avais répondu... J'ai tellement eu de conflits avec mon frère, qu'après je lui ai dit, on est de la même famille parce qu'on porte le même nom et on est tous des mêmes parents, sinon, il n'y a rien qui peut nous unir... Mon frère a réagi en me reprochant de lui dire ça, parce que je ne devais rien lui dire... Mon frère prônait le respect du mâle, il pouvait se permettre de faire plusieurs crasses à mes frères, personne n'osait lui répondre, sauf moi et mon petit frère... J'ai toujours été différente, même au niveau géographique, je ne vis pas là où vit ma famille. C'est un choix ... Aujourd'hui au niveau de ma famille, je représente celle qui a réussi, je suis une réussite. Elle a réussi, disent-ils, mais elle n'est pas mariée...".*

Une analyse de ces trois trajectoires prouve que plusieurs éléments sont à l'origine du choix vers les métiers du secteur social. La première trajectoire nous révèle que l'enquêtée a connu un certain nombre de problèmes qui l'ont poussé à arrêter sa scolarité pour travailler : ses parents venaient de divorcer, de surcroît sa mère venait d'être hospitalisée, donc il y avait une nécessité urgente de subvenir aux besoins de la famille. Etant l'aînée de la fratrie, elle s'est "sacrifiée". Le but était de trouver une filière pouvant combiner études et gain d'argent. Le secteur social offrait cette opportunité. Elle avait trouvé un pré-stage où elle était payée. Comme elle était dans l'obligation de passer les sélections pour l'entrée en école, elle espérait échouer au concours "l'entrée en école d'éducateurs a été un choix difficile parce que j'avais besoin d'argent". Mais, en même temps, elle affirme, quant au choix de ce métier, que l'orientation n'est pas uniquement due au besoin, c'est le métier qu'elle connaissait dans sa jeunesse, parce que sa famille a fait l'objet d'un traitement social de la part des services sociaux : "l'assistante sociale... représentait quelque chose pour nous, c'est quelqu'un qui aidait...". Il s'agit donc d'un "intérêt" lié, d'un côté, aux problèmes financiers rencontrés par la famille et, de l'autre, à la connaissance qu'elle avait de ce métier dans son enfance.

Quant à Mademoiselle A.F, son intérêt s'est toujours porté vers les métiers du contact. Son choix du secteur social semble relever d'un accident lié a une mauvaise orientation vers la coiffure. Mais sa trajectoire indique, qu'elle était dans sa jeunesse "objet du dispositif social". Au centre social, elle admirait ce que les éducateurs faisaient pour eux. Cet aspect des choses ne pouvait que favoriser la prise de conscience et faire émerger plus tard son potentiel individuel. En outre, chez elle, il y a un *continuum* de formation diplômante, qui a débuté par l'obtention de plusieurs diplômes non-professionnels pour aboutir à une qualification professionnelle.

La troisième trajectoire, montre la complexité de privilégier, telle ou telle variable, quant à l'intérêt vers ces métiers. En effet, Mademoiselle K.M. a subi des accidents dans sa scolarisation. Elle a fait trois années de DEUG. Qu'est-ce qui se serait passé, si elle avait eu la possibilité de réussir le DEUG d'Espagnol ? Elle fait partie des *accidentées biographiques*, des personnes qui se sont orientées vers ces métiers à cause des redoublements. Mais cette explication n'est pas convaincante car une analyse fine de sa trajectoire montre que la venue dans le secteur social est à rechercher dans l'histoire de sa famille, et aussi dans sa trajectoire personnelle.

En ce qui concerne l'histoire familiale, elle était en recherche de ce qui n'avait pas été à la maison. Elle voulait lutter contre la fatalité : des frères qui ont connu la drogue, dont l'un d'eux a été placé, ainsi qu'une sœur. Le but était de changer le cours de l'histoire à travers le secteur social. Grâce au travail social, elle a également mené une lutte personnelle, contre, entre autres, son agressivité, liée au décès de sa mère. Elle cherchait à travers le secteur social une réponse à son mal être. C'est aussi une lutte pour s'émanciper de la tutelle parentale, de la tutelle de ce grand frère déconnant, drogué, mais qui joue le rôle que lui confère la traditionalité.[174] Dans ce conflit, c'est bien de la survivance des rapports hommes et femmes marqués par l'inégalité, dont il est question.

Cette émancipation ne pouvait passer que par une autonomie financière que seule une activité salariée était en mesure de fournir. C'est une jeune femme en lutte et en révolte contre la condition féminine au sein de sa propre famille. A travers le travail social, c'est l'indépendance qu'elle revendiquait. Comme elle le dit, l'intérêt vers le travail social est “un concours de circonstances...”. C'est-à-dire l'amour de l'animation, le besoin de gagner de l'argent, l'histoire familiale, l'histoire personnelle par rapport à la famille, notamment la lutte pour son émancipation.

Ces trois trajectoires montrent que l'intérêt pour le choix du travail social relève d'un long processus. Quelles que soient les circonstances invoquées par les enquêtés pour l'orientation vers ces professions, le choix semble lié à leur trajectoire. Ce n'est donc pas par hasard s'ils se retrouvent là. Leurs aspirations ont été spontanément ajustées au capital possédé, ce qui fait que

---

[174] Ce fait rappelle les conflits considérables vécus par des hommes et des femmes soumis à une culture traditionnelle, dont C. LACOSTE-DUJARDIN, analyse brillamment dans son ouvrage : *Des mères contre les femmes. Maternité et patriarcat au Maghreb*. Ed. La découverte/Poche, 1996 (2ème éd.), 1985 (1ère éd.).

nos trois travailleurs sociaux "n'obtiennent rien qu'ils n'aient raisonnablement voulu et ne veulent raisonnablement que ce qu'ils peuvent obtenir[175]". On peut croire à un repli professionnel, mais l'intérêt avoué pour ce métier est à rechercher dans leur enfance, où l'expérience de chacun fournit des exemples de certaines situations où "le moi passé" des enquêtés et apparemment dépassé, fait irruption en force dans "le moi présent", parce que les circonstances s'y prêtent.[176] En fait, c'est le capital dont disposent les acteurs et les institutions à un moment donné de leur existence qui commande les différentes stratégies d'investissement dans le champ.[177]

V.1.3. L'item "militantisme"

Il n'arrive qu'en sixième position avec 20 (16,7%) suffrages recueillis. Si nous mettons ces résultats en parallèle avec l'ensemble des résultats concernant " la participation à la vie collective " de tous les TSOE, cela donne les statistiques ci-dessous :

PARTICIPATION A LA VIE COLLECTIVE

	Suffrages exprimés	
- Syndicat	14	(17,3%)
- Groupement religieux	13	(16,0%)
- Association sportive	31	(38,3%)
- Association socio-culturelle	52	(64,2%)
- Parti politique	18	(22,2%)
- Total	81	
- Non réponses	41	

Si nous comparons ces chiffres avec les TSFO[178], la différence se situe essentiellement à trois niveaux. Les TSOE sont plus nombreux à faire partie : des associations sportives (31 suffrages exprimés contre 24 pour les travailleurs sociaux Français d'origine) ; des associations socio-culturelles (52 suffrages contre 34) ; des partis politiques (18 contre 8 suffrages).

Ce phénomène peut être expliqué par le fait qu'auprès de la population d'origine étrangère, il y a énormément de personnes qui ont travaillé dans leurs quartiers d'origine. Or, beaucoup de jeunes issus des quartiers ont tendance à militer dans des associations socio-culturelles, qu'ils considèrent comme

[175] ACCARDO, A. *Initiation à la sociologie. L'illusionnisme social. Une lecture de Bourdieu*, éd. Le Mascaret, 1991(2ème édition), pp.134-135.

[176] Idem, op. cit. p.94.

[177] BOURDIEU, P. *Le sens pratique*, éd. de Minuit, 1980

[178] Syndicat : 16 (26,7%), conseil municipal : 4 (6,7%), groupement religieux : 10 (16,6%), association sportive : 24 (40%), association socio-culturelle : 34 (56,7%), parti politique : 8 (13,3%).

les lieux d'expression d'une minorité qui veut se faire entendre. Des auteurs comme A. JAZOULI ou S. BOUAMAMA,[179] ont montré comment s'est développée l'action culturelle contestataire à travers différentes associations de jeunes issus de l'immigration. Cette dimension de l'action collective de ces jeunes n'avait pas forcément quelque chose à voir avec le poids d'un syndicat quelconque, mais plutôt avec des actions culturelles où "les acteurs naissants travaillaient sur eux-mêmes, à travers leurs contradictions, leurs vécus, leurs désirs, leurs espoirs et leurs rêves". (A. JAZOULI 1986, p. 93).

Par ailleurs, les associations sportives sont également beaucoup représentées par ces types de public qui parviennent à s'affirmer et à endosser le rôle de leader, à travers les exploits sportifs. Le sport participe donc quelquefois aux processus d'inscription sociale, d'identification et d'insertion.[180]

Remarquons, par ailleurs, que la religion n'a pas recueilli un suffrage élevé, contrairement à la vision du sens commun qui voit les banlieues comme le terreau de l'Islam. Et pourtant beaucoup de nos enquêtés viennent des quartiers sensibles.

Parmi les 81 enquêtés qui ont répondu , nous avons 57 hommes et 24 femmes, dont l'engagement selon le sexe se répartit de la manière suivante :

- Pour les hommes :
  - Syndicat 11 (19,3%)
  - Groupement religieux 09 (15,8%)
  - Association sportive 27 (47,4%)
  - Association socio-culturelle 38 (66,7%)
  - Parti politique 11 (19,3%)

- Pour les femmes :
  - Syndicat 03 (12,4%)
  - Groupement religieux 04 (16,7%)
  - Association sportive 04 (16,7%)
  - Association socio-culturelle 14 (58,3%)
  - Parti politique 07 (29,2%)

Au regard de ces données, les enseignements que l'on peut en tirer sont que les femmes semblent plus engagées dans les associations socio-culturelles que dans d'autres mouvements. Ce fait est confirmé au niveau national par

---

179 JAZOULI, A. *L'action collective des jeunes Maghrébins de France*. Ed. L'harmattan, 1986. S. BOUAMAMA : *Dix ans de marche de Beurs. Chronique d'un mouvement avorté*. Ed. Desclée de Brouwer, 1994.

180 DURET, P. *Anthropologie de la fraternité dans les cités*. Ed. PUF, 1996, pp. 149-177.

l'engagement des femmes relais dans les associations de quartiers, à travers les activités culturelles ayant trait à leurs pays d'origine, ou des associations de défense des droits des femmes immigrées.

Comme pour les TSFO, il y a aussi un élan militant mais qui se manifeste dans l'engagement à travers les associations des quartiers, mais pas au sein des cellules syndicales. Contrairement à leurs parents qui ont su trouver une voie de promotion à travers le syndicalisme,[181] les TSOE trouvent dans les associations sportives ou socio-culturelles, une piste vers le travail social. Cet engagement associatif a toujours commencé par du bénévolat, par l'aide aux devoirs ou à travers d'autres activités péri-scolaires.

L'extinction progressive du militantisme syndical se confirme, lorsque l'on croise la variable participation à la vie collective par les groupes professionnels, dont les résultats sont tellement insignifiants qu'ils valent à peine d'être évoqués : 7 suffrages recueillis pour les éducateurs, 3 pour les animateurs, et 1 pour les assistants sociaux. Par contre, nous avons remarqué que les animateurs étaient beaucoup plus engagés dans les associations socio-culturelles 31 (81,6%) que les éducateurs 10 (41,7%) et les assistants sociaux : 1 suffrage recueilli. Pour ce qui est de l'engagement massif des animateurs dans les associations, on peut poser l'hypothèse qu'il s'agit en majorité de personnes ayant travaillé dans leurs quartiers d'origine.

La mission qui leur incombe étant de permettre l'insertion professionnelle de jeunes dans leurs propres quartiers, l'animateur serait l'indispensable relais entre les jeunes en difficulté et les associations de quartier, les collectivités locales et enfin les pouvoirs publics. Dès lors l'implication dans les associations s'avère être une nécessité incontournable. Par ailleurs, lorsque l'on recrute des stagiaires pour une formation à l'animation de quartier, le recrutement se fait par l'intermédiaire des associations locales, des clubs de prévention, clubs sportifs, centres de loisirs, ou encore des collectivités locales.[182]

L'ensemble de ces analyses peut permettre de comprendre pourquoi l'item "militantisme" a recueilli peu de suffrages. Mais il existe des personnes qui affirment avoir choisi le travail social par militantisme. Les parcours ci-dessous illustrent bien, nous semble-t-il, ce choix professionnel par "idéal de société" :

1. B.S, âgée de 26 ans est née en France. Son père est ouvrier et sa mère n'a jamais travaillé. En ce qui concerne l'itinéraire de formation des parents, la mère ne sait ni lire, ni écrire ; le père maîtrise la lecture et l'écriture

---

[181] TRIPIER, M. *L'immigration dans la classe ouvrière en France*. Ed. L'harmattan, 1990.

[182] Cela s'est produit en Lorraine en 1991. voir à ce sujet Dominique PIVRON : *Formation à l'animation de quartier. Enjeux et perspectives.* Institut National de la Jeunesse et de l'Education Populaire, Document, n°17, juillet, 1994, pp. 44-50.

mais ne possède aucun diplôme. Elle est issue d'une famille de 7 enfants dont le niveau d'études le plus élevé est le BEP. Quant au choix du travail social, "c'est la souffrance humaine qui l'a poussée à défendre les faibles". Le travail social était le lieu où pouvait s'exprimer le coup de colère. Mais, il convient d'analyser son cursus pour saisir les différents méandres de sa vie :

"Au niveau de la scolarité, après la troisième année de collège, j'ai suivi une filière professionnelle, parce qu'il fallait que je travaille. J'ai obtenu, un CAP sténodactylo, un BEP agent des services secrétariats, un BAC G1. Ma scolarité n'était pas trop mauvaise, même j'ai pas mal redoublé... CE 2, 2ème année BEP, 1ère G... parce que personne ne pouvait suivre ce que nous faisions, ensuite, avec tous les problèmes à un moment donné, l'école ne me disait plus beaucoup de choses...

Quand je regarde ma scolarité, j'ai suivi les vœux de mes parents. Regardez... Mon père me voyait couturière, ma mère secrétaire, et moi travailleur social ou enseignante en LEP... D'ailleurs cela a posé des problèmes pour mon orientation. (B.S. fait partie des personnes qui ont été orientées ou réorientées vers certaines sections qui ne faisaient pas à priori l'objet de leurs préférences).

Déjà, en 5ème, on m'a proposé de faire un CAP Bureautique, j'ai refusé catégoriquement sans en faire part à mes parents. J'ai proposé un CAP routier, là j'étais sûre d'être refusée. Finalement, en 3ème, j'ai accepté l'orientation en BEP, car redoubler aurait été pour moi comme une punition. Même si je n'étais pas du tout attirée par ce type de formation. Ce qui m'intéressait, c'est le BEP sanitaire et social, pour entamer ensuite un BAC F8, puis un DUT carrières sociales... Pour plusieurs raisons, j'ai arrêté ma formation en 1988, parce que aussi, j'avais envie de travailler. Là, j'ai connu le chômage pour la première fois..."

"Les raisons de mon orientation. D'abord, depuis que je suis toute jeune, je milite dans des associations... C'est par elles que je suis rentrée... sinon je ne vois pas comment. Quand j'ai vu la misère dans mon quartier, et ce qu'on nous proposait, j'ai voulu me battre à côté de ceux qui étaient déjà là. Et comme, je me suis mise après à faire des colonies des vacances avec les jeunes ; là aussi tu apprends des choses, parce que pendant la colo tu discutes forcément avec les jeunes , ils te racontent des choses, quand tu as fini ta colo, tu rentres chez toi, ou tu attends la prochaine colo, ou tu te dis : "ce que j'ai entendu c'est important, je ne peux pas laisser passer, il faut que j'aille voir. C'est comme ça... c'est le militantisme ... parce qu'il y a dedans aussi un travail de relation et de communication, parce que tu rencontres des gens qui te bourrent le crâne mais dans le bon sens du terme...". J'ai rencontré des gens qui m'ont donné envie de faire ce métier pour lutter et aider les autres. Lorsqu'on est fille d'origine maghrébine, c'est une façon de faire reconnaître ses

revendications. Tu rencontres les gens, eux ils te découvrent, ensuite petit à petit tu te prends au jeu... Moi je n'ai jamais travaillé dans mon quartier parce qu'il n'y avait aucune structure, mais sinon je l'aurais fait volontiers... Comme dans l'un des quartiers DSQ, de la ville où j'habitais, ils cherchaient des animateurs, j'ai été prise sans problème... malgré que je sois une nana... Dans mon quartier, comme j'étais un peu connue par mes idées, même sans structure, je n'hésitais pas à voir les parents ou les jeunes et à discuter avec eux... Après, j'ai voulu passer du militantisme au professionnalisme, tout en restant militante..."

2. B.F est âgé de 25 ans. Ses parents vivent en France depuis plus de trente ans. Son père est ouvrier textile, sa mère assistante maternelle DDASS. Son père possède le certificat d'études primaires, sa mère n'a aucun diplôme mais maîtrise la lecture et l'écriture. Il est issu d'une famille de 4 enfants, dont l'aîné a obtenu une licence d'histoire, les deux autres possédant un BTS. Sa trajectoire nous semble un peu accidentée.

   Après le BAC, il a fait deux années de langues et le passage en licence s'est avéré problématique, d'où une réorientation vers un DUT carrières sociales. Quant au métier que ses parents lui voyaient faire, son père souhaitait qu'il devienne avocat, sa mère médecin. Lui-même aurait aimé être interprète de conférences. Mais le coût des études était trop élevé pour ses parents. De toute manière, il dit que s'il avait pu mener ses études plus loin, il n'aurait pas choisi le travail social. Ici, nous sommes déjà dans le cadre d'un choix par accident.

   S'il a choisi le travail social c'est : *"par un militantisme chevronné, qui a correspondu à un conseil d'un travailleur social, et cela me permettait d'avoir une bourse d'études... mais le militantisme, y est pour quelque chose... Cet amour qu'on a à se bagarrer pour les autres, c'est motivant... et puisque mes objectifs étaient d'avoir une activité salariée qui me permette de continuer mes études et me rendre utile... quand je voyais tous mes copains qui étaient suivis, j'ai pensé que je pouvais faire quelque chose plus tard, le social est un moyen pour arriver à cela..."*.

   Ici, nous sommes devant une personne qui affirme avoir appartenu à un syndicat et à une association socio-culturelle. Malgré ce choix non voulu, on décèle une socialisation précoce au regard des emplois occupés avant l'orientation dans le secteur social. Cet éducateur n'a exercé que des emplois d'animation de quartiers (pendant 4 ans). Chez lui, il y a également un processus de transmission des valeurs familiales à deux niveaux : premièrement, il est issu d'une famille[183] où les parents sont eux-mêmes militants ; deuxièmement, on peut parler de l'hérédité des positions, dans la mesure où sa mère exerce un métier éducatif (assistante maternelle).

[183] Il s'agit d'un cas atypique, puisque nous n'avons pas rencontré beaucoup d'enquêtés ayant des parents militants.

Pour cet homme, la famille semble être un vecteur important d'orientation professionnelle. Il aurait trouvé au sein de sa famille des valeurs tant syndicales que sociales qui auraient répondu à un engagement précoce vers ce métier. Sa trajectoire accidentée, nous pousse à penser que le travail social semble avoir été à une période donnée "une bourse d'études". Il fallait qu'il exerce une activité salariée pour poursuivre ses études. Connaissant le secteur social à travers l'action militante, ayant vécu dans un quartier difficile, ayant connu des copains qui dépendaient de l'action sociale et des parents militants, la réorientation fut un exercice facile.

3. J.Z. est née en Algérie, âgée de 29 ans, mariée, et mère d'un enfant. Ses parents vivent en France, depuis plus de trente ans. Son père sait lire et écrire, mais pas sa mère. Pour ce qui est du métier exercé par les parents, sa mère n'a jamais travaillé, tandis que le père était mineur de fond. Elle est issue d'une grande famille de 13 enfants dont elle est l'aînée. Le niveau scolaire le plus élevé de la fratrie est le diplôme d'études universitaires générales (DEUG).

   Son itinéraire de formation : *"J'ai passé un bac lettres, ensuite j'ai arrêté mes études pour travailler. Je voulais m'installer en Algérie, je suis donc partie, j'ai dû rester la moitié d'une année. Cela n'a pas été. Je suis revenue en France, j'ai donc repris les études très tard en fac. J'ai repris les études en tant que salariée, en faisant un DEUG d'histoire et en pensant que j'allais faire du journalisme. J'ai raté mes examens, tout en travaillant.*[184] *Au fil du temps j'ai commencé à travailler dans le social, cela a complètement changé mes plans... Pourquoi je n'ai pas fait ce que j'avais envie de faire ? ce sont les circonstances, c'est la galère, ce sont des tas de choses... Si j'avais pu continuer régulièrement en ne faisant que ça, je ne crois pas que je me serais retrouvée dans le social. De toute façon, avec le train de vie que je mène actuellement, je ne pense pas continuer sur le terrain..."*

   L'orientation vers le travail social : "*...Ce n'est pas seulement par besoin d'argent que je me suis retrouvée dans le social. J'aurai pu postuler ailleurs comme caissière à Auchan... C'est parce que j'étais militante dans une association de jeunes issus de l'immigration pendant plusieurs années. Je me suis rendue compte qu'il y avait beaucoup de jeunes en échec scolaire. Je me suis dit, la meilleure façon pour moi de pouvoir de les aider ce n'était pas seulement faire des activités culturelles mais aussi obtenir une qualification professionnelle. Je me suis engagée dans la formation professionnelle. Ce fut mon premier pas. Malheureusement, là où je suis tombée, où j'ai commencé à travailler, il n'y avait aucun jeune d'origine étrangère... Et puis de fil en aiguille, je me suis rendue compte*

[184] Insistance de l'enquêtée pour nous faire comprendre que si elle a raté le DEUG, c'est en partie liée à son activité salariée.

que la formation professionnelle, enfin le soi-disant travail social à travers la formation professionnelle, c'est plus une histoire d'argent que de militantisme. Je crois qu'à partir du moment où il y a une histoire d'argent il n'y a plus de militantisme. On doit faire un choix. Je suis donc rentrée à l'IUT. C'est pourquoi, j'ai décidé après trois ans de quitter la formation professionnelle et faire du vrai social..."

Pour Mademoiselle J.Z., l'arrivée vers le secteur social s'explique par " des tas de choses ", dont en premier " les échecs au DEUG d'histoire ", puisqu'elle dit que si elle avait eu la possibilité de poursuivre ses études, aujourd'hui elle travaillerait dans un autre secteur. La deuxième forme d'explication, c'est la rencontre avec l'action militante. Il y a manifestement dans son choix, l'imbrication de facteurs accidentels et, peut-être par défaut, le militantisme. Toutefois, rien ne permet pour l'instant de privilégier d'une façon ou d'une autre l'un des facteurs cités.

La première trajectoire montre aussi le poids du "militantisme" dans l'engagement vers l'action sociale. Elle affirme militer depuis qu'elle est jeune, parce que "la souffrance humaine, l'a poussée à défendre les faibles". Il s'agit d'un militantisme lié à la misère dans son quartier. Elle apparaît comme une révoltée dont finalement la difficulté d'être, l'impuissance d'être ce qu'elle voulait être, l'a conduite à donner un sens à sa vie dans l'action avec les autres, dans l'amour pour eux, dans la prise en charge de leurs difficultés ou de leurs souffrances.[185] En fait le militantisme comme la venue dans le travail social est alors une façon de régler ses propres conflits. Mais en même temps si nous devions parler du renouveau de la vocation, c'est de ce côté qu'il faudrait chercher, parce qu'on y trouve des acteurs sociaux convaincus, inscrits dans une double démarche : militante et éducative. Or, aujourd'hui, beaucoup de travailleurs sociaux adoptent un profil bas vis-à-vis de l'action syndicale, et un discours conforme aux vœux des décideurs. Nous assistons de ce fait à un tournant dans un secteur qui de nature est contestataire.

Toutefois, pour donner un poids à ces analyses, un regard sur le degré de participation à la vie collective des parents s'impose :

- Syndicat 22 (42,3%)
- Parti politique 17 (32,7%)
- Conseil municipal 1 (1,9%)
- Mouvement religieux 7 (13,5%)
- Association de défense des locataires 6 (8,6%)
- Autres 17 (32,7%)
- Nombre de répondants 52
- Non réponses 69

[185] MEISTER, A. *Vers une sociologie des associations*. Ed. Ouvrières,1972.

Il s'avère que ces résultats concordent, à une nuance près, avec ceux des enfants. Si nous prenons l'appartenance à un parti politique ou à un syndicat, nous pouvons remarquer que le nombre est pratiquement le même (parti politique : parents 17 / enfants 18), l'écart est insignifiant (syndicat : parents 22 / enfants 14). La même remarque pourrait également valoir pour la religion, vu l'insignifiance du nombre (parents : 7 / enfants : 13). Même si cet écart avoisine le double, ceci ne doit pas nous amener à considérer que les enfants sont plus croyants aujourd'hui que les parents. Et pourtant 54 (44,6%) enquêtés ont exercé dans leurs quartiers d'origine. Connaissant la réputation dont jouissent ces quartiers, nos résultats ne peuvent que pousser à plus de prudence.

Ces résultats nous poussent enfin à éviter "l'islamalgame", comme l'a souligné S. BOUAMAMA. Cette tendance est confirmée par les analyses de M. TRIBALAT[186] sur les pratiques religieuses des musulmans en France, notamment les Algériens. Il s'avère que ceux-là mêmes qui sont pointés de l'index (c'est-à-dire les Algériens), pour leurs croyances religieuses, sont les moins pratiquants. La fréquentation des lieux de culte apparaît rarissime chez les immigrés algériens (11%) et plus élevée chez les Mandé d'Afrique noire (34%). Il y a donc un degré de pratique religieuse moindre chez eux et fort chez les Africains noirs. D'ailleurs, près de la moitié des Algériens déclarent n'avoir pas de religion et ne pas pratiquer. De même auprès des jeunes, le résultat est identique, puisque la fréquentation d'un lieu de culte apparaît assez exceptionnelle (10% hommes, et 18% femmes). En outre, il apparaît à travers les analyses de M. TRIBALAT que les pratiques religieuses des jeunes d'origine algérienne nés en France sont fortement proches des pratiques moyennes en France.

V.1.4. *Les items "conseil d'un ami ou d'un parent"*

Ils ont recueilli tous deux respectivement 28 (23,3%), et 7 (5,8%) des suffrages, lesquels pour le second item sont très faibles.

Cela confirme la méconnaissance des métiers du social par les parents des TSOE. Nous sommes loin de l'approche de A. VILBROD[187] qui dans son échantillon a trouvé qu'un éducateur sur douze avait une mère exerçant un métier d'aide (infirmière, aide-soignante) et un éducateur sur dix avait une mère institutrice ou professeur de l'enseignement secondaire. Les discours de ces éducateurs pour l'arrivée dans le métier font appel à l'incitation parentale sur l'impact du choix.

Concernant l'item *"conseil d'un ami"*, en dehors d'autres explications dont nous n'avons pas connaissance, nous pouvons avancer un élément détermi-

---

[186] TRIBALAT, M. *Faire France,* Ed. la découverte, 1995 pp. 91-110.

[187] VILBROD, A. (1996) op.cit. pp. 184-185.

nant, quant à la fréquentation des centres sociaux par notre population dont 50 de ses membres, soit 48,1%, ont rencontré des travailleurs sociaux. Dans tous les cas, plus de la moitié de cette population a eu des contacts avec ces derniers dans sa jeunesse (75 soit 62%), dont 54 ont travaillé dans leurs quartiers d'origine. Certains d'entre eux ont effectivement bénéficié des conseils d'amis, comme le cas de la trajectoire 2 explicitée plus haut. Ces conseils ont été obtenus, soit après la période de rupture par rapport à la scolarité, lorsqu'ils étaient en recherche d'une nouvelle voie, soit pendant leur jeunesse, par l'intermédiaire des associations de quartiers ou encore dans d'autres circonstances :

"J'ai échoué en première année de lettres, ma voisine m'a parlé de centre de loisirs sans hébergement (CLSH). Je me suis renseignée à la mairie, et j'ai réussi à avoir toutes les adresses des centres sociaux. J'ai proposé mes services en tant que bénévole... J'ai appris le métier, ensuite je me suis orientée vers les carrières sociales..." (Animatrice 22 ans).

V.1.5. Les accidentés biographiques

L'une des hypothèses de cette recherche est que : "les professions du secteur social doivent être considérées comme celles du repli, qui permettent aux agents d'ajuster une situation subie et non désirée".

Pour expliciter cette notion "d'ajustement", nous nous associons aux analyses de H. BECKER (op. cit. p. 205) citant MEAD et BLUMER : "les gens agissent ensemble". En agissant ensemble, le regard de l'un se pose sur l'autre et permet à celui qui se sentirait à l'écart de réintégrer la "norme" ; c'est à dire que les gens "font ce qu'ils font avec un œil sur ce que les autres ont fait, sont en train de faire ou sont susceptibles de faire dans le futur". "Les individus cherchent donc à ajuster mutuellement leurs types d'actions sur les actions des autres, perçues ou attendues".

En employant un terme comme "ajustement", H. BECKER souligne par là que "les gens prennent ordinairement en compte ce qui se passe autour d'eux et ce qui est susceptible de se passer une fois la décision prise... L'ajustement peut se traduire par la décision de poser une bombe ici plutôt que dans tel endroit, probablement surveillé par la police ou encore par la décision de ne pas fabriquer de bombe, et même de renoncer complètement à ce genre de projet, puisque la police exerce une surveillance" (op. cit. p. 206).

L'ajustement doit être considéré comme une contre-action liée à l'effet d'une action passée ; c'est-à-dire qu'il s'agit de *l'abandon d'une situation subie par accident biographique*, pour s'adapter à une nouvelle situation dont on espère tirer des avantages. Par accident biographique, nous entendons ces petites choses qui ont de grands effets : échecs au bac, redoublement à l'université parce qu'il manque deux points, licenciement économique... et qui obligent les individus à modifier leur trajectoire. La décision de modifier sa trajectoire comme celle de devenir travailleur social "est toujours le terme d'un processus et non le résultat d'un choix unique" (DUBAR 1970, op. cit. p. 141).

Donc, le choix professionnel est le fait d'une conjonction de plusieurs éléments que nous avons cherché à repérer à travers la reconstitution des éléments essentiels qui ont concouru à la détermination du choix professionnel. Ces éléments sociaux sont : la situation des parents, l'évolution scolaire de l'enquêté, le degré de participation à la vie collective, les emplois antérieurs...

Pour appréhender ces éléments, nous avons analysé chaque questionnaire pour reconstituer les trajectoires biographiques des enquêtés. Dans cette reconstitution biographique, nous avons cherché à obtenir les éléments d'objectivation et d'explication qui permettent de repérer le sens que les TSFO et les TSOE donnent à leurs choix professionnels. Nous avons repéré 59 "accidentés biographiques" dont 34 femmes et 25 hommes (TSFO) et 83 "accidentés biographiques" dont 52 hommes et 31 femmes (TSOE). L'analyse des trajectoires des accidentés biographiques fait ressortir trois catégories : les "errants professionnels", "les redoublants persistants ou «les déclassés universitaires», et les surdiplômés".

V.1.5.1. L'item "échecs dans les études antérieures" (les redoublants persistants)

Dans cet item, il y a une catégorie que nous appelons "les redoublants persistants". Il s'agit essentiellement des "errants universitaires" qui ont connu plusieurs accidents de scolarité. Nous avons vu dans l'approche de l'analyse globale des raisons du choix du travail social que cet item arrive en troisième position (38 suffrages recueillis, soit 31,7%). Ce qui est loin d'être négligeable. Les statistiques sur les redoublements se traduisent de la manière suivante :

- C.E.S 30 (19,2%)
- LYCÉE 46 (29,5%)
- DEUG / BTS 33 (21,2%)
- PRIMAIRE 23 (14,7%)

L'incidence du redoublement par rapport au choix du travail social a une implication essentiellement au lycée et en D.E.U.G. Sur 33 personnes ayant redoublé en D.E.U.G, 26 avouent avoir choisi le travail social, suite aux échecs antérieurs et sur 46 personnes déclarant avoir redoublé au lycée, 17 d'entre elles imputent le choix du travail social à leurs échecs, échecs dont nous avons préalablement tenté d'expliciter les causes découlant de problèmes familiaux ou de mauvaises orientations :

• Cas N°1

"Je suis allée jusqu'en terminale où j'ai loupé le BAC. Comme je le passais pour la deuxième fois... je n'avais plus la volonté de retravailler pour le repasser... J'ai décidé de passer les sélections à l'IUT et j'ai donc pu entrer sans BAC, puisque j'ai eu une équivalence et c'est à partir de là que j'ai suivi ma formation d'éducateur spécialisé. Aussitôt, après le BAC, je n'avais pas d'expérience sur le terrain, je suis rentrée tout de suite... Il fallait que je m'inscrive dans l'enseignement supérieur, pour essayer de passer les équivalences pour pouvoir entrer à la fac. L'IUT qui préparait le diplôme d'éducateur spécialisé convenait justement... Le social pourquoi pas ? Etant donné que j'ai travaillé auparavant dans les maisons des quartiers par vacation, je me suis dit "ça pourra servir". Au départ, c'était ça. C'était pas un choix professionnel bien déterminé. Pour moi, je voulais simplement faire cette formation pour avoir un diplôme qui puisse être reconnu au niveau de l'enseignement supérieur surtout... en gros c'est comme ça que j'ai mis ma démarche en pratique... Je crois que j'ai une vision différente aujourd'hui par rapport au métier du social.... Mes motivations ont évolué... Au départ, je cherchais une identité universitaire. Malgré ça, j'ai accepté de travailler ici parce que je ne peux pas couper ce que j'ai entamé. J'ai besoin de continuer la démarche..." (Educatrice 24 ans).

• Cas N°2

"J'ai eu un bac littéraire, ensuite j'ai échoué au BTS secrétariat... Je suis entrée aussi à l'université en 1ère année de DEUG langues que j'ai abandonnée, et après j'ai travaillé. J'étais secrétaire de direction dans une PAIO, et bien d'autres jobs encore... hôtesse d'accueil, manutentionnaire, j'ai travaillé aussi dans une chocolaterie, j'ai fait des activités péri-scolaires... je me suis rendue compte que je n'étais pas faite pour ça. Ce n'était pas mon truc, mais il fallait bien que je travaille..." "... Sinon, quand j'étais en 3ème, je voulais être cuisinière. Je voulais faire l'école du Touquet, c'est une filière qui m'attirait. Et même aujourd'hui... Je ne l'ai pas faite parce qu'on me l'a toujours déconseillée. On m'a orientée vers une autre section parce que j'avais de bons résultats, j'avais d'énormes possibilités..." "... Le choix du travail social... je me suis toujours énormément impliquée en tant que bénévole dans le social. Cela fait 15 ans maintenant que je fais partie des associations de proximité..." (Animatrice 29 ans).

• Cas N°3.

F.R. est né au Maroc, âgé de 25 ans, il est marié, et père d'un enfant. Ses parents vivent au pays. Sa mère, illettrée est sans profession. Son père, transporteur, lit et écrit aussi bien le français que l'arabe. Il est second d'une famille de 9 enfants.

"J'ai fait mes études à Casablanca, sauf le BAC et la première année de DEUG des sciences économiques que je n'ai pas eue... A cause de cet échec, on m'a coupé les vivres... la bourse d'études, il a fallu que je travaille... j'ai fait des petits boulots : inventaire à Auchan, livreur de boissons, animateur des colonies, etc.

J'ai travaillé avec l'UFCV, ensuite j'ai passé le BAFD. Et c'est là que j'ai décroché un poste avec la maison des jeunes. C'était une issue de secours... Finalement, comme je n'avais pas le choix, j'ai passé les sélections, mais après je vais continuer... Si un jour j'ai la possibilité de faire autre chose, j'arrêterai et je sais que plus tard je ferai autre chose... Après le DUT, je veux préparer une licence des sciences de l'éducation et aboutir à une maîtrise des sciences et gestion appliquées au travail social..."

• Cas N°4.

Z.H. est âgé de 30 ans au moment de l'entretien. Il est né au Maroc, marié et père d'un enfant. Ses parents vivent en France depuis 21 ans. Comme pour les autres enquêtés, sa mère n'a jamais travaillé. Son père âgé de 73 ans était ouvrier spécialisé. Il est issu d'une fratrie de 10 enfants dont il est le quatrième. Le niveau scolaire de la fratrie est similaire à celui de la majorité des enfants issus de l'immigration maghrébine, c'est-à-dire le Brevet d'études professionnelles. Concernant son itinéraire de formation scolaire et professionnelle, voici ce qu'il en dit :

"Quand je suis arrivé en France, j'avais 7 ans. On m'a mis en CE 1, et comme je n'arrivais pas à suivre, on m'a remis en CP. J'ai obtenu un Bac B, je n'ai pas réussi à franchir le cap du DEUG. J'ai passé deux fois le DEUG de psychologie, il me manquait 2 points, 2 petits points..." "... En 3ème, je voulais faire sports études, on m'a orienté vers la seconde. Pour certains professeurs, concilier sports et études était au-dessus de mes moyens... Pour moi, c'est une mauvaise orientation, parce qu'à l'école où j'étais, il n'y avait pas d'information sur les filières, par exemple du social. On nous donnait des dossiers sur la comptabilité, sur la métallurgie, la soudure... Après le BAC, j'étais aussi intéressé par le journalisme..." "... Quand je suis sorti de la fac en 1988/89, j'ai travaillé dans la restauration pour des raisons financières (serveur dans une pizzeria, pendant un an, responsable d'une pizzeria pendant un an, et chef de rang d'un restaurant pendant 6 mois). A l'époque où je travaillais dans la restauration, je me suis marié. C'est un travail dur au point de vue rythme, il fallait je le fasse... Tout en travaillant, je n'arrivais plus à accepter les formes d'hypocrisie, donc j'ai arrêté les relations malsaines avec les clients... Je suis devenu chef de rang, mais je suis parti parce qu'un client a insulté un serveur. Je n'ai pas accepté, le patron n'était pas d'accord avec moi. Donc, je suis parti. Quand j'étais responsable, c'est pareil, il y a des gens qui venaient faire la plonge pour rien, je n'acceptais pas non plus.

Je suis parti du bas sans diplômes... Je suis devenu responsable parmi les Français..." "Le travail social... je connais depuis longtemps. Je rencontrais des travailleurs sociaux au foyer des jeunes... J'ai milité quand j'avais 16/17 ans par l'intermédiaire d'un abbé à la JOC (Jeunesse Ouvrière Catholique), que ma famille connaissait bien... J'ai encadré des centres aérés, j'ai encadré des jeunes au tennis de table bénévolement... tout ça a fait qu'on revient au social..."

Ces quatre cas peuvent être décomposés en deux quant au repli vers les professions sociales. Certes les accidents de la scolarisation sont présents, mais les stratégies d'engagement dans la profession ne sont pas les mêmes. Dans les 1er et 3ème cas, le choix est plus que stratégique. Pour le premier, il s'agissait d'entrer à tout prix à l'université *"je cherchais une identité universitaire, ce n'est pas un choix professionnel déterminé* . Pour le troisième, le travail social *"est une bourse d'études"*, puisqu'il ambitionne la poursuite de ses études. D'ailleurs, il affirme également que si c'était à refaire, il ne s'y engagerait pas.

Quant aux 2ème et 4ème cas, le repli peut se définir différemment. Ils ont toujours ambitionné de se carriériser vers d'autres secteurs, mais leurs projets ont été contredits par leur propre incapacité à assumer leur scolarité, ou si nous retenons les explications qu'ils donnent, "les mauvaises orientations" sont également pointées. Ces accidents subis les poussent à se rabattre vers les professions sociales. Malgré les différents métiers exercés où ils n'ont pu s'établir définitivement, le repli vers le travail social constitue "un retour aux sources", (à l'analyse de leurs trajectoires), du fait de leur implication de longue date dans le tissu associatif de leurs quartiers. Beaucoup de nos accidentés biographiques se trouvent justement dans cette situation.

V.1.5.2. L'item "chômage" (les errants professionnels)

Cet item arrive en quatrième position, à côté de l'item "*échecs dans les études*", respectivement 37 (30,8%), et 38 (31,7%). Comparativement aux TSFO (25), les TSOE sont plus nombreux à déclarer choisir le secteur en question à cause du chômage. Un regard sur les emplois occupés avant l'orientation dans le dit secteur confirme les affirmations précédentes, puisque les TSOE, ont été plus nombreux à avoir occupé des emplois d'ouvriers 36 (29,8%) que les TSFO : 17 (12,8%).

Chez les TSOE ouvriers, il y a *11 surdiplômés* (niveau licence et plus), or il n'y en a aucun chez les TSFO. Comme nous l'avions souligné, 17 TSOE issus de l'Afrique noire ont été, à un moment donné de leur existence en France, manutentionnaires.

Auprès des TSOE, l'errance professionnelle est différente, comparativement aux TSFO. Nous n'avons pas rencontré les mêmes profils des "errants professionnels" au bord de la rupture, notamment "les galériens" ou les "instables" qui ont exercé plusieurs métiers et qui se sont retrouvés (quelquefois) au chômage comme chez les TSFO. Et pourtant, les TSOE sont plus nombreux à attribuer la rupture de leur scolarité à des raisons financières. Les emplois occupés par ces derniers ressemblent plus aux petits travaux d'intérim, (il s'agit des jobs des vacances), qu'aux emplois réels, comme nous avons pu le constater chez les TSFO. Les véritables errants professionnels au bord de la rupture ne sont pas très nombreux, mais nous en avons quelques cas.

• Cas N° 1

"... J'aime bien le social. Je ne sais pas si j'avais pu pousser mes études plus loin j'y serais quand même, j'aime bien... Disons qu'au départ, comme j'avais fait psycho et que cela n'a pas marché, je me suis dit, il me faut un domaine où je puisse m'exprimer et je pensais que le social et la psycho allaient très bien ensemble pour moi. Je me suis retrouvée dans une situation où après avoir fait plusieurs petits boulots de secrétariat, opératrice de saisie, comptable pendant plusieurs années en CDD par l'intermédiaire de Manpower de 1984 à 1989, je n'avais plus droit aux ASSEDIC, et je suis devenue R.M.Iste... dont j'ai refusé le statut, parce que j'avais honte de ce statut d'assistée... J'ai rencontré un inspecteur qui m'a demandé ce que je voulais faire. J'ai dit que je ne voulais pas dépendre de l'Etat et j'ai demandé les pistes du bénévolat... J'ai pris tout de suite l'aide aux devoirs. Je suis devenue animatrice, ça fait maintenant 4 ans. J'ai fait du bénévolat jusque mars 1992. J'ai fait deux années de CES. J'ai été embauchée en 1992 à temps partiel. Aujourd'hui, sache que mon DUT, n'est pas pris en charge ... " (Animatrice 31 ans).

Le cas ci-dessus est caractéristique de ceux qui ont subi un double déclassement : universitaire d'abord à cause des échecs et ensuite professionnel, parce que cette personne n'a en effet jamais su se fixer dans aucun emploi.

Après son errance professionnelle, elle est devenue objet du dispositif social : "je suis devenue R.M.Iste ...". Mais elle a voulu renverser la logique de la galère : "Je voulais pas dépendre de l'Etat... J'avais honte...". Ce qu'on peut noter de ces types de trajectoires, est que l'orientation vers son nouveau métier est le fait d'une longue période d'errance professionnelle. Ici le travail social joue vraiment son rôle de "correcteur des biographies accidentées", à commencer par les candidats à la professionnalisation eux-mêmes. Cette femme dépourvue économiquement, se retrouvant dans un processus de désinsertion et menacée de déchéance avait encore son réseau de sociabilité intact. Le sentiment d'appartenance à un groupe soudé, notamment sa famille, lui a permis de résister à la stigmatisation. Sinon, elle aurait franchi "le seuil de la normalité", nous a-t-elle relaté.

• Cas n° 2.

Monsieur A.T. est âgé de 40 ans. Il est arrivé en France à l'âge de 2 ans, en compagnie de sa mère pour rejoindre son père arrivé deux ans plutôt. Son père est ouvrier, sa mère, femme au foyer. Les deux ne savent ni lire, ni écrire. Il est troisième d'une fratrie de 10 enfants. Dans la famille, une personne possède une licence, et deux ont le DEA. Contrairement à d'autres familles, scolairement, celle-ci est mieux dotée, puisque 7 personnes possèdent le BAC.

Trajectoire scolaire et professionnelle

Titulaire d'un CAP installateur sanitaire, il a aussitôt arrêté sa scolarité pour travailler dans la sidérurgie. Il est soudeur dans la construction métallique de 1972 à 1976, dans la région du Nord. Il quitte la région pour s'installer à Marseille où il va exercer de petits "boulots" pendant trois ans, avant d'obtenir un emploi de réceptionniste dans un hôtel de 1979 à 1985. Il revient dans le Nord, pour travailler dans un magasin comme vendeur en matériel de bâtiment, de 1985 à 1987, où il se fait licencier. Il a donc connu plusieurs périodes de chômage.

Fort de son expérience du bâtiment, il postule comme animateur dans une association d'insertion, pour accompagner les jeunes dans les différents stages. C'est la découverte du travail social. Il y travaillera pendant trois ans. Ensuite, il se fait embaucher dans un centre social où on lui a demandé de suivre une formation en lien avec le secteur social.

• Cas n° 3.

Monsieur M.H. est né en France. Agé de 27 ans, il est célibataire. Ses parents font partie d'une génération qui est arrivée en France en 1960. Ils ne savent ni lire, ni à écrire. Son père, âgé de 55 ans occupe un emploi d'ouvrier. La mère ne déroge pas à la règle de beaucoup de femmes de cette première génération, elle est "femme au foyer". La fratrie est composée de 6 frères et 3 sœurs, et il est quatrième de cette grande famille.

Trajectoire scolaire et professionnelle

" J'ai préparé un CAP charpente métallique, j'ai aussi mon BEP. Après, j'ai fait un ESEU (Examen spécial d'entrée à l'université)... J'ai redoublé des classes, c'était le CM 2 et la 5ème, à cause des enseignants qui s'en foutaient de mes difficultés... J'ai été orienté vers un CAP charpente, insensé à mes ambitions, et à mes souhaits, sans que l'on me demande mon avis ni celui de mes parents, et pourtant je voulais faire sports études. Après le CAP, j'ai arrêté mes études, pour subvenir aux besoins financiers, indispensables dans les grandes familles qui ne peuvent vous donner les finances nécessaires pour les grandes études à la faculté... De 1985 à 1987, j'ai travaillé comme manutentionnaire à Grande-Synthe, j'ai créé une entre-

prise de nettoyage peu après. Cela n'a pas marché. Je suis allé travailler à Paris comme couvreur avec l'agence d'intérim Manpower. Comme le travail social offre des possibilités aux gens d'origine étrangère, comme je ne trouvais plus rien, j'ai commencé les colonies dans les différents villages de vacances. J'ai obtenu le BAFA et j'ai continué dans la filière. Ensuite, le BAFD, après cette expérience et d'autres dans les quartiers où j'ai grandi, j'ai passé les sélections dans le cadre de la formation DEFA avec succès... Ce qui m'a sauvé, étant d'origine étrangère ,ce qui veut malheureusement dire vivre dans un quartier sensible et défavorisé, on voit, on découvre les difficultés que peuvent avoir les jeunes de ce quartier. Je me suis dit pourquoi ne pas leur apporter des réponses et des solutions, sachant qu'il y a un point commun le "vécu"... Il faut aussi savoir que, dans le domaine commercial, j'ai essayé, il existe une ségrégation importante. Le social était une issue, la ségrégation est moins importante...".

Le cas n° 2 relève bien des "*errants professionnels*". L'entrée dans le social est bien le fait du chômage *"je suis arrivé au travail social parce que je cherchais du travail, ce type d'activité est assez proche de mes motivations... l'insertion de la personne dans une société en constante mutation économique..."*. Il en est de même du cas n° 3, dont la trajectoire, montre qu'il a fait une tentative de création d'entreprise qui n'a pas bien marché. Ensuite, il est allé travailler à Paris par intérim, et après c'est le trou noir. Etant issu d'un quartier difficile, il portera tardivement secours aux petits frères, après les divers accidents relatés ci-dessus.

Quel est le catalyseur de ce choix pour ces deux trajectoires ? Est-ce le chômage ou c'est le fait que l'activité du secteur social était proche de leurs motivations ?

Cet exercice qui consiste à déceler les motivations profondes qui orientent la conduite d'un être humain est difficile à réaliser. Tout choix, faisant l'objet d'une contrainte, n'en est pas moins désirable, lorsqu'il s'inscrit dans ce qu'on croit être le bon chemin. Pour le sociologue, l'analyse de ces éléments ne peut se comprendre qu'en ayant recours à des indicateurs rigoureux, et objectifs. Pour notre part, quelles que soient les motivations de cet animateur, la rencontre avec son nouveau métier ne peut être dissociée de la conjoncture, en particulier le phénomène du chômage qui serait l'un des faits explicatifs. Remarquons aussi que cet animateur n'a jamais rencontré de travailleurs sociaux dans sa jeunesse. Il n'a jamais appartenu, ni milité dans une association socio-culturelle et il n'a pas non plus encadré de colonies de vacances. Par ailleurs, il ne possède aucun diplôme non-professionnel de l'animation. D. DUPREZ[188], dans son étude sur les identités professionnelles des douaniers et policiers, arrive à la même conclusion, lorsqu'il parle du

[188] DUPREZ, D. *La gestion de l'immigration irrégulière. Analyse sociologique des identités professionnelles des policiers et des douaniers*, CLERSE/LASTREE/CNRS, 1993, pp. 44-45.

choix du hasard où beaucoup d'individus n'étaient pas attirés par la police au départ : "les motivations à entrer dans la police sont très liées à leur position fragile sur le marché du travail", et il poursuit ainsi "c'est souvent le chômage, la situation de l'emploi ou les faibles salaires qui les ont conduits à se présenter au concours".

V.1.5.3. Les surdiplômés

Nous entendons par surdiplômés, les personnes qui possèdent un diplôme à partir de la licence. Dans notre enquête nous avons dénombré *23 (19 %)*[189] *surdiplômés* pour lesquels le choix du travail social se répartit de la manière suivante : désir d'aide (10 suffrages recueillis), chômage (8 suffrages), et conseil d'ami (6 suffrages). On peut remarquer que le chômage figure tout de même en bonne place, même si ces résultats doivent être relativisés.

• Cas n° 1

Voici la trajectoire de Monsieur J.S.F., éducateur, âgé de 29 ans : *"J'ai un bac, une licence de sociologie, une maîtrise d'économie, une licence d'administration publique, et un DEA d'études politiques. Actuellement, je prépare une thèse en études politiques... Les raisons qui m'ont amené vers le travail social... c'est plus difficile à expliquer, mais le travail social, je peux l'interpréter comme ça : dans ma vie, j'ai toujours pensé à deux choses, travailler avec les hommes ou travailler sur les hommes. Ce sont les études de médecine qui m'intéressaient, mais chez moi ce n'était pas possible. A défaut de travailler sur les hommes, je travaille avec les hommes... je suis éducateur. Avant je ne travaillais pas. La situation s'est présentée, c'est comme ça que je suis arrivé ici... Au pays, j'étais instit. En France, j'ai travaillé deux mois seulement, si on peut appeler ça travailler... Ici, j'ai eu une possibilité par mon frère qui connaît le directeur de la boîte, cela s'est fait très vite, on m'a demandé si ça m'intéressait, j'ai accepté tout de suite, je pense que travailler avec les hommes, c'est mieux que travailler sur une machine ou n'importe quoi..."*.

• Cas n° 2.

Madame N.M.L. est éducatrice, mariée, mère de 3 enfants. Son arrivée dans le secteur social constitue aussi un repli. Une fois de plus c'est son réseau de sociabilité, qui lui a permis de trouver son travail actuel.

"J'ai le BAC, j'ai une maîtrise de sciences économiques et un DESS d'économie... Avant j'étais déléguée commerciale, j'ai fait des stages à l'ANPE en comptabilité et en informatique... J'ai eu des difficultés pour trouver dans ma branche, j'ai cherché longtemps dans mon domaine, je n'ai pas

---

[189] 6 personnes ayant un niveau BAC+3 et 17 supérieur à BAC+3 dont 4 femmes avec un niveau supérieur à BAC+3.

trouvé... si j'étais Française, je ne serais pas ici... Je connaissais des gens dans ce métier, ce sont des amis qui m'ont permis de décrocher cet emploi, j'ai eu une ouverture...".

• Cas n°3

Ce Monsieur est âgé de 38 ans, marié et père d'un enfant. Le travail social est pour lui un "métier d'attente" comme nous le montre sa trajectoire :

"Je suis de formation de sociologie. Un bac littéraire obtenu au pays. Au début, je voulais faire sciences économiques et après, je me suis orienté vers la sociologie, parce que ce sont des études qui avaient la réputation d'être faciles. Ce qui n'est pas vrai du tout... Pendant ma scolarité, j'ai connu plusieurs redoublements... j'ai même triplé mon bac, ce n'est pas faute d'avoir travaillé. J'ai vraiment travaillé, c'est le seul moment où je me suis senti vraiment étudiant. J'ai aussi redoublé la première année de sociologie, dans ce domaine, c'est plus de ma faute. Lorsque je suis arrivé en France, je voulais en même temps faire des études et découvrir les choses... J'ai un DEA de sociologie, j'ai un certificat des langues étrangères (anglais), j'ai préparé aussi un certificat de criminologie...".

Le choix du travail social : *"... D'abord j'ai toujours travaillé. J'étais contrôleur de cinéma, chauffeur livreur, veilleur de nuit dans un centre social, c'est là que j'ai eu le contact avec les jeunes inadaptés... Malgré ces boulots, je cherchais quelque chose de valorisant. Etre éducateur m'a paru un travail valorisant... Mais c'est un peu par hasard que je suis tombé dans le social. Il se pourrait aussi qu'il y ait d'autres éléments que je ne maîtrise pas qui m'ont poussé dans le social. Toutefois, je n'ai pas choisi ce métier.* ***Si je suis dedans c'est pour des raisons économiques, parce que je cherchais un boulot.*** *J'étais étudiant, je cherchais un boulot intéressant qui sorte un peu de l'ordinaire par rapport à d'autres boulots que j'ai pu te décrire. J'y suis rentré pour payer mes études. Mais, en tout cas,* ***c'est pour des raisons économiques... Je n'ai pas choisi cette profession. J'avais besoin d'argent.*** *La première fois que j'ai été embauché, c'est un copain de la fac qui m'a introduit...".*

Parmi les surdiplômés, plusieurs tiennent ce type de discours. Un fait les rallie, c'est leur niveau d'études. Ce ne sont pas des gens qui ont acquis ce niveau, après l'insertion dans le secteur social, comme on en voit actuellement. ***Ce sont des " déclassés " par rapport à leur niveau d'études[190]. Ils affirment sans arrière-pensées que ce n'est pas un choix voulu mais plutôt imposé par la situation sociale.*** Leur qualification n'est pas reconnue facilement. Ils doivent se battre comme ceux qui possèdent un bas niveau de qualification. Ils ont fait l'expérience du travail pénible, le travail des immi-

---

[190] D. DUPREZ, a également remarqué que parmi les douaniers, il y avait des surdiplômés, op. cit. p.72.

grés. A la recherche d'un emploi, ils ont beaucoup de difficultés à trouver un poste correspondant à la formation et à la qualification obtenue durant leurs études. L'entrée dans le travail social est pour eux une véritable prise de conscience de leur place dans le pays d'accueil et de leurs conditions sociales : "si j'étais Français, je ne serais pas ici". Ces dires sont corroborés par la comparaison établie par rapport aux Français d'origine, même si le déclassement peut être à ce jour généralisé. L'apparition ou la généralisation des formes d'emplois atypiques liée à la crise économique est la cause du repli vécu par ces personnes. La définition de l'itinéraire de l'accidenté biographique doit donc prendre en considération l'enchaînement des différentes situations vécues, mais aussi la nature de ces enchaînements pour rendre intelligible le revirement vers les métiers du secteur social.

En effet, pour les surdiplômés, devant la fermeture des trajectoires sociales ascensionnelles, seul demeure l'espoir de la réussite magique ou du hasard bienheureux,[191] donc le travail social. Celui-ci n'est donc pas un choix voulu, c'est une mobilité forcée. On peut donc poser l'hypothèse suivante : la promotion sociale étant sensée être la combinaison des capacités et des mérites personnels, utilise-t-elle le critère du capital scolaire sans se préoccuper de l'appartenance à l'origine étrangère ou cette dernière est-elle un frein à la promotion sociale, quel que soit le capital scolaire acquis ?[192]

N'y aurait-il pas une double sélection pour les personnes d'origine étrangère : l'école et l'origine ethnique ?

En fait, s'il y a une distribution inégale des chances d'accéder aux études supérieures selon les origines sociales[193], n'y aurait-il pas également une accession inégale aux emplois qualifiés pour les populations issues de l'immigration, même lorsqu'elles possèdent un capital scolaire élevé ?

Une partie de réponses nous est donnée par D. DUPREZ[194] qui se demande "comment comprendre le décalage entre le mal vivre vécu par nombre de jeunes des cités issus de l'immigration maghrébine et les discours savants qui affirment que l'assimilation (ou si l'on veut l'intégration) est toujours en marche ?".

En effet, s'appuyant sur l'enquête nationale conditions de vie l'INSEE, dite "situations défavorisées", réalisée de novembre 1993 à janvier 1994 sur un échantillon de 13 000 ménages, ainsi que sur une enquête identique portant

---

[191] C. BACHMAN, in G. FERREOL : *intégration et exclusion dans la société contemporaine,* PUL, 1992.

[192] JOVELIN, E. Les travailleurs sociaux d'origine étrangère. Destins professionnels et choix du métier, *Revue Française de la Sauvegarde de l'enfance*, Expansion scientifique Française, n°4, 1993.

[193] BOURDIEU, P. *Le sens pratique,* Ed. de minuit, 1980, p.228.

[194] DUPREZ, D. " Entre discrimination et désaffiliation : l'expérience des jeunes issus de l'immigration maghrébine ", *Les annales de la recherche urbaine,* n° 76, 1997.

sur des échantillons de 1 000 ménages situés sur 10 quartiers des politiques de la ville, parallèlement à une enquête qualitative réalisée de 1994 à 1996 dans certains sites du Nord-Pas-de-Calais,[195] D. DUPREZ, montre cette expérience des jeunes issus de l'immigration maghrébine tenaillés entre "la discrimination et la désaffiliation". Critiquant le modèle assimilateur, laïque et républicain français qui logiquement permet la promotion individuelle par le mérite, y compris pour les personnes d'origine étrangère, il montre dans cet article que celui-ci ne marche plus et s'essouffle, et que ce modèle est véritablement en crise parce que les enfants d'immigrants rencontrent des difficultés dans l'accès à un emploi stable, même pour les jeunes diplômés.

Dans l'étude précitée, réalisée dans les quartiers de Lille-sud (DUPREZ et alii, 1996), il montre que parmi les personnes se déclarant actives ou la recherche d'un emploi, titulaires du baccalauréat ou d'un diplôme supérieur, près de la moitié (42,1%) exercent un emploi précaire et 23,3% sont au chômage. En ce qui concerne l'origine ethnique, cette étude montre qu'un diplôme élevé ne protège pas contre le risque de chômage pour les personnes d'origine maghrébine, même si 10% de non-maghrébins sont dans la même situation. Même si ces discriminations ne sont pas propres aux populations d'origine maghrébine reléguées dans les quartiers pauvres, cette étude révèle en tout cas que "ce n'est pas la simple appartenance à un quartier réputé difficile qui provoque des difficultés avec le marché de l'emploi, mais la conjonction de l'origine ethnique à un quartier à mauvaise réputation et à une classe d'âge" (DUPREZ, 1997).

En tout cas, c'est le sentiment exprimé par une partie des personnes d'origine étrangère de notre échantillon. Elles vivent leurs déclassements comme un rejet dû essentiellement à leurs origines ethniques. Au cours des entretiens elles avaient besoin d'en parler, d'exprimer leur colère, donnant lieu à une explosion de ressentiments, d'injustice, accumulés dans leurs parcours de précarité.[196]

---

[195] D.DUPREZ, M. LECLERC-OLIVE, M. PINET : *Vivre ensemble. La diversité des quartiers sensibles à l'épreuve de la vie quotidienne.* Rapport Clersé-Ifrési, Lille, 1996, 339 p. et Vivre dans les quartiers sensibles, *Profils,* INSEE, Lille, août 1996, n° 41.

[196] Nous avons trouvé le même sentiment d'injustice auprès des T.S.F.O, à propos des échecs scolaires. Mais, ceci doit toujours nous pousser à rechercher le véritable sens, et à ne pas considérer ce que disent les enquêtés comme une vérité universelle, puisque "au lieu de se faire tout petit, l'individu affligé d'un stigmate peut aussi souvent que possible s'en servir en vue de petits profits, pour justifier des insuccès rencontrés pour d'autres raisons". Dans ce cas, on va quelquefois attribuer certains échecs scolaires au système de l'éducation nationale plus considéré comme une machine à sélectionner qu'à éduquer véritablement. Cette manière de voir les choses est une façon de rationaliser leurs propres échecs, en trouvant des justifications pour sauver la face, leur attitude consistant à ne pas reconnaître ouvertement ce qui en eux les discrédite. Cf. E. GOFFMAN, *Stigmate. Les usagers sociaux des handicaps.* Ed. de Minuit, 1975, p. 21.

Cela nous associe aux analyses de HUGHES,[197] concernant les caractéristiques attendues par rapport à un poste de travail, c'est-à-dire les attributs officiels et officieux. Cette démarche paraît exemplaire, puisque selon notre auteur, "l'individu qui représente un certain statut doit posséder au moins un des attributs correspondants : capacités, diplômes, âge, etc.". Il peut en avoir plusieurs, mais personne ne les réclame officiellement (sauf peut être le diplôme). On pourrait donc dire que les surdiplômés d'origine étrangère possèdent les " caractéristiques accessoires de statut : le diplôme, mais ne possèdent pas les caractéristiques principales attendues de manière informelle : le capital social, l'origine ethnique, le profil, etc.". Et c'est là que se jouerait la sélection, à diplôme égal, Français d'origine/origine étrangère.

V.1.6. L'item "AUTRE"

Aussi silencieux soit-il, cet item qui a recueilli 17 (14,2%) suffrages regroupe beaucoup de raisons que la raison elle-même ignore. Il s'agit des problèmes qui touchent les enquêtés au plus profond d'eux-mêmes, pour lesquels ils ne pouvaient s'exprimer que par entretien, d'où la difficulté de l'analyse par rapport au TSFO dont l'enquête s'est cantonnée aux questionnaires. Dans cet item, entre autres, on peut relever trois facteurs : *les problèmes personnels rencontrés* par les postulants au secteur social, *le rang de naissance* dans la fratrie et *la taille de la famille.*

V.1.6.1. Problèmes personnels rencontrés

Nous sommes en présence de personnes qui s'orientent dans le social pour régler les problèmes rencontrés dans leur vie. Nous avons l'impression que le social est là pour expier les péchés. Il y a donc des élans altruistes qui trouvent leur accomplissement dans une perspective de dévouement et de réparation. En fait, c'est toute la situation familiale de l'assisté qui va toucher les candidats à la professionnalisation en suscitant chez eux des "velléités de compensation et de réparation"[198]. Donc ce sont "les fragilités ou les vulnérabilités affectives et relationnelles[199]" qui se sont trouvées rouvertes à l'occasion des crises dont étaient victimes ces TSOE, qui sont à l'origine du choix du travail social, comme nous le montrent les exemples ci-après.

1. *"Le social pour moi... j'ai voulu régler les conflits que j'ai vécus dans l'adolescence. Je me disais, pourquoi je suis arabe ? Cela aurait été plus facile si j'étais Français. Cela n'a rien à voir avec la réussite so-*

---

[197] Cité par BECKER : *Outsiders*, Ed. Métaillié, 1985, et A. STRAUSS : *Miroirs et masques, une introduction à l'intéractionnisme*. Ed. Métaillié,1992, p.75-76.

[198] ROQUEFORT, D. *Le rôle de l'Educateur. Education et psychanalyse*, Ed. L'harmattan, 1995, pp.67-68.

[199] V. de GAULEJAC, V de, TABOADA LEONETTI, I, *La lutte des places*, Ed. Desclée de Brouwer,1994, p.25.

ciale, sur le terrain ça compte tout ça, j'en ai souffert. C'est pour cela que j'ai gardé la nationalité marocaine. Cela ne m'intéresse pas de changer. Ce n'est pas pour rester Marocain, mais me dire que je suis resté Marocain, regardez où j'en suis aujourd'hui, vous pouvez y arriver sans vendre l'âme. Je n'ai pas l'intention de devenir fonctionnaire, ce qui m'intéresse c'est le secteur associatif pour venger les affronts subis. Aujourd'hui, je sais et je peux le dire qu'on n'a pas besoin de vendre son âme, ça je ne peux le dire que dans le secteur associatif, pas à l'usine, ou même en tant que fonctionnaire...". (Animateur, 30 ans).

2. *" Je crois que toute petite, je me suis dirigée vers le social. J'ai toujours eu un rôle, un rôle dans mon quartier, un rôle dans le don... Les raisons... Il y a plusieurs degrés ; c'est vrai qu'au départ, j'avais le profil du travailleur social dans la profondeur, dans la façon de voir les choses, dans la façon d'aborder les problèmes, c'est vrai que c'était naturel parce que j'étais intéressée par la matière humaine... Maintenant, j'ai un peu progressé. Le fait d'être dans le social a énormément à voir avec mon histoire, ma problématique. Le fait que j'ai un père algérien et une mère française, d'avoir été élevée en France et quelque part d'être en relation avec l'immigration, je pense que ça a énormément à voir. Je pense que, lorsqu'on entre dans le social, on a le don, c'est vrai pour donner, mais en fait je pense que l'on reçoit pas mal aussi. Il y a toute une problématique qui se joue autour de la dette et du don chez les travailleurs sociaux, et peut-être que chez les enfants migrants, désuets, culpabilisés, tous ceux qui ont quelque chose à voir avec la migration, quelque part dans mon histoire, ont peut-être une histoire de dette plus forte que les autres et c'est vrai que je me trouve maintenant complètement investie dans les enfants de migrants maghrébins, sachant que mon père est maghrébin, que je n'ai jamais pu mettre les pieds en Algérie, et que j'ai toujours été exclue de la relation avec ce père parce que j'avais une mère française et qu'effectivement, il me disait "mais t'es pas ma fille, ta mère est Française, donc je ne veux pas de toi"... Maintenant, je me trouve complètement investie avec les enfants de cette origine là, je pense que ce n'est pas un hasard. Je pense qu'effectivement, je réponds à une dette que j'ai par rapport au Maghreb et quand je parle des jeunes en disant que j'ai cette association... dans le but de justement rendre les enfants acteurs et non plus dans la demande et acteurs dans tous les sens ... Et quand j'explique le projet de traverser, de retraverser les frontières avec quelque chose à donner, je me rends bien compte que je parle en même temps des jeunes mais que je parle de moi aussi, moi aussi je veux aller pour la première fois au Maghreb, avec quelque chose qu'effectivement je vais donner dans le pays de mes racines... Je ne crois pas au hasard... J'ai forcément quelque chose à voir avec mon histoire et avec ma problématique de deuil, de dette et de don... On ne peut pas investir comme ça dans quelque chose qui ne nous intéresse pas et quand ça nous intéresse c'est que ça nous parle... c'est une source qui donne de l'énergie. Enfin, pour moi, le travail social, c'est vrai a*

une relation avec moi, pas au niveau de la population directement, peut-être pas au niveau du statut social, puisque moi j'ai eu la chance d'avoir des parents enseignants (universitaires)... Mais quelle que soit la problématique, la raison exacte pour laquelle on devient enfant de migrants, c'est vrai qu'il y a toujours ce problème de dette, à mon avis, par rapport au pays d'origine..." (Educatrice, 30 ans).

3. *"... C'est plus par rapport à un passé familial. J'ai connu un passé difficile, compliqué à parler. Ce qui se passe dans certaines familles avec des rôles. Certains membres de la famille sont mieux considérés tandis que les autres, on les considère moins aptes que les autres. Ou alors on leur donne un statut en déséquilibre. Ce qui fait que lorsqu'on intériorise ce rôle, ou qu'on l'entretient ou qu'on a envie d'exister autrement... Lorsqu'on veut s'en sortir, il faut combattre tous les préjugés qu'on a mis autour de nous. Lorsqu'on parle de promotion, c'est individuel... J'ai voulu régler mes comptes en disant ça suffit... je voulais prendre une revanche..." (Animatrice, 31 ans).*

4. *"Ma vie c'était la maison... le social, je l'ai découvert dans mon quartier et dans ma famille. La souffrance n'a pas de prix. Quand on a connu ce que j'ai connu... on ne peut plus se taire. Il faut faire en sorte que cela n'arrive plus aux autres... Je n'ai pas eu la chance de faire des grandes études, mais j'ai eu la chance de trouver le travail social... J'étais destinée à faire le ménage à la maison... j'étais la deuxième femme... quand ma mère partait en Algérie, je la remplaçais pour tout... (problème d'inceste) jusqu'au jour où je suis partie. Je suis aujourd'hui engagée pour que cela ne se reproduise plus... Beaucoup de gens vivent encore ce que j'ai vécu, mais cette histoire là, si je peux faire en sorte que ça n'arrive plus, j'aurai payé ma dette, je souffrirai moins..." (Animatrice, 28 ans).*

Ces quatre cas ont un point commun : le social est un "exutoire", pour se racheter des difficultés connues dans l'enfance. Le cas n° 2, montre une femme qui est à la recherche de son identité dans le travail social. Elle a volontairement choisi de travailler avec les enfants d'origine maghrébine, parce qu'elle a une dette à payer vis-à-vis de ce père qui ne l'a jamais accepté. Elle veut résoudre les contradictions de sa propre vie, d'où le choix du secteur social. Par l'intermédiaire de son travail, elle fait son auto-analyse. D'abord, il s'agit de la découverte de soi-même, d'une identité ambivalente : fille issue d'un mariage mixte,[200] partageant de surcroît une double identité (française et algérienne).

[200] Si les mariages mixtes posent à la société le problème de leur identité par leur existence sociale, les enfants de ces couples qui n'ont rien demandé subissent encore plus que leurs parents le problème de leur identité. Voir A. BARBARA : *Mariages sans frontières*, Ed. Le centurion, 1985. J. STREIFF-FENART : *Les couples franco-maghrébins en France*. Ed. L'harmattan, 1989.

Nous pouvons comprendre qu'il y ait un brouillage des repères identitaires qui rend plus difficile à cette éducatrice l'élaboration de son identité propre. Au flou des références identitaires s'est ajouté le relâchement des liens familiaux et leur éclatement géographique (parents divorcés), la mère vivant en France, le père en Algérie. Elle a vécu une situation "d'otage culturel[201]", témoin concret "des répartitions des pouvoirs", en portant les marques des deux parents. Ces parents, ayant manqué à leur fonction sociologique en n'ouvrant pas leur fille au monde qui l'entoure, celle-ci ira rechercher les réponses dans le regard de ceux qui lui ressemblent.[202] Les deux autres femmes font également apparaître un environnement pathogène lié à leurs histoires familiales (inceste, et rôle de la femme dans la société maghrébine).

Les autres cas s'inscrivent également dans le schéma précédent, dont cette éducatrice n'a cessé de se faire l'écho. Le travail social c'est le moyen de recevoir et de donner. C'est l'endroit où l'on essaie de reconstruire son histoire, de donner un sens à sa vie à travers l'aide apportée aux autres ; *"ces enfants ont vécu la même chose que moi, je ne veux plus que cela recommence"*. Ici l'engagement dans le métier est donc directement en lien avec l'histoire intime de la personne. Nous pouvons même parler du transfert au sens psychanalytique. En effet, le transfert désigne "le processus par lequel les désirs inconscients s'actualisent sur certains objets dans le cadre d'un certain type de relation établi avec eux éminemment dans le cadre de la relation analytique. Il s'agit d'une répétition de prototypes infantiles vécue avec un sentiment d'actualité marquée".[203] Mais le transfert a deux faces, il peut d'un côté favoriser l'action du psychanalyste, et peut également s'opposer comme une résistance au traitement. C'est-à-dire que "l'amour facilite la relation mais s'oppose aussi comme un obstacle".[204] Dans ce cas, le transfert peut s'exprimer selon deux axes : celui de "l'amour (transfert positif), mais aussi celui de la haine (transfert négatif)". Quant à ce qui est de l'acte éducatif, celui-ci ne sera efficace qu'en fonction de la capacité du travailleur social à instaurer une "distanciation éducative".

En parlant de "don et contre don"[205], nous voulons considérer "les prestations reçues par les enquêtés (bonnes ou mauvaises)". En s'obligeant à aider les autres pour que l'histoire, aussi douloureuse soit-elle, ne se répète pas,

---

[201] A. BARBARA : Enfants de couples mixtes : la difficile quête d'une identité. *Panoramiques*, 3ème trimestre, n°26, 1996, p.83.

[202] Ainsi que le souligne D. Le BRETON à propos des adolescents : " la jeunesse occidentale est souvent un temps de marge, une période de tâtonnement propice à l'expérimentation des rôles, à l'exploration de l'environnement, à la recherche des limites entre soi et les autres, soi et le monde, elle est une quête intime de sens et des valeurs ". Le brouillage des repères de sens et des valeurs empêchent la projection dans " un avenir prévisible et heureux ". In : A défaut de rites de passage : des jeux symboliques avec la mort, *Panoramiques*, 3ème trimestre, n° 26, 1996. p. 40.

[203] LAPLANCHE et PONTALIS : *Vocabulaire de la psychanalyse,* PUF, 1992.

[204] ROUZEL, J. *Le travailleur d'éducateur spécialisé,* Ed. Dunod, 1997, pp. 22-24.

[205] MAUSS, M. *Sociologie et anthropologie*, Ed. QUADRIGE/PUF, 1985, (9ème édition), 2ème partie : Essai sur le don. Forme et raison de l'échange dans les sociétés archaïques.

ne rentrions nous pas dans une sorte d'appel intérieur par rapport à ce métier ? Peut-on y déceler des vocations à partir des histoires personnelles de ces TSOE, puisque nous sommes tout de même dans un schéma où il s'agit d'oublier, voire même de se souvenir de ce que l'on a été ? Ce serait plutôt "rendre le bien pour le mal". Cette obligation de rendre, s'inscrit, à notre sens, dans le cadre du don de sa personne au service d'autrui, de l'intérêt qu'on a à donner consistant à réparer chez nos enquêtés un motif dominant, longtemps ancré en eux.

V.1.6.2. La taille de la famille et le rang de la naissance

Selon A. DUMONT,[206] les parents qui n'ont pas beaucoup d'enfants le font volontairement parce qu'ils nourrissent l'ambition (ainsi que pour leurs enfants) de s'élever dans la hiérarchie sociale. C'est la fameuse loi de "capillarité sociale". En termes clairs, il est plus facile d'élever trois enfants que dix ou quinze. La taille de la famille et le rang de naissance joueraient un grand rôle dans l'évolution des enfants, ainsi que l'a souligné, il y a quelques années, TOFIGH (1964). Auprès de notre échantillon, ce phénomène est aussi perceptible. Nous avons vu que la grande majorité de nos enquêtés appartient à des familles nombreuses. Le nombre de frères et sœurs variant entre 2 et 18, dont 14 familles de 9 enfants, 15 de 8, 20 de 7, 5 de 10, 5 de 11 enfants, 21 de 6, etc.

En ce qui concerne le rang de naissance, plus de 63% de nos enquêtés oscillent entre le 1er et le 4ème. Il est entendu que beaucoup sont venus précocement dans le monde professionnel, à cause de la taille de la famille. La poursuite des études longues est un parcours du combattant. Le choix s'est donc orienté vers des études courtes, alternant formations professionnelles et scolaires, comme nous l'avons déjà constaté dans certaines trajectoires. En règle générale, issus de familles nombreuses, ils étaient dans l'obligation de travailler tôt :

"... Etant issu d'une famille de 10 enfants, il a fallu que j'aille travailler... Poursuivre des études, c'était difficile. J'ai donc recherché du boulot que je n'ai pas trouvé. Parallèlement, à l'âge de 17 ans, j'ai commencé dans le milieu associatif, cela m'a permis de commencer dans le travail social..." (Educateur, 26 ans).

"... Je n'ai pu poursuivre mes études pour différentes raisons liées à des problèmes familiaux et financiers... J'ai été placé dans la nécessité d'interrompre mes études pour rechercher un emploi... Il fallait que je travaille ; nous étions 14 dans la famille... J'ai opté pour la formule d'une formation salariée, celle d'être éducateur spécialisé..." (Educateur, 32 ans).

---

[206] DUMONT, A. *Dépopulation*, Paris, 1890, cité par TOFIGH : *Du choix des professions. Etude sociologique*, Genève, Ed. DROZ, 1964.

Ces deux cas montrent le poids de la taille de la famille dans l'option d'une activité salariée. Ce problème nous l'avons rencontré lorsque nous avons analysé les causes de l'arrêt de la scolarité. Là aussi des TSOE ont souligné les problèmes financiers, liés à la taille de la famille. Ainsi, nous ne nous y attarderons pas, l'essentiel ayant été de donner un aperçu du poids de certaines familles dans le choix précoce d'une activité salariée des enfants.

V.2. Approche par groupe professionnel

En premier constat, il apparaît, pour le choix du travail social par groupe professionnel, la prédominance de certains items, comme précédemment sur l'approche globale.

- Pour les éducateurs :

suffrages recueillis

- Désir d'aide 21
- Intérêt professionnel 15
- Conseil d'ami et parent 13
- Chômage 11
- Echecs dans les études 8

- Pour les animateurs :

suffrages recueillis

- Désir d'aide 36
- Echecs dans les études 21
- Chômage 15
- Intérêt professionnel 14
- Militantisme 11

- Pour les assistants sociaux :

suffrages recueillis

- Désir d'aide 6
- Échecs dans les études 6
- Intérêt professionnel 5

Pour résumer les constats statistiques ci-dessus, on peut dire qu'un item se dégage des autres, c'est "l*e désir d'aide*", suivi d'une dispersion au niveau du choix chez les éducateurs, où les items : "*intérêt professionnel, conseil d'ami et chômage*" ont recueilli pratiquement les mêmes suffrages. Tandis qu'auprès des animateurs, l'item "*échec aux études antérieures*" arrive en seconde position, suivi du "*chômage*" et de "*l'intérêt professionnel*" à 1 suffrage d'écart.

Les conclusions que nous pouvons tirer de ces populations (animateurs et éducateurs) sont celles-ci : si nous prenons en compte les items "*échecs dans les études antérieures et chômage*", nous pouvons déduire que chez les animateurs, il y a plus d'accidentés biographiques que chez les éducateurs. Or, nous avons fait le même constat auprès des TSFO à une différence près, pour ce qui est "*des échecs aux études antérieures*", les animateurs semblent plus touchés, mais l'écart est très infime. Quant au "*chômage*", les éducateurs sont en tête par rapport aux animateurs.

Du côté des TSOE, les animateurs sont plus animés par un élan militant que les éducateurs. Comme nous avons eu l'occasion de le dire, cet esprit militant se retrouve dans le travail même de l'animateur, dans sa manière de participer à la vie collective. Par ailleurs, des études[207] ont montré que les formations à l'animation favorisent la prise de conscience militante des animateurs. Cette prise de conscience qui participe à l'engagement militant, est l'un des atouts de la professionnalisation et de la pratique professionnelle. Cet engagement militant peut être antérieur ou postérieur à l'entrée. Mais, le plus souvent, un engagement militant se développe après l'entrée dans la profession, du fait de l'élargissement du réseau de sociabilité. Ainsi, dans un rapport d'enquête[208] consacré aux professions de l'animation, on aboutit à la conclusion suivante : 60% d'animateurs ont manifesté un engagement social avant leur entrée dans l'animation. Ce qui confirme l'origine militante des postulants à l'animation ; mais ces données sont à relativiser parce qu'elles datent de 1987. Cette étude montre que le degré d'engagement croît tout au long de l'itinéraire professionnel, puisque 81% des animateurs se sont engagés dans des associations, des syndicats, des groupes de discussion etc. après s'être professionnalisés. Toutefois, si l'engagement ne diminue pas avec l'entrée dans la profession, on ne peut en déduire que l'exercice professionnel influe nécessairement sur le degré d'engagement. On peut poser l'hypothèse que "le degré d'engagement obéit à des logiques propres à chaque individu et qu'il n'est pas automatique du fait de la professionnalisation".

V.2.1. <u>*Modes d'accès des assistants sociaux*</u>

Quant aux assistants sociaux,[209] on peut se demander si les modes d'accès à leur métier diffèrent sensiblement de ceux des animateurs et des éducateurs. Ce qu'il faut savoir, c'est qu'il y a très peu de personnes d'origine étrangère qui s'orientent vers le métier d'assistant social. On pourrait invoquer l'exigence du BAC pour l'entrée dans les écoles d'assistants sociaux, ce qui n'est pas le cas dans certaines écoles de formations d'animateurs sociaux et d'éducateurs.

[207] Les professions de l'animation. 2 tomes. Rapport d'enquêtes, SEJS, La Doc. Française, 1987.

[208] Les professions de l'animation, Tome 1, 1987, op. cit. p.37.

[209] JOVELIN, E. Les assistants sociaux d'origine étrangère. Repli professionnel ou vocation ?, *Revue du CEFISEM, Rachid, Maria et les autres*, n° 19, 1996.

Nous avons un échantillon de 11 personnes (3 hommes et 8 femmes). Pour éviter un émiettement typologique il nous a fallu écarter les assistants sociaux, mais finalement nous les avons réintégrés pour nous permettre de saisir la tendance du choix professionnel de cette poignée de 11 personnes.

V.2.2. Origines sociales des assistants sociaux

Ils sont en majorité issus de parents d'ouvriers (mineurs de fond, ouvriers textiles, manœuvres...), ce qui les différencie de leurs collègues Français d'origine, recrutés essentiellement dans les classes moyennes, avec une part déterminante des catégories supérieures s'élevant à 36,4%.[210] Majoritairement, ils viennent de milieux dépossédés économiquement ; leurs parents ont gardé une certaine tradition issue de l'islam, puisqu'ils sont en majorité pratiquants. Cette survivance de la pratique religieuse n'est pas confirmée par les enfants qui se déclarent non pratiquants. Parmi les assistants sociaux, deux seulement sont nés à l'étranger, les autres en France. Un autre fait qui a son importance, ils viennent tous d'une famille nombreuse allant de six à onze enfants. Ce qui les rapproche d'une autre catégorie de TSOE : les animateurs et les éducateurs.

V.2.3. Situation scolaire des assistants sociaux

L'analyse des trajectoires scolaires montre que beaucoup d'entre eux ont poursuivi des filières techniques avant le passage d'un baccalauréat ou d'un examen spécial d'entrée à l'université. On retrouve certaines caractéristiques liées à des accidents biographiques, comme chez les éducateurs et les animateurs, notamment le redoublement ou les échecs scolaires comptabilisés au lycée et à l'université. Trois seulement ont poursuivi des études universitaires, avant de passer le concours d'entrée en école. Le redoublement des classes est attribué au milieu familial, notamment au faible niveau scolaire des parents. Ainsi, le suivi de la scolarité s'est avéré difficile, puisque les parents ne savent ni lire, ni écrire. Certains attribuent également l'arrivée au métier d'assistant social à une mauvaise orientation, comme ce fut le cas des TSOE animateurs et éducateurs :

"Mes parents n'avaient pu donner leur avis sur l'orientation proposée et je me suis retrouvé en technique, sans rien comprendre (CAP Ajusteur), je voulais continuer une filière normale... devenir juge ou avocat" (Assistant social, 35 ans).

"J'aurais aimé être orienté vers un cursus normal jusqu'au baccalauréat et entamer sans doute une section sportive ou encore devenir biologiste..." (Assistant social, 28 ans).

---

[210] E. SAMYN : *Travail social et professions sociales.* Thèse de 3ème cycle, Université de Lille 1, 1975.

Les échecs sont attribués aussi à l'Education Nationale "indifférence des enseignants aux difficultés". Enfin, ces discours peuvent être interprétés de différentes manières. Entre les projets d'avenir et la réalité des études universitaires, il y a un écart difficile à évaluer lorsqu'on est d'origine modeste. On se trouve en fait dans le rapport de dominance : pouvoir économique et réussite scolaire. Nous ne le dirons jamais assez, puisqu'il a été depuis longtemps affirmé que les enfants des classes populaires avaient moins de chances d'accéder aux études supérieures. Notre travail de thèse le démontre, comme l'avait fait N. BISSERET,[211] dans une étude, il y a quelques années, où trois quarts des étudiants issus de la classe populaire entraient dans le cycle supérieur, mais n'arrivaient pas à franchir certaines barrières qui amènent au diplôme.

Pour les assistants sociaux d'origine étrangère, le critère économique est présent. Les contraintes économiques les ont incités à rechercher des filières qui leur permettent de combiner gain d'argent et études, au même titre que les animateurs et les éducateurs d'origine étrangère, sans toutefois omettre certains travailleurs sociaux Français d'origine. Pour clore l'analyse de la situation scolaire, il convient d'évoquer la trajectoire des fratries. Au regard des données, la majorité a suivi une filière technique. Peu de frères ou sœurs de nos enquêtés ont accédé aux études universitaires. Ce qui correspond à une homogénéité des parcours avec les autres membres de la famille.

V.2.4. Expériences professionnelles antérieures.

Avant d'accéder au métier d'assistant social ou d'entrer à l'école, certains ont exercé d'autres métiers (secrétaire, manutentionnaire, animateur de colonies de vacances...), mais, il est important de savoir que tous ont travaillé soit dans des centres sociaux, soit dans des colonies de vacances. La socialisation professionnelle est identique chez les animateurs et chez les éducateurs.

V.2.5. Choix professionnel

Que devient la vocation ? Longtemps on s'orientait vers les métiers d'assistant social par vocation. G. MORAND,[212] n'a pas manqué de souligner "la pénurie des vocations" qui remonte aux années soixante. Malgré ce recul des idéologies vocationnelles, on pourrait poser l'hypothèse du repli dans

[211] BISSERET, N. La naissance et le diplôme de sélection au début des études universitaires, *Revue Française de Sociologie,* n° IX, 1968.

N. BISSERET : La sélection à l'université et sa signification pour l'étude des rapports de dominance, *Revue Française de Sociologie*, n° IX, 4, 1968.

[212] MORAND, G. *Identité professionnelle et formation permanente des assistantes sociales*, Ed. BAYARD, 1992.

l'ensemble. Est-ce que les professions sociales n'ont pas servi dans les années soixante de repli pour une partie des enfants des couches moyennes qui commençaient à se poser la question de leur place dans la société française ? Ces couches moyennes, qui ne pouvaient plus s'insérer dans un marché saturé (avocat, kinésithérapeute...), n'ont-elles pas investi le champ social parce que les métiers auxquels elles aspiraient devenaient inaccessibles ? On peut affirmer, au vu de l'enquête effectuée auprès des travailleurs sociaux Français d'origine, que nous vivons effectivement une période de repli pour tout le monde. Ce repli a probablement commencé, il y a une trentaine d'années, autant pour les Français d'origine, que pour les personnes d'origine étrangère. Seulement, ces dernières étant plus vulnérables, elles révèlent un mouvement de fond qui touche l'ensemble.

En ce qui concerne le choix du métier, nous avons vu qu'il y a trois items prédominants : "désir d'aide, intérêt professionnel et échecs dans les études antérieures". Arrive ensuite l'item "*chômage*". Chez les assistants sociaux d'origine étrangère, comme pour les autres professions étudiées, "*le désir d'aide*" est présent. Ce qui reviendrait à dire qu'ils ont intériorisé que le "travail social n'a d'autres missions que l'aide en vue d'une amélioration de la condition psychologique et sociale des familles".[213] Ici aussi, on retrouve le discours professionnel ou environnemental intériorisé pendant leur formation ou leur socialisation (du fait de la similitude entre leur milieu social d'origine et celui des personnes en difficulté).

Il y a aussi dans ces thèmes de "l'aide" et de l'intérêt professionnel, les discours des anciens assistants sociaux qui s'orientaient vers ce métier par vocation. On y voit "un langage qui démontre une sorte de dépassement de soi-même".[214] Et probablement une légitimité vocationnelle du choix. Il faut rappeler enfin qu'à l'époque le militantisme catholique (confessionnel) était un élément déterminant, puisque ses valeurs donnaient un sens particulier à la légitimité d'un choix jugé vocationnel, pour un travail essentiellement basé sur le service d'autrui. Dans notre échantillon, nous n'avons pas trouvé ce "militantisme islamique" qui pousserait les personnes d'origine étrangère vers ce métier.

V.2.6. Le discours sur le choix professionnel

1. *"Pour moi c'est une revanche sur le dysfonctionnement de la société et c'est pour la sécurité de l'emploi ..." (Assistant social, 24 ans)*

2. *"Je voulais être soit hôtesse de l'air (rêve d'enfant) ou éducatrice spécialisée, mais je ne me suis pas prise au sérieux (pour devenir hôtesse de l'air)... Le métier que je fais est passionnant mais aussi prenant. Le*

---

[213] MORAND,1992, op. cit. p. 103.

[214] VERDES-LEROUX, 1981,op. cit. p. 60.

contact humain, la collaboration, le partenariat avec les collègues, les usagers est primordial... J'aime le respect des personnes... C'est ça l'intérêt de ce métier...Voilà pourquoi je l'ai choisi..." (Assistante sociale, 25 ans).

3. *"J'ai choisi ce métier parce que je voulais me trouver au plus près de la mouvance sociale" (Assistant social, 29 ans).*

4. *"Je voulais être institutrice, mais je ne pouvais passer les concours, parce que j'étais trop jeune... J'ai toujours voulu m'occuper des enfants par intérêt professionnel. J'ai passé la sélection et je suis rentrée à l'école d'assistante sociale. Je ne regrette rien..." (Assistante sociale, 23 ans).*

5. *"Mon père me voyait secrétaire, ma mère infirmière et moi professeur de philosophie ou de sociologie. Mon échec au bac a réduit mes ambitions, j'ai dû arrêter mes études... Le fait d'avoir arrêté comme ça, m'a confrontée à la réalité sociale de mon quartier (ZUP) vis-à-vis des adolescents et des jeunes... J'ai effectué un stage d'informatique dans mon ancien collège classé (ZEP). Ce stage dans mon milieu que je voyais étant élève et que j'ai vu différemment comme stagiaire, a été pour moi une énorme prise de conscience des difficultés sociales. Cela m'a poussée à réagir..." (Assistante sociale, 30 ans).*

6. *"J'avais envie d'aider les jeunes et les moins jeunes... Travailler sur les relations humaines" (Assistante sociale, 30 ans).*

A travers cet ensemble de discours, il est difficile de dégager un idéal-type de mode d'accès au métier d'assistant social. Dans l'ensemble, les mots "aide et intérêt" semblent avoir une signification profonde auprès de notre population. Lorsqu'on compare ces motivations de choix avec les éducateurs et les animateurs, on y retrouve une certaine ressemblance, notamment "le choix forcé" (discours 4 et 5), lié à un échec au baccalauréat ou l'impossibilité de passer le concours.

Les discours 1 et 3 ont une tonalité militante qui rappelle la position de certaines trajectoires dont nous avons eu l'occasion de parler. "Le besoin de se retrouver au plus près de la mouvance sociale" est affirmé pour combattre les inégalités de l'intérieur et davantage encore de l'extérieur. De même, "la revanche sur le dysfonctionnement de la société" peut être interprétée de deux manières ; premièrement en terme de promotion, de réussite sociale par rapport au groupe d'appartenance, à cause des accidents divers dans la trajectoire ; deuxièmement, comme une sorte de réparation par rapport à l'injustice sociale.

Finalement, au terme de ces analyses, nous retenons que le mode d'accès aux professions sociales des assistants sociaux d'origine étrangère ne diffère pas sensiblement des animateurs et des éducateurs. La position de la famille dans la sphère de production semble avoir eu un poids non négligeable. Chez les assistants sociaux, aucun n'affirme avoir choisi ce métier par vocation, et pourtant la proximité avec la profession est présente dans leurs discours.

V.3. Approche par sexe

Ici, nous allons procéder à une analyse selon le sexe en essayant de faire ressortir les différences rencontrées entre hommes et femmes. Il s'agit de voir si les motivations d'accès aux professions sociales seraient différentes selon le sexe des enquêtés.

CHOIX DU TRAVAIL SOCIAL PAR SEXE

Choix du travail social	Hommes		Femmes		TOTAL	
	Nombre	%	Nombre	%	Nombre	%
Intérêt professionnel	20	28,2	20	40,8	40	33,3
Moyen d'accéder à l'université	4	5,6	4	8,2	8	6,7
Échec dans les études antérieures	18	25,4	20	40,8	38	31,7
Chômage	28	39,4	9	18,4	37	30,8
Conseil d'un ami	20	28,2	8	16,3	28	23,3
Conseil d'un parent	6	8,5	1	2,0	7	5,8
Militantisme	13	18,3	7	14,3	20	16,7
Désir d'aider les jeunes	46	64,8	34	69,4	80	66,7
Autre	9	12,7	8	16,3	17	14,2
TOTAL	71	59,2	49	40,8	120	100,0

De ce tableau, nous pouvons dégager les constats suivants. Pour les femmes, la prédominance de trois items : *désir d'aide* (34 suffrages), *échec dans les études* (20 suffrages) et enfin *intérêt professionnel* (20). Pour les hommes, il y a une dispersion au niveau des suffrages soit : *désir d'aide* (46), *chômage* (28), *intérêt professionnel* (20), *conseil d'ami* (20), *échec dans les études* (18).

Comme nous l'avions souligné précédemment, l'item "*désir d'aide*" arrive en première position au niveau des suffrages recueillis. Les hommes sont plus nombreux à déclarer s'être orientés vers le travail social à cause du "*chômage*" (18 suffrages). Quant aux "*échecs dans les études*", cet item a recueilli plus de suffrages chez les femmes (20 sur 49, soit 40,8 %) que chez les hommes (18 sur 71, soit 25,4 %).

Cependant, nous pensons que ces items cachent des stratégies différentes d'accès aux métiers, en fonction du sexe. Les stratégies de professionnalisation pour les femmes doivent donc varier en fonction de la place accordée à chacune d'entre elles au sein de la famille. Le choix du travail social pourrait s'inscrire dans le cadre d'un choix professionnel normal, lié à des stratégies d'émancipation sociale pour se libérer de la tutelle parentale.

Toutefois, le vent du changement a conduit beaucoup de filles d'origine maghrébine à répondre positivement à la main tendue par des professionnels. Celles-ci sont donc arrivées à casser certains déterminismes et à les dépasser. Pour certaines d'entre elles, ceci doit être interprété comme une manière de conquérir un droit, qui ne s'obtient plus seulement par le mariage et la maternité, mais plutôt par la voie de la professionnalisation.

Ce vent de changement intervenu dès les années 80, a poussé les mères à assumer, au sein de leur famille, un rôle qu'elles ne détenaient pas auparavant, celui de la gestion de la politique extérieure et intérieure. Par la même occasion, elles ont cherché à s'insérer professionnellement, du fait du retrait dans certaines familles, de l'homme pilier, conséquence immédiate de la crise économique. Les filles sont également devenues soutien de famille, grâce au revenu apporté à la maison.

Cette indépendance obtenue par la force des choses a été acquise dans la douleur par certaines enquêtées :

"J'étais préparée pour être une bonne épouse, j'ai vécu quelque chose de difficile chez moi. En plus, dans mon quartier il n'y avait pas de centre social, tu sais ce qu'on avait ? On faisait de la couture, nous les jeunes filles, en attendant d'être choisie ; les mères de familles faisaient la cuisine... L'école, j'allais pour la forme... par rapport à mon père. C'est la situation de ma mère qui m'a réveillée... Je suis sûre, si elle avait eu de l'aide à son époque, elle aurait eu un CAP, parce qu'elle se débrouillait bien en français. Elle s'est battue en tant que femme. Et puis ce que moi-même j'ai vécu ; j'avais des graves problèmes familiaux. Avec ce que j'ai vécu, plus la situation de ma mère, j'ai tout claqué, je me suis dit j'y arriverais, il faut que je m'en sorte, il faut que je leur montre, j'ai tout fait pour passer mon diplôme..." (Educatrice, 31 ans).

Cette affirmation montre certes le combat de certaines filles au sein de leurs familles, mais il faut reconnaître que "les principes, jusqu'alors relativement stables, de la division des sexes ont été brusquement et massivement bouleversés dans les années 80, mais surtout 90".[215] Aujourd'hui, de plus en plus de filles s'intègrent dans le monde du travail, et le retrait des pères les conforte dans leur choix.

[215] M. do CEU CUNHA : Évolution des rôles dans la famille maghrébine, in *panoramiques*, n° 26, 1996.

CHAPITRE VI

LEADERSHIP ETHNIQUE ET PRATIQUES PROFESSIONNELLES

DU JEUNE LEADER DE QUARTIER AU LEADER ETHNIQUE

Les premières émeutes des jeunes dans la région Lyonnaise, au cours de l'été 1981, ont servi de révélateur au mal des banlieues (violence et chômage). Ces événements qui se sont répétés quelques années plus tard, malgré les différentes politiques mises en place, ont projeté sur la scène nationale, le problème de l'intégration difficile sur le marché du travail, des jeunes issus de l'immigration. Ce chapitre veut saisir l'occasion de reposer des questions soulevées depuis plus de dix ans : celles du "leadership ethnique"[216], de l'accès des jeunes des milieux défavorisés aux fonctions d'animation, et celles de l'ethnicisation de leurs fonctions.

Tout en analysant les pratiques professionnelles de ces jeunes, nous cherchons à comprendre les facteurs de détermination du choix des fonctions de l'animation, les représentations qu'ils se font de leurs fonctions et de leurs places au sein des différentes structures sociales. Nous allons donc décrire par quels mécanismes ce destin de leader s'est imposé aux uns comme aux autres.

On voudrait ici explorer l'idée qu'il s'agit de la genèse d'une forme du traitement de la violence des banlieues, en posant l'hypothèse que le leader ethnique se forme aux carrefours des contraintes familiales et sociales vécues. C'est à travers cela que naît cette idée de se consacrer à la vie des autres tout en cherchant son propre chemin.

Notre population diffère sensiblement de celle étudiée récemment par P. DURET (1996)[217], dans le choix et dans certaines caractéristiques. A signaler que notre population est déjà engagée dans le travail social. Nous

---

[216] JOVELIN, E. Leadership ethnique et travail social, in GOSSELIN (G) et LAVAUD (J.C), Constructions et mobilisations identitaires. Approches théoriques et comparaisons internationales. CLERSE (CNRS), Université de Lille I, 1998.

[217] DURET, P. *Anthropologie de la fraternité dans les cités* , Ed. PUF, 1996.

voulons dire par là qu'elle a (déjà) choisi le travail social comme profession. Tous nos leaders sont responsables d'associations socio-culturelles. Or, chez P. DURET, nous avons l'impression que le travail social est "un métier d'attente", et nous avons des difficultés à déceler dans les discours relatés par l'auteur, un engagement réel vers le travail social, comme nous le verrons plus loin auprès de nos enquêtés.

Cette recherche se voulant qualitative, nous sommes donc allés à la recherche des leaders d'origine étrangère, pour tenter de saisir ce qui les a fait basculer de l'autre côté de la barrière, c'est-à-dire, "jeune du quartier" à un moment donné, voire même "objet du dispositif social", et "leader" par la suite, donc "acteur du dispositif social". En termes clairs, comment devient-on leader ? Quelles sont les qualités nécessaires exigées ? Le fait d'être soi-même d'origine étrangère et de participer à l'encadrement des personnes de la même origine que soi, permet-il une meilleure action sociale ?

Voici les questions auxquelles ce chapitre tente de répondre, à partir d'un échantillon de 12 leaders, composés de 10 hommes et 2 femmes.

I. APPROCHE THÉORIQUE DE LA NOTION DU LEADER

De nombreux travaux de recherche sur le phénomène des leaders ont vu le jour, dont le plus important est l'ouvrage de W. F. WHYTE (1943, 1996)[218], "street corner society", consacré par l'auteur à la vérification des structures de groupe et à l'étude du leadership dans un groupe, notamment le Club social et athlétique et la bande des Norton. Cette étude est intéressante puisqu'elle aborde l'approche du leadership au niveau des jeunes de quartiers populaires, le fonctionnement du leader, le rapport qu'il entretient avec les autres jeunes. Dans cet ouvrage, il se pose la question de savoir comment on devient leader et dans quelle mesure ce dernier arrive à dominer les autres : "qu'est-ce qui fait de tel individu un gros bonnet (a big shot), et par quels moyens arrive-t-il à dominer les petits mecs ?". (W.F. WHYTE 1996, op.cit.p.39)

W.F. WHYTE considère que le leader est "l'élément central dans le groupe ; il donne vie à ce dernier, c'est la courroie de transmission entre son groupe et ceux du quartier".

W.F. WHYTE aborde aussi la place des foyers socio-culturels dans la promotion des individus. Ces institutions poussaient les individus à la mobilité sociale et ceux qui avaient réussi quittaient le quartier. Les projets de centres de loisirs de Corneville développaient des responsabilités locales. Ces pro-

---

[218] WHYTE, W.H. *Street corner society , la structure sociale d'un quartier italo-américain* (traduit de l'américain par S. GUTH, J. SEVRY, M et J. DESTRADE, D. VAZEILLES), éd. la Découverte, paris, 1996.

jets s'adressaient aux bandes de la rue. Mais ils n'étaient efficaces, que si " leurs chefs étaient reconnus comme tels et se voyaient confier des responsabilités " (op.cit. p. 301). Or, à cette époque, les leaders étaient des gens extérieurs à Corneville ; dès lors "ils n'avaient pas d'influence, et ce n'est pas avec de tels leaders qu'on pouvait faire évoluer la communauté", dit-il (op.cit. p.302). Selon W.F. WHYTE, *"ce n'est que lorsque les gens de l'extérieur accepteront de reconnaître eux aussi certains hommes que les gens de Corneville reconnaissent comme chefs qu'ils seront en mesure d'agir sur la structure sociale et de produire des changements significatifs dans la vie de ce quartier"* (idem p. 302) ; car, pour lui, on se soumet plus facilement aux gens qui nous sont proches qu'à des personnes étrangères à notre propre groupe. D'où ces conseils délivrés par les anthropologues aux administrateurs coloniaux : *"respectez la culture des indigènes et agissez sur la société par l'intermédiaire de ses chefs"* (idem).

Nous sommes donc bien là au cœur de notre problématique : celle des jeunes leaders de quartiers que les crises des banlieues ont précipité sur la scène politique. Comme le souligne J. PENEFF(1990)[219] à propos des analyses impulsées par W.F. WHYTE concernant les leaders : "embauchés comme travailleurs sociaux, assistants judiciaires, cadres de la protection de l'enfance, ils occupèrent les emplois qu'ils avaient en quelque sorte contribué à créer en montrant que les problèmes sociaux, après avoir été traités par des bénévoles, devaient l'être par des professionnels", mais ce, d'autant mieux si ceux-ci viennent du milieu. Ce qui fait dire à Suzie GUTH[220] que "le settlement house" de Corneville a joué pour les étudiants de Chicago le rôle d'un centre d'action sociale et d'une institution d'accueil. Mais elle apporte une critique négative dans le sens où elle a l'impression qu'on a un peu exagéré l'influence du foyer socio-culturel au sein du quartier, dans le but de prouver son efficacité, du fait justement de ses finalités dans l'amélioration du sort des plus démunis.

Dans la même perpective, les analyses de J. HIGHAM[221] considérant "les leaders comme des individus qui exercent une influence décisive sur d'autres dans un contexte d'obligations ou d'intérêts communs" sont aussi intéressantes et cet auteur est considéré comme l'un de ceux qui ont redonné de l'intérêt au phénomène du leadership ethnique dans les années soixante-dix (MARTINIELLO, 1992, p. 54).

---

[219] PENEFF, J. *La méthode biographique : de l'école de Chicago à l'histoire orale*, Paris, Armand colin, 1990, p. 43.

[220] GUTH, S. Ordre et désordre dans les quartiers de rue, *Revue française de sociologie*, XXXVII, 1996, p. 619.

[221] HIGHAM, J. *Leadership,* Harvard encyclopedia of american ethnic groups, in Thernstrom S.(Ed.), 1981. pp. 545-560. Voir à ce sujet MARTINIELLO (1992) pp. 54-56.

Dans ses travaux[222], il distingue trois sortes de leadership :

- *Le leadership reçu (received)* : il s'agit des personnages qui avaient déjà une influence grandissante dans les pays d'origine, et qui la conservent dans le pays d'accueil. Ce sont des leaders que nous pouvons qualifier de "traditionnels".

- *Le leadership interne (internal)* : il s'agit des personnes qui naissent et grandissent dans le groupe dont ils tirent leur légitimité. C'est le cas des jeunes leaders des quartiers faisant l'objet de notre étude.

- *Le leadership projectif (projective)* : ce sont des individus issus du groupe, mais dont l'influence dépasse le cadre local dans lequel ils sont nés. Ces leaders, au même titre que les leaders "reçus", tirent leur légitimité en dehors du groupe. M. MARTINIELLO (1992, p.69), suggère qu'on pourrait pratiquement parler des leaders "exogènes" et "endogènes".

En dehors des deux auteurs précédents, on peut citer également d'autres ouvrages intéressants. H. GANS(1962)[223] : "the urban villagers : group and class in the life of Italian-Americans", LLOYD W. WARNER et L. STROLLE (1960)[224] : "the social systems of american ethnic groups", dont le troisième volume aborde l'organisation sociale des groupes ethniques américains.

Mises à part ces études consacrées à l'analyse sociologique du leadership américain, mais qui sont loin d'épuiser le sujet au niveau européen, ce domaine s'est développé plus tard, comme le souligne M. MARTINIELLO[225] dont nous nous inspirons largement dans l'analyse de ce chapitre.

Les travaux autour du leadership ethnique sont peu nombreux en France. Mais, on peut souligner que, dès 1945, Fernand DELIGNY avait suscité plusieurs expériences de prévention avec le recrutement des éducateurs issus du même milieu.[226] Il a fallu ensuite attendre les années 80, avec la multiplication des formes de violence dans les quartiers, pour que cette question soit de nouveau abordée. En outre, la loi du 9 octobre 1981, qui autori-

---

[222] HIGHAM (1981), cité par MARTINIELLO (1992), p. 54.

[223] GANS, H.J. *The urban villagers : group and class in the life of Italians-Americans*, New York, The free press, 1962.

[224] WARNER, L., STROLLE, L. *The social systems of American ethnic groups*, New Haven, Sixth Printing, 1960.

[225] MARTINIELLO, M. *Leadership et pouvoir dans les communautés d'origine immigrée*, éd. CIEMI, L'HARMATTAN, 1992. L'ouvrage de Martiniello, dans lequel nous puisons largement, est sans conteste l'un des meilleurs ouvrages à ce jour qui fait une synthèse des travaux existant sur le phénomène du leadership, au-delà de l'objet même de l'ouvrage c'est-à-dire l'analyse du leadership et du pouvoir dans les communautés d'origine immigrée en Belgique.

[226] MOREAU Pierre-François : *Fernand Deligny et les idéologies de l'enfance*, éd. RETZ, 1978.

sait la formation des associations, aura été en quelque sorte le détonateur, puisqu'elle a participé indirectement à la formation des associations à composante immigrée. Cette loi a effectivement fait entrer les associations immigrées dans le droit commun de la loi de 1901 et a donné une impulsion décisive à la participation des personnes issues de l'immigration à la vie locale. Certaines de ces associations ont été créées par des jeunes leaders sollicitant la reconnaissance de leur spécificité et revendiquant avec force leur rôle d'acteurs politiques et sociaux. Indubitablement le développement de l'action culturelle contestataire[227] a fait éclore quelques leaders qui deviendront le symbole de leurs quartiers.

I.1. Qu'est-ce qu'un "leader ethnique" ?

Sans entrer dans une approche théorique de la notion de leader ethnique, nous retiendrons cependant les apports de HUGHES (1996)[228] et MARTINIELLO (1992) sur lesquels nous nous appuierons pour analyser les données de notre enquête.

Selon E.C. HUGHES, le chemin qui mène à la conversion d'un métier en une profession établie, amène de la part des membres l'abandon de certaines tâches (qualifiées de sales boulots par l'auteur), au profit de certaines catégories de travailleurs. Il poursuit en précisant qu'un métier comporte certes des tâches, mais également "un rôle social , le personnage que l'on joue dans une pièce (drama)" (op.cit. p.72). Et, à la longue, "toutes les appellations tendent à incarner l'idée que l'on se fait du rôle joué par un métier" (op.cit. p.73) et des rôles sociaux joués par le personnage, c'est-à-dire, "les rôles que les gens pensent que l'on attend d'eux, ou des rôles qu'on leur permet de jouer sur la scène" (op.cit. p.73).

De là, nous pouvons nous poser la question de savoir si les jeunes d'origine étrangère issus des quartiers que nous avons rencontrés dans le cadre de nos enquêtes sont ou pas des leaders ethniques.

En effet, lorsque l'on regarde cette population, plusieurs faits nous poussent à penser que les leaders interrogés seraient des leaders ethniques. Pour cela, nous allons donner deux définitions pouvant éclairer nos analyses.

D'après E.C. HUGHES (1986, op.cit.p.202) : "Un groupe ethnique n'est pas caractérisé par son degré de différence mesurable ou observable avec d'autres groupes. Au contraire, c'est un groupe ethnique parce que ceux qui lui appartiennent et ceux qui sont à l'extérieur le considèrent comme tel et parlent, sentent, et agissent comme s'il constituait un groupe distinct".

---

[227] JAZOULI, A. *L'action collective des jeunes maghrébins de France*, éd. L'harmattan, 1986.

[228] HUGHES, E.C. *Le regard sociologique*, Ed. de l'école des hautes en sciences sociales, Paris, 1996. (Textes rassemblés et présentés par J.M. CHAPOULIE).

Cette définition rejoint celle de “l’éthnicité” définie comme un aspect des relations sociales entre différents acteurs se considérant et considérés par les autres comme s’ils étaient “culturellement distincts des membres d’autres groupes avec lesquels ils ont un minimum d’interactions régulières”[229] . Cette croyance, de part et d’autre, en l’existence d’un caractère culturel distinct dans leurs interactions fonde l’ethnicité. Dès lors, la différence culturelle ou physique objective doit être écartée.

Nous sommes conscients que l’objet de ce chapitre n’est pas d’étudier les groupes ethniques, mais bien de tenter de saisir à la lumière des données en présence “les leaders ethniques ”. La définition ci-dessus semble utile pour comprendre la notion de “leaders ethniques”, parce que ceux-ci sont effectivement considérés comme tels par certains employeurs, par certaines familles d’origine étrangère, par certains assistés sociaux et quelquefois par eux-mêmes, quoiqu’ils s’en défendent. De même l’appartenance ethnique serait une caractéristique majeure en ce qui concerne la détermination du statut, et aurait tendance à prendre le pas sur d’autres caractéristiques.[230]

De ce point de vue la définition de M. MARTINIELLO (1992) permet de comprendre le sens de ce que l’on entend par “leader ethnique” : “Le leader ethnique est un membre d’une communauté ethnique appartenant à la catégorie ethnique correspondante qui a la capacité d’exercer intentionnellement un degré variable d’influence sur les comportements et/ou les préférences des membres de la communauté ethnique, dans le sens de la satisfaction de leurs intérêts objectifs tels qu’il les perçoit. Cette influence, lorsqu’elle est effectivement exercée, l’est à travers l’activité du leader dans une ou plusieurs des institutions et organisations qui forment la communauté ethnique. Par ailleurs, le leader jouit toujours d’un certain degré de reconnaissance de la part des membres de la communauté ethnique, reconnaissance qui est la base de sa légitimité”(Idem, p.98).

En effet, au regard de cette définition, nos analyses corroborent celles de M. MARTINIELLO (1992), parce que les leaders de notre échantillon jouissent d’une grande influence auprès des jeunes du quartier ; ils sont tous impliqués dans diverses organisations dont ils sont, soit Président, soit Directeur. Il s’agit des leaders “endogènes” qui bénéficient d’une reconnaissance basée sur leur degré d’influence.

---

[229] MARTINIELLO, M. *L’éthnicité dans les sciences sociales contemporaines,* PUF, 1995, pp. 18-19.

[230] HUGHES (1996),op.cit. p. 194.

I.2. La politique de l'habitat

L'histoire des politiques sociales, essentiellement celle du logement, tend à montrer que si en France nous n'avons pas encore atteint le stade de ghetto[231] comme aux Etats-Unis, les différentes politiques menées à la fin des années soixante-dix, tendaient à confiner les personnes d'origine étrangère dans les mêmes quartiers. Cette exclusion par l'origine ethnique s'est accompagnée d'une exclusion par la pauvreté, en faisant naître chez les habitants une conscience de groupe. Jadis, quartiers à majorité ouvrière, aujourd'hui quartiers où l'ambiance semble dominée par le chômage[232]. Cette densité de la pauvreté a produit des perturbations sociales et économiques, obligeant le peu de nationaux qui y vivaient à quitter ces quartiers. Ils y ont été remplacés par les personnes d'origine étrangère, elles-mêmes en grandes difficultés économiques.

Or, comme l'ont souligné D.S. MASSEY, et N.A. DENTON(1995) dans ce qu'ils appellent "American apartheid", on a tendance à oublier que lorsque la ségrégation raciale est trop importante, "toute hausse de la pauvreté concentre celle-ci de façon accentuée au sein du groupe ségrégé"[233]. La ségrégation, lorsqu'elle est combinée à la pauvreté fragilise les populations et donne rapidement place à un cycle de dégradations suscitées par l'interaction de comportements individuels et collectifs. Il s'instaure alors une spirale de la dégradation du cadre de vie, qui est "déclenchée chaque fois qu'un individu prend une décision qui affecte la communauté... et cela crée un lien de régulation puissant entre le comportement individuel et collectif". (MASSEY et DENTON, 1995, p.167). Tout cela amène un sentiment d'abandon de la part de la communauté dominante, et pousse à la constitution "d'une culture du pauvre", des personnes partageant les mêmes souffrances.

---

[231] Ainsi que le souligne D. DUPREZ, l'utilisation du mot "ghetto" est à manier avec modération, lorsqu'il s'agit de la situation française, parce que "la France n'est pas l'Amérique". Lorsque l'on utilise des mots comme "ghetto, gangs" ou encore "underclass", il convient de "les resituer dans les contextes sociaux où elles ont été fondées". De ce fait, si dans la comparaison France-Etats-unis, on peut repérer des similitudes, en terme de tendances structurelles, par exemple la concentration de problèmes sociaux dans certaines zones urbaines, celles-ci s'arrêtent là, puisque, par exemple, entre autres, "les ghettos noirs américains sont situés, en règle générale au cœur des villes, et les banlieues sensibles en France sont, à la porte des agglomérations ". Voir à ce sujet D. DUPREZ : " le retour des théories de l'exclusion", Revue *Espaces Marx,* n° 6, 1995.

[232] D. DUPREZ et alii : "Vivre dans les quartiers sensibles" in *les dossiers de profils, INSEE Nord-Pas-Calais*, n° 41, Août 1996.

[233] DENTON, N. A., MASSEY, D.S. *American apartheid*, Ed, Descartes et Cie, 1996, p.185. Dans cet essai, les auteurs analysent l'histoire des politiques sociales et les actions gouvernementales en matière de droits civiques, et constatent qu'au-delà de ces politiques, la ségrégation par le logement subsiste encore.

En ce qui concerne la situation française, nous avons l'impression que la politique des logements en faveur des travailleurs immigrés est le résultat d'une politique générale, découlant de la rénovation urbaine des années 1960-1970, qui a abouti à une division sociale de l'espace urbain[234]. Cet aspect lie la politique d'intégration à celle de la gestion des espaces urbains, et amène à s'interroger sur le rapport entre "émergence ou renforcement des identités communautaires et ségrégation résidentielle vécue par des personnes revendiquant de plus en plus une même origine culturelle et linguistique"[235]. Des pratiques de "peuplement ghetto" ont abouti dans certains quartiers (Nice, Lyon, Lille, Grenoble) à renforcer des réseaux de pouvoir s'appuyant sur une identité collective de caractère ethnique ou communautaire (par communauté ethnique, il faut entendre des groupes organisés et structurés autour de la référence à une identité collective).

Enfin, le constat est que les politiques de la ville, qui ont occupé une place particulière au début des années 80, n'ont pas produit les effets escomptés, malgré les diverses transformations. La conséquence logique de cet échec a été la montée de violences dans les quartiers (Vaux-en-Vélin, Lille-sud, Ariane etc.) et la volonté d'un certain nombre de jeunes de prendre leur destinée en main. Certains deviendront des acteurs collectifs. La naissance de cet acteur collectif, Français d'origine, étranger d'origine, ou leader ethnique, n'est que la conséquence logique de l'échec des différentes politiques urbaines mises en place.

Ils sont donc leaders ethniques, parce qu'ils vivent essentiellement dans les quartiers où il y a une forte proportion des personnes d'origine étrangère. Toutefois ces leaders ne revendiquent pas le droit exclusif de travailler avec les populations issues de l'immigration, c'est le fait même de vivre dans les quartiers à forte concentration immigrée qui les poussent à "ethniciser" leurs interventions.

I.3. Sont-ils devenus des éducateurs ethniques ?

Nous avons souligné, plus haut, le rôle social que joue un métier. Pour les travailleurs sociaux, il est attribué à l'image que les interventions de chacun représentent, mais aussi au rôle que chacun s'attribue.

En ce qui concerne les 121 travailleurs sociaux d'origine étrangère de notre échantillon, 19 d'entre eux (soit 15,7%) pensent être devenus des "éducateurs ethniques" alors que 83 (68,6%) ne se voient pas ainsi (19 non réponses). Ces chiffres révèlent que certains éducateurs sont délibérément choisis du fait de leurs origines pour intervenir auprès des jeunes ou des familles

---

[234] *MIGRATIONS ETUDES* : " Processus de ségrégation et ethnicisation de l'espace ". Migrations études, janvier 1995 (Note de synthèse).

[235] *MIGRATIONS ETUDES* (1995), op. cit.

d'origine étrangère, devenant ainsi des intervenants spécialisés auprès des personnes issues de leur propre "communauté". Quant à leur pratique éducative, elle apparaît positive aux responsables des établissements à caractères sociaux qui les emploient et quelquefois aussi à leurs pairs.

Les assistés sociaux trouvent, quant à eux, dans les formes d'assistance, un "clin d'œil ethnique", qui les conduit à rechercher dès que la nécessité se fait sentir, un travailleur social d'origine étrangère :

"Les gens sont dans une telle détresse lorsqu'ils viennent te voir, qu'ils te prêtent une telle importance quasiment unanime d'autant que tu es de la même origine qu'eux, de la même culture qu'eux, alors ils se permettent de venir te voir. Ils te parlent en arabe, ah... mon frère, voilà mon fils, ce qui se passe c'est ça. Lorsque tu es implanté dans un réseau, cela fait vite le tour. Ali le fils de ... on vient voir ma mère. Quand, je rentre, le soir, elle me dit : Ali, tu dois passer chez telle personne, dans telle famille" (éducateur, 32 ans).

"Au centre social, je travaillais avec les 12 ans, je connaissais leurs familles. Les parents venaient souvent me voir pour me demander comment allaient leurs enfants. Ils me disaient : "oui mon fils aime bien être avec toi , ça va mieux depuis qu'il est avec toi et je préfère que ce soit toi qui t'en occupes". Au début, ça allait, mais après, par la suite, c'était un peu trop. Ils venaient me voir parce qu'ils me connaissaient quand j'étais enfant, et puis de même origine. Je me demande, si j'étais quelqu'un d'autre, s'ils seraient venus me voir... Après, ça devenait encore pire. Les parents envoyaient carrément leurs enfants après le soutien scolaire. On se serait senti au village" (animatrice, 22 ans).

"J'avais cette étiquette de l'éducateur maghrébin pour les maghrébins... Dans une famille maghrébine tu es considéré comme un avocat. On est déjà venu chez moi, le samedi ou le dimanche à 22 heures me réveiller parce qu'un gamin était en garde en vue. Je n'avais rien à voir avec ça. On te donne une représentation de l'éducateur qui est incroyable. Je me dis, à mon avis, je ne peux rien faire, mais, on me supplie en me donnant de l'argent..." (éducateur, 31 ans).

Ces exemples confirment l'appréhension de ces travailleurs sociaux non seulement comme des leaders, mais des leaders ethniques, ce qu'ils assument d'ailleurs (JAZOULI, 1986). Ils partagent avec les jeunes qu'ils encadrent une identité ethnique commune, ce qui renforce leur appartenance à une "communauté" ethnique (au sens de BARTH, 1969[236]), considérée comme

[236] Selon Barth, ce n'est pas la culture commune qu'il conçoit comme une conséquence voire un résultat, qui fonde la communauté ethnique, mais plutôt l'identité commune que les différents membres partagent, quelle que soit la base sur laquelle elle repose. Dans le prolongement de la question, on peut voir aussi les ouvrages récents de : Martiniello, 1995, Streiff-Fenart, Poutignat, 1995.

"une communauté prolétarienne", car ils partagent aussi les mêmes souffrances. Bien que nous les caractérisions comme "leaders ethniques", nous devons préciser toutefois qu'ils ne s'inscrivent pas dans un schéma de revendications communautaristes ethniques, car malgré tout, ces leaders refusent de se laisser enfermer dans une spécificité quelconque, qu'elle soit culturelle, identitaire ou ethnique. "Ces jeunes considèrent qu'ils font partie du décor français", c'est donc au nom de leur participation à la société française que leurs actions en faveur des personnes d'origine étrangère ou Françaises d'origine sont revendiquées (LAPEYRONNIE, 1993). Ils oeuvrent dans le sens d'une reconnaissance des minorités et de la place qu'ils veulent conquérir pour eux-mêmes et pour les assistés sociaux dans un ensemble national et multiculturel. Leur position est donc celle d'intermédiaires.

A titre de comparaison, la RATP a embauché en 1994 "des agents de prévention et de médiation sociale" afin de répondre aux multiples provocation et incivilités de certains jeunes. Comme une grande partie de ces perturbateurs seraient d'origine étrangère, ils ont pensé que les médiateurs d'origine étrangère pouvaient adopter cette figure d'autorité de "grand-frère" (MACE, 1997, pp. 225-244). Il s'agit, ici même, d'une ethnicisation de la médiation-conformation "comme forme instituée d'une représentation de l'insécurité en terme culturaliste" (MACE, 1997). Cette manière de percevoir l'intégration républicaine, crée l'ethnicisation des rapports sociaux qu'elle est sensée combattre, puisqu'elle conduit à produire un enfermement communautariste non voulu (Olivier, 1993). D'autant plus que cette ethnicisation du recrutement est considérée par les médiateurs eux-mêmes comme le "signe d'une prolétarisation et d'une reproduction des attributs (pénibilité, petits salaires, non-reconnaissance)" (MACE, 1997) qui ont toujours défini le travail des immigrés de la première heure.

II. PROFIL SOCIOLOGIQUE

L'âge des leaders de notre échantillon varie entre 22 ans et 41 ans. Leur cursus est comparable à l'ensemble de T.S.O.E, puisqu'ils sont majoritairement issus de milieux ouvriers et de familles nombreuses avec des fratries allant de 5 à 14 frères et sœurs. Les trajectoires scolaires des leaders issus des quartiers sont assez accidentées, c'est-à-dire qu'elles ont les mêmes caractéristiques que les TSOE, voire les TSFO. Les analyses révèlent plusieurs redoublements pour un certain nombre d'entre eux, et dégagent également une amertume envers une institution scolaire qui ne les a pas acceptés, sinon aidés comme ils l'auraient souhaité. Dans leurs discours nous retrouvons cette forme "d'animosité" vis-à-vis de l'Education Nationale :

"A l'école, j'étais perçu comme un maghrébin, donc un public difficile. Je faisais partie d'un processus où l'Education Nationale n'était pas très d'accord par rapport à un public comme le nôtre, c'est-à-dire un public difficile... Les écoliers français avaient droit à une scolarité normale, moi parmi

tant d'autres, pendant 3 ans, une fois par semaine, je devais faire un cours de rattrapage en français, alors que j'en avais pas besoin... Il y avait des petits Français qui avaient autant de lacunes que moi, mais qui ne faisaient pas partie de ce processus..." (Educateur, 29 ans).

Ce qu'il faut retenir est que ce discours n'est pas propre aux personnes d'origine étrangère. On le retrouve également auprès des Français d'origine. L'école a été souvent contestée par les travailleurs sociaux, essentiellement ceux qui ont subi des échecs ou des orientations qui ne faisaient pas *a priori* l'objet de leurs préférences.

En ce qui concerne le niveau d'études, 8 leaders sur 12 possèdent le BAC. Les autres ont suivi un cursus professionnel et possèdent un CAP ou un BEP. Si nous comparons le niveau de notre population avec d'autres jeunes leaders, nous nous apercevrons que nos enquêtés ont un niveau scolaire plus élevé que certains d'entre eux.

Nos propos sont confirmés par un projet de recrutement sur le site de Perpignan[237] (quartier Saint-Jacques) où une formation d'assistants-animateurs en quartier défavorisé avait été mise sur pied. Les jeunes recrutés au nombre de 14 dont 13 d'origine maghrébine avaient un niveau scolaire inférieur à la troisième de collège.

Enfin, les difficultés scolaires rencontrées doivent être également attribuées au manque de "stock minimum" d'instruction dans la famille. Parmi les 12 leaders, 3 ont des parents qui maîtrisent la lecture, les autres sont donc analphabètes. Les enquêtés évoquent ainsi fréquemment le manque de soutien dans leur scolarité de la part des parents et des enseignants.

En dernier ressort, on peut souligner que tous nos enquêtés possèdent les diplômes professionnels du travail social (DEFA, DUT, DEES), ce qui les différencie des "grands frères" analysés par P. DURET (op.cit), puisque, parmi ces derniers, certains sont encore scolarisés, de surcroît dans des filières hors travail social.

III. CHOIX DES PROFESSIONS SOCIALES

Les travaux cherchant à analyser les leaders ont donné lieu à divers types d'approches. Nous savons que dans un contexte de crise économique marquée par le chômage, les individus cherchent à mettre en place diverses stratégies pour réaliser leurs projets. Notre but est d'analyser le sens des liaisons stratégiques que ces jeunes ont mis en évidence pour devenir "leader". Pour cela, nous avons interrogé, à partir d'un matériel plus qualitatif, les ressources que ces individus ont mobilisées pour acquérir leur statut ac-

---

[237] PELFORT, M. Site de Perpignan quartier Saint-Jacques : formation d'assistants-animateurs en quartier défavorisé, In D. PIVRON : *formation à l'animation de quartier. Enjeux et perspectives*, document de l'INJEP, n° 17, juillet 1994.

tuel. Ces ressources font appel à la trajectoire de chacun d'entre eux, c'est-à-dire à l'héritage familial, social et culturel. Les discours recueillis ont été repartis en fonction des spécificités des parcours biographiques qui se sont dégagées de l'analyse.

III.1. Une socialisation précoce aux professions sociales

Les parcours de 12 leaders que nous avons interrogés montrent un apprentissage précoce au travail social. Très jeunes, eux-mêmes ont été objets du dispositif social, avant de devenir acteurs (cette tendance est confirmée pour l'ensemble des travailleurs sociaux d'origine étrangère de notre échantillon).

"Au départ je fréquentais les centres sociaux en tant qu'enfant et puis, je voyais les animateurs et je me disais oui, plus tard, je serai animatrice. Ce sont surtout des gens que j'ai connus toute petite, des amis d'enfance, c'est ça qui m'a donné envie de les aider ; j'avais affaire à des gens de mon quartier et comme j'avais envie de les aider, ça m'a paru simple de les aider à travers une structure sociale..." (Animatrice, 22 ans).

"Je suis dans le social... parce que j'ai grandi dans ce quartier, j'ai été dans le bain tout de suite. pourquoi ? Est-ce le fait que je sois étranger ? C'est pour cela que je suis là, je ne sais pas, mais c'est lié, mais c'est naturel. J'avais envie de donner un coup de pouce, de donner un peu de mon temps à la collectivité..." (Animateur, 29 ans).

Pour ces leaders, on pourrait parler d'une orientation vers ce métier par vocation dans la mesure où le milieu (leur famille, leur quartier) et les problèmes afférents, les ont totalement imprégnés :

" Moi je suis né dans ce quartier... le seul boulot que je sais faire, c'est celui-ci... je ne sais faire que ça. Moi je suis né avec le social et je crois que je vais mourir avec..." (Animateur, 28 ans).

On peut comparer ces discours à ce que les sociologues de l'école de Chicago avaient noté à propos des boxeurs issus des quartiers pauvres. La profession apparaissait à leurs yeux comme "le métier idéal", le seul métier qu'ils connaissaient, et dont ils estimaient avoir les capacités pour l'exercer. Ainsi que nous l'avons noté dans la partie introductive, si "la culture du boxeur professionnel était faite de techniques, d'illusions, d'aspirations et de rôles bien définis que chacun d'eux assimilait et les motivait"(DEMAREZ, 1986, op.cit. p.163), celle des travailleurs sociaux issus des quartiers serait presque identique. C'est dans leurs familles d'origine et leurs quartiers qu'ils se sont construits leur identité professionnelle qui est le résultat d'un travail de construction de la compétence se réalisant dans la pratique par l'acquisition d'un savoir dû à l'interaction entre leur milieu social d'origine et l'environnement dans lequel ils ont été socialisés. C'est à travers cela qu'ils acquièrent la vocation, le savoir-faire pour exercer ce métier, avant le savoir théorique. Pour ce qui est de la vocation, une étude menée par P. FRITSCH (1971)[238] auprès des formateurs d'adultes, montre que lorsqu'on les interrogeait sur l'origine de leur vocation, ils répondaient que ce sont les circonstances qui les avaient conduits à devenir formateurs et certains disaient même *"qu'ils étaient faits pour cela"*, comme nous ont répondu nos propres enquêtés. Mais être fait pour un métier dépend de la manière dont on a été socialisé.

Et nous n'avons cessé de le répéter, la socialisation de l'enfant dépend des conditions sociales, familiales, scolaires, de l'environnement dans lequel il grandit. La socialisation telle qu'elle est définie par A. PERCHERON, "est à la fois mécanisme de persistance et de changement pour le système et mécanisme de développement et de formation des "moi" politique et social pour l'individu"[239].

C'est bien de l'idée d'un échange constant entre la société et l'individu qu'il s'agit ici. La socialisation permet donc l'acquisition d'un code symbolique résultant "de transactions entre l'individu et la société" (idem). La socialisation, c'est le développement d'une certaine représentation du monde. Pour PERCHERON, il s'agit du "monde politique", pour nous du "monde social". Cette représentation du monde n'est pas imposée en tant que telle, plusieurs représentations coexistent, par rapport aux modèles proposés à l'enfant ; "celle que la société offre, peut-être différente de celle que la famille ou encore l'école proposent, et puis, enfin, de celle que chaque être humain "compose lentement en empruntant certaines images aux diverses représentations existantes et en les réinterprétant pour en faire un tout neuf et original" (idem, p.26). Finalement, ce sont les conditions sociales, économiques, politiques dans lesquelles vit l'individu, et à partir desquelles il construit sa représentation du monde qui guide son avenir, en ce qui nous concerne, qui l'amènent aux professions du secteur social.

III.2. Du bénévolat au militantisme

On a vu, auprès des TSOE et des TSFO, que, même si le poids du militantisme ne s'est pas bien fait sentir, beaucoup d'entre eux ont, en revanche, été bénévoles. Le bénévolat dans le secteur social fait partie des stratégies adoptées par ceux qui souhaitent y accéder pour passer les sélections dans de bonnes conditions, ou encore se socialiser à la future profession. Dans l'étude de P. FRITSCH (1971, op. cit. p. 136), certains formateurs n'hésitaient pas à faire le lien entre leur participation aux mouvements de jeunesse et leur entrée dans l'enseignement.

---

[238] FRITSCH, P. *L'éducation des adultes*, éd. Mouton, la Haye, 1971, p.143.

[239] PERCHERON, A. *L'univers politique des enfants, Ed. A. Colin et F.N.S.P, 1974, p. 25.*

En ce qui concerne les leaders, tous, sans exception aucune, font état d'engagement bénévole et militant. Certains attribuent leur destin de leader à ce mode de participation à la vie collective.

A la question : "Comment as-tu fait pour travailler dans ton quartier d'origine ? " Les réponses paraissent assez homogènes pour les 12 leaders interviewés :

"J'ai commencé à travailler comme bénévole et en même temps, j'allais à l'école. Je travaillais dans une maison de quartier.. A l'époque on discutait déjà entre nous en termes de projet et je connaissais beaucoup de monde dans le social, en suivant en même temps l'école" (Animateur, 30 ans).

"Quand j'étais en 1ère, il y avait du péri-scolaire fait dans le quartier par deux éducateurs. Ces éducateurs, je les connaissais bien étant donné que je faisais des activités avec eux. Ils ne savaient pas résoudre certains problèmes de 3ème. De temps en temps, je passais pour voir mon éducateur. Il me demandait de faire certains exercices qu'il n'arrivait pas à faire pour les enfants. Donc, je donnais un coup de main. C'était devenu une habitude. Je rendais service aux gosses du quartier. Cela a duré un an. C'était bien. Après, je me suis dit pourquoi pas moi ? Je suis allé voir le Directeur, il m'a poussé : " tu es un jeune du quartier, sérieux, moi, je te pousse". Ma candidature a été acceptée... Et j'étais bien vu par les jeunes du quartier, par les habitants... je suis un bon footballeur, j'aime le sport. Ensuite, j'ai décidé de monter une association "association Epeule et Culture", dont je suis le Président" (Animateur, 22 ans).

"A l'âge de 17 ans, j'ai commencé dans le milieu associatif à la MJC. Ce qui m'a permis d'entrer dans le social. Cela a commencé par un côté militantisme à la JOC (Jeunesse ouvrière catholique), dans un comité de quartier" (Educateur, 30 ans).

Ces discours résument en quelque sorte l'ensemble des discours des leaders. En effet, ainsi que nous l'avons noté, tous ont participé à des activités bénévoles dans leurs quartiers pour aider les petits frères. Ils ont été également militants et responsables d'associations. Beaucoup travaillaient sur des projets précis dans le cadre du militantisme ou d'activités bénévoles. Le militantisme est souvent exalté comme un moyen de pousser les responsables politiques à prendre les décisions qui s'imposaient pour l'amélioration de leurs quartiers. Trois d'entre eux insistent même en disant que s'ils n'avaient pas eu cet élan militant à l'époque, rien ne serait arrivé aujourd'hui. Les différentes revendications collectives des années quatre-vingt ont souvent été prises en exemple. Pour certains, même "s'ils ne comprenaient rien à la politique", disaient-ils, l'essentiel était de faire du bruit, de mettre la pression :

"J'étais à l'âge où il fallait se révolter. Sans être syndicaliste, sans avoir une étiquette politique, je n'y comprenais rien, mais il fallait revendiquer. C'étaient les revendications, non seulement d'une communauté qui n'était

pas uniquement maghrébine, mais aussi celles de jeunes. C'était un groupe qui émergeait, un groupe moteur regroupant des chômeurs, des étudiants, des salariés...".

Ces propos communs à beaucoup de jeunes de quartiers posent la revendication citoyenne d'une communauté, la participation à la vie collective d'un groupe. Grâce à ces types de revendications, des commissions extra-municipales d'immigrés ont vu le jour dans certaines villes. Le but de ces commissions a été d'intégrer les étrangers absents des lieux où les choix municipaux se préparent. Ces commissions extra-municipales d'immigrés regroupaient bien entendu les conseillers municipaux désignés, les représentants des associations immigrées etc. Ces conseillers étrangers, élus dans sept villes de France, au nombre de 32[240] entre 1985 et 1989, étaient au nombre de 9 en 1996. Cette forme de participation considérée comme un élément positif de la démocratie a été abandonnée très vite par certaines municipalités. La raison en est que beaucoup de villes ont changé de majorité pendant les dernières élections municipales, comme à Amiens, où ces conseils ont été dissous.

Le militantisme des leaders a donc participé à l'amélioration de la communication entre les municipalités et les habitants. La création des associations constitue pour les leaders un moyen de se donner un pouvoir qui n'est pas toujours solide. Ce manque de solidité est compensé par le réseau associatif inter-leader. C'est ce que nous avons remarqué à Roubaix, par exemple. Au-delà des divergences concernant les actions à mener face aux responsables politiques, nous avons noté l'adhésion d'un certain nombre de leaders à d'autres associations, y tenant des postes-clés, tels président, secrétaire ou trésorier d'une autre association. Ces jeunes rationalisent leurs adhésions associatives multiples comme l'un des moyens de constituer "un front urbain", car si une association est menacée, toutes les autres doivent se sentir concernées et être solidaires.[241] Ces associations constituent pour les leaders un véritable tremplin pour la reconnaissance, en premier lieu par les habitants et en second lieu par les responsables de grandes structures des quartiers. C'est le sens des actions menées dans les associations (lorsque celles-ci sont créées avant le recrutement) qui les font passer du statut de jeune du quartier, animateur, responsable bénévole d'une association, à celui de professionnel. A partir de ce moment là, les rapports évoluent entre les jeunes du quartier et le jeune leader et les discours changent aussi envers l'employeur.

---

[240] DELEMOTTE, B. Quelles structures locales pour associer les étrangers, *revue territoires*, n°371, octobre 1996. Les conseillers étrangers associés ont été élus en premier à Mons-en-Baroeul en 1985 au nombre de 3, ensuite à Amiens, au nombre de 4 entre 1987-1989, et enfin Cerizay : 6, Longjumeau : 3 jusqu'en 1991, Les Ulis : 4 jusqu'en 1995, Vandoeuvre-lès-Nancy : 5 (1990-1991), Porte-les-valence : 2 (1992-1995).

[241] Cette " multipositionnalité " (expression empruntée à MARTINIELLO, 1992, pp. 180-181), a été constatée aussi à propos des leaders Italiens en Belgique.

Au niveau des associations, nous ajoutons volontiers que leurs actions ne débouchent pas nécessairement sur des actions politiques. Certaines associations sont centrées sur les communautés locales et la restauration des liens avec les pays d'origine : c'est le cas des associations portugaises, espagnoles et italiennes dont le but est essentiellement axé sur l'animation de leur propre communauté. Les populations maghrébines, rencontrant des difficultés plus marquées par rapport à leur insertion, s'inscrivent plus dans une vision combinant la fusion dans la société française, la distance par rapport à cette même société, voire même l'oscillation entre les deux pôles. On voit donc apparaître des associations ayant une orientation à la fois plus ethnique et plus revendicative et pourtant contribuant à l'animation de la vie locale. Le radicalisme ethnique qui s'affirme dans une visée associative à travers l'expression d'un quartier, offre un moyen de pression sur les élus locaux, d'autant plus que ces associations se présentent comme l'expression des exclus et des immigrés.[242] C'est dans ce type d'associations que nous voyons apparaître aujourd'hui celui que nous qualifions de "leader ethnique". Un exemple nous est donné par ce leader rencontré à Hautmont (Nord) :

"Dans le quartier on aime bien les gens qui ont des grandes gueules. Cela date de 1984. Dans une ville comme Hautmont, c'est sérieux. Les structures appartiennent aux jeunes. Il n'y a pas les politiques qui viennent s'ingérer. En tant que délégué de jeunes, je me suis engueulé avec le Maire. J'étais délégué de l'association du Fort ; c'était la guerre froide tantôt tiède... parce qu'il y avait interdiction aux immigrés de se rassembler. Donc, on m'a poussé à monter cette assos pour emmerder la mairie. Mais je connaissais le système de récupération... il s'agit de revendiquer un lieu de culte, avoir un lieu de culte pour les parents et les jeunes, la mairie a refusé. Avec l'association on a mis la pression..." (Animateur, 26 ans).

Il faut considérer que ces associations de quartiers sont des agents de socialisation pour les jeunes (qui plus tard endossent le rôle de leader) et le reste des habitants en produisant des modèles culturels à partir d'éléments hérités de la tradition ouvrière, et des pays d'origine. Elles ont également vocation à transmettre ces modèles, grâce à la socialisation des habitants. La socialisation à travers la vie associative concerne en premier les leaders et, dans leur sillage, ce sont les autres membres de la communauté qui quelquefois en bénéficient grâce aux projets développés. Mais, il y a aussi des associations qui conduisent à la marginalité. Loin de conduire à l'intégration des membres, elles les enferment plutôt dans une marginalité opposée à la société française, en développant "un conformisme excessif qui les éloigne d'une véritable communication interculturelle". Ces associations communautaires fermées profitent de la situation difficile que vivent

[242] DUBET, F. LAPEYRONNIE, D. *Les quartiers d'exil*, Ed. du Seuil, 1992, pp. 98-100.

les jeunes d'origine étrangère en leur offrant une sécurité affective, voire matérielle, conduisant certains adhérents à l'intégrisme. Cependant, elles sont très marginales dans les banlieues françaises.[243]

Si nous considérons le dernier extrait de discours, ce leader parle d'une association recherchant collectivement une place active dans le système social local en mettant en exergue ses propres références culturelles en rapport avec celles du pays d'accueil et en essayant de construire de nouveaux rapports sociaux avec la société française.

III.3. Le sport facteur d'intégration et critère d'admissibilité au rang de leader

P. DURET (1995,1996), dans son étude, a montré le poids des activités sportives auprès des grands-frères. Au niveau des actions de terrain, il a observé l'implication de trois grands-frères dans des situations sportives. Cela lui a permis de repérer la place qu'ils occupaient dans la constellation sociale et voir ce qui légitimait la permanence du respect à leur égard. Il s'est avéré que la distinction dans les activités sportives est un atout considérable. En fonction du type d'espace utilisé, il a repéré deux catégories de figures : soit le grand-frère avait un statut d'entraîneur (comme à la boxe), soit il avait un statut d'organisateur de jeu dans les espaces sportifs ouverts. Certains enquêtés, comme Nordine, précisent que le "sport est destiné à faire sortir la tête de l'eau aux jeunes ou encore, selon Jean, à les repêcher"(DURET 1995).[244]

Le sport est un outil d'insertion pour les leaders et ils n'hésitent pas à l'utiliser pour asseoir leur autorité. Dans notre échantillon, 9 d'entre eux se retrouvent dans ce cas. Le charisme acquis à travers cette activité s'est répercuté dans le quartier et les a conduits à leur fonction actuelle, comme l'exprime cet animateur :

"On est venu me chercher.[245] Un adjoint au Maire m'a dit : voilà, tu es bien connu ici, tu es respecté, il y a une opportunité, est-ce que ça peut t'intéresser ? j'ai dit oui... Et c'est vrai, j'étais bien connu au niveau du football, je connaissais tous les parents du quartier..." (Animateur chef de service, 41 ans).

---

[243] KAYSER, M., SZINETAR, P. "Les fonctions sociales des associations de quartiers populaires et les immigrés ", *Migrations société,* vol.8, n° 45, mai-juin, 1996.

[244] DURET, P. *Les grands frères, identité et fonctionnalité,* INSEP, MIRE, Direction de l'évaluation et de la prospective, Rapport final, 1995. pp. 159-163.

[245] Cette phrase, nous l'avons beaucoup entendue. Effectivement 8 leaders sur 12 disent que les responsables sont allés les chercher, pour les aider à résoudre les difficultés posées par la prise en charge de jeunes.

Parmi les deux leaders femmes de notre échantillon, l'une d'entre elles a également utilisé le sport comme moyen de reconnaissance dans le quartier :

"Tout en ayant le BAC, je n'ai pas voulu poursuivre les études tout de suite. J'ai continué à travailler dans le centre social en tant que bénévole ou salariée comme prof de sport, parce que je faisais partie d'un club de basket et donc je l'ai utilisé pour être en contact avec les jeunes et avoir un outil... après, j'ai même été à l'origine d'une association : Association des jeunes immigrés maghrébins. Nous étions un groupe de sept personnes. Nous avons créé une association, ... on faisait des soirées, on faisait bouger des gens, des familles qui ne sortaient pas tellement. C'était pour être en contact, pour les faire sortir de chez eux. Le quartier était beaucoup en demande " (Animatrice, 29 ans).

Le sport est un moyen permettant aux jeunes de quartiers d'entrer dans la vie sociale. La pratique sportive est un pas vers l'insertion professionnelle. Lionel LACAZE[246] , ancien champion de sport de combat raconte dans une interview, comment il est passé de jeune lutteur d'un club de cité dortoir à l'éducateur, entraîneur, concepteur. La trajectoire de LACAZE fait partie du rêve de beaucoup de jeunes. Nos leaders n'ont pas été des champions exceptionnels, mais l'excellence dans la pratique sportive leur a ouvert la voie du leadership dans leurs quartiers. En outre, la notoriété, acquise vis-à-vis des jeunes et des habitants du quartier, leur a permis de créer des associations avec une double perspective : aider les habitants et asseoir leur pouvoir. L'un d'entre eux, nous a dit lors de l'entretien, qu'après la création d'une équipe de football, les autres leaders lui ont fortement conseillé de créer une association pour asseoir sa légitimité. Il nous a, par la suite, assuré que, dès lors, les habitants avait une autre vision de lui et son influence a commencé à grandir dès ce moment là.

Des leaders d'associations rencontrés à Roubaix, nous ont montré en quoi le sport a été un élément déterminant dans leur quartier. Ils nous ont expliqué que depuis longtemps, ils souhaitaient participer à la vie de leur cité. qu'il existait, d'après eux, un besoin qui n'était pas couvert, celui de la prise en charge de jeunes à travers le sport : *"On voyait la dégradation de nos petits frères et de nos petites sœurs. Il fallait faire quelque chose. On s'est dit, il faut être capable de faire passer le message et de mener les activités, surtout les activités sportives... 84 % du public qu'on touche était exclu du monde sportif"*. Ces leaders ont donc utilisé l'outil sport, pour avoir un impact sur les jeunes et intéresser la classe politique.

Parmi eux, beaucoup avaient une idée vague de l'animation et du travail social. Ils ont appris le *"métier sur le tas"*. Et ils y sont venus de fait, *"parce qu'il fallait encadrer les équipes de foot et aussi les jeunes en boxe, pour éviter les problèmes"*.

---

[246] Entretien avec L. LACAZE, dans la revue *Panoramiques*, n°26, 1996.

A propos de la boxe, nous refusons absolument de voir auprès de nos leaders des champions de la force (DURET, 1996). Certes, le fait d'être respecté[247] revient le plus souvent, mais celui-ci est le fruit du travail de proximité accompli par le leader lui-même. En fait, le respect provient des actions qu'ils accomplissent, et de la manière dont celles-ci sont perçues par les assistés sociaux.

Toutefois, une remarque s'impose à propos du sport en tant que facteur d'intégration. Le risque est de contribuer à la mise en place d'un sport ethnique dans les banlieues, ce qui ne ferait que renforcer l'esprit communautariste ethnique. En effet, dans ces quartiers marqués par une grande précarité, on remarque souvent le regroupement spontané des bandes de jeunes ayant les mêmes origines culturelles, autour d'une activité sportive. Or, il existe des clubs qui privilégient un recrutement communautaire afin de perpétuer les traditions et les coutumes, ou encore de prémunir les jeunes contre certaines conduites déviantes. Cela est favorisé, de surcroît, par la ségrégation résidentielle, qui, à la longue, donne naissance aux clubs sportifs communautaires. Et le "risque d'ethnicisation du sport est accentué par le recours aux jeunes leaders ou grands frères[248] ", encadrant les jeunes ayant les mêmes origines qu'eux-mêmes. Il peut donc exister un danger entre, d'un côté, le sport outil d'insertion et de l'autre, une pratique sportive qui favoriserait la constitution de nouveaux ghettos ethniques.

III.4. Le choix du travail social : une vocation acquise dans leur milieu social d'origine

Après avoir analysé certains critères qui conduisent au leadership dans les quartiers, il conviendrait de voir quelle est l'influence du milieu social d'origine dans l'orientation vers le travail social. Plus haut, nous avons souligné

---

[247] Ici, nous nous référons à M. WEBER, car aucune domination, aucun respect à une autorité ne serait que soumission extérieure, obtenue par la crainte ou l'opportunité. Le leader cherche toujours à asseoir son pouvoir de l'intérieur, en éveillant auprès de ses membres la foi en sa légitimité. Cette foi s'obtient dès lors qu'il existe des sentiments et des croyances communs chez les acteurs. Chez les leaders, il y a un passage d'une forme de légitimité charismatique (jeune du quartier) à une forme de légitimité légale, rationnelle (professionnalisation). Le pouvoir de ces leaders se consolide entre les deux intersections. Comme le souligne WEBER la domination charismatique : "repose sur la soumission extraordinaire au caractère sacré, à la vertu héroïque ou à la valeur exemplaire d'une personne, ou encore émanant d'ordres révélés ou émis par celle-ci". La domination légale : "repose sur la croyance en la légalité des règlements et du droit de donner des directives qu'ont ceux qui sont appelés à exercer la domination par ces moyens"... on obéit au chef dans un mouvement de confiance personnelle. Cette forme de domination est provisoire, elle ne survit qu'en se rationalisant, d'où sa légalisation à un objectif arrêté. M. WEBER : *Economie et société*, Ed. Plon, 1971, p. 222.

[248] SAKHOUHI, F. " L'insertion par le sport des jeunes d'origine maghrébine des banlieues en difficulté. Mythe, illusion ou réalité ", revue *Migrants société*, vol. 8, n° 45, mai-juin, 1996.

la précocité d'une socialisation professionnelle acquise dans la fréquentation des centre sociaux, mais il serait intéressant de voir en quoi la cellule familiale a été un élément moteur dans la structuration de nos leaders avant de devenir une figure charismatique du quartier.

Cette ambition qui les a animés ne peut être saisie qu'en mettant en exergue les discours véhiculés à travers leurs modes de vie. En effet, il s'agit d'étudier comment ils analysent le fait d'occuper, dans la structure sociale, une place qui leur est pratiquement assignée par leur milieu social d'origine.

L'examen du profil sociologique des parents de notre échantillon est le même, c'est-à-dire que les "leaders" sortent des milieux précarisés, au sein desquels ils ont déjà appris à "partager le peu" [249] et vu les sacrifices que leurs parents ont dû faire pour les nourrir. Leur sentiment d'exclusion est très fort et le choix du travail social s'exprime souvent à partir de lui.

"Ce sont les aspirations personnelles liées à une conjoncture, à un environnement (qui m'ont conduit à être travailleur social). D'abord, j'ai échoué au DEUG, mais parce que j'étais surveillant d'externat à plein temps. Quand tu as vécu dans une famille comme la mienne, le boulot, tu ne peux pas le sacrifier, c'est l'urgence, le chômage de mon père, de mon grand-frère, j'étais le seul a avoir un boulot. Le DEUG aurait pu être un investissement, est-ce que j'avais le choix ? Mon père a été licencié de la métallurgie, la première année où j'entrais à la fac. J'ai entamé les études avec un handicap majeur. Personne ne travaillait chez moi. Chez les parents, les études universitaires, c'est folklorique. Elles ne ramènent pas du pain à la maison. Je passais mon temps à m'inscrire en DEUG pour avoir un poste de surveillant, pour ramener de l'argent. Mais tu ne te rends pas compte quand tu es dedans. Tu fais plaisir à la famille. Pour les parents, c'est bien, ... mais ce n'est pas tout, j'ai toujours été bénévole, une grande gueule depuis longtemps..." (animateur, 27 ans).

"Le choix du travail social, je dirais mon vécu personnel. J'ai vécu certaines galères chez moi, entre autres la délinquance. C'est ça qui m'a fait rentrer dans le social. J'ai fait la "roulotte", comme tout le monde, j'ai fait des "autoroutes", j'ai fumé un joint comme tout le monde... à un moment donné, tu te dis ce n'est pas une solution. D'autant plus que tu as des petits frères... Tu te dis, j'ai une dizaine d'infractions derrière moi, il y a quand même une image que tu véhicules dans la famille. Je me suis dit, il faut que le plus grand prenne le relais. Donc, je l'ai pris. il a fallu que je donne une autre image de moi. Je suis rentré dans le social pour essayer de m'éclairer moi-même et essayer de me stabiliser..." (éducateur, 30 ans).

---

[249] "Depuis que je suis né, il y a 28 ans, j'ai vécu dans une famille de 10 enfants. Je ne mangeais pas de la viande tous les jours, je ne m'habillais pas comme ça. Le social, je le vis depuis ma tendre enfance..." (Animateur).

"J'ai voulu casser le proverbe : fils d'ouvrier, tu deviendras ouvrier... mais ce n'est pas tout. Au départ, dans le quartier où j'habitais, il y avait une forte concentration immigrée. Nous étions au bas des immeubles avec les copains. On squattait les cages d'escaliers et les entrées. On cassait aussi quelques trucs. On s'entendait pas bien avec les locataires. Après, on s'est repliés sur nous-mêmes. Nous étions mal vus par les adultes. Si je suis devenu animateur, c'est grâce à un copain animateur. J'ai beaucoup travaillé pour lui, pour qu'il s'en sorte avec les jeunes. Il est venu me voir, pour parler du quartier. Au fil des mois, j'ai compris ce que c'était le social. C'est comme ça que j'y suis entré. J'ai compris ce que c'est qu'une prise en charge, un projet, aider les gens... il m'a mis les pieds à l'étrier. Il m'a fait passer le BAFA (Brevet d'Aptitude aux Fonctions d'Animateur). Je le rencontre de temps en temps. Il est super. Dans le social, jamais, je n'aurais imaginé qu'il y avait des gens bien. A l'époque, je ne rencontrais pas des gens supers. Quand, j'avais 18 ans, 19 ans, on était tellement mal vus, de toute façon, on ne faisait rien pour être bien vus. On ne savait pas comment. Pour nous, tous les gens n'étaient pas sociables. Cet animateur nous a pris en charge, il nous a construit des mètres carrés sociaux. On les a aménagés avec l'accord des H.L.M, la mairie, les jeunes qui zonaient. Un petit peu à la fois, je suis rentré au conseil d'administration du centre social pour voir un peu comment ça se passait. Là, j'ai compris qu'il y a des gens qui parlaient pour d'autres gens sans demander leur avis (Animateur, 33 ans).

Ces exemples révèlent le poids des difficultés rencontrées. Mais, il ne faut pas y voir une espèce d'intro-détermination dans une perspective holiste où l'individu est incapable d'anticiper. Nous avons en face des êtres rationnels en situation de contourner les contraintes sociales. La preuve en est qu'ils occupent une position sociale différente de leurs parents. Tout en insistant sur le principe que les stratégies développées sont conditionnées par la logique de la situation, leur prétention est, à notre sens, en lien avec leur condition sociale d'origine. En effet, la faiblesse des ressources économiques et culturelles semble avoir fait de ces individus des être actifs dont l'objectif est de contourner les mécanismes de la reproduction. Le choix du travail social illustre bien le refus de ce qu'ils ont vécu chez eux. Tous, à un moment donné, ont émergé du groupe après avoir pris conscience des problèmes vécus dans la famille et le quartier.

L'approche stratégique des organisations est ici nécessaire pour comprendre la manière dont se sont déroulés ces choix, parce qu'une situation organisationnelle donnée ne contraint jamais totalement un acteur. Ce dernier garde toujours une marge de liberté et de négociation. CROZIER et FRIEDBERG (1977) reconnaissent l'existence des contraintes qui influent sur le comportement, mais ils précisent également qu'elles sont le produit du jeu social ; elles sont indéterminées et contingentes, sans oublier qu'il y a à chaque instant présence simultanée de liberté et détermination. Le choix du travail social peut s'analyser comme l'expression d'une stratégie rationnelle poussant les leaders à utiliser cette marge de liberté (aussi réduite soit-elle) au mieux pour négocier leur entrée dans le champ social en fonction de la situation et des atouts dont ils disposent.

Ainsi, dans le premier discours, les manières de contourner les contraintes, du fait du chômage du père et du frère, ont été de s'inscrire au DEUG, plusieurs années de suite, pour décrocher un poste de surveillant. Jeune du quartier, il a peu à peu saisi une opportunité liée à son statut dans sa ville. L'une des premières choses évoquées est bien la pauvreté au sein de sa propre famille. Dans ce contexte, il a cherché à mettre en place diverses stratégies visant à la réalisation de ses projets professionnels et de sa vie, le tout contribuant à la gestion de l'incertitude et du risque[250].

Le deuxième discours s'inscrit dans la même perspective que le précédent. Nous sommes dans le cadre d'une expérience de la galère. Dans notre échantillon, 3 leaders seulement évoquent des démêlés avec la justice. Mais, dans l'étude réalisée par C. LAMARCHE et M. DUPE (1986),[251] les auteurs ont remarqué que les jeunes rencontrés faisaient souvent mention des démêlés avec la police et la justice. Et que d'autres étaient ancrés dans un processus de délinquance. Cette attitude tranche avec une certaine vision répandue selon laquelle les jeunes leaders étaient au départ des délinquants en puissance. Nous préférons modérer ces propos, car il existe parmi les jeunes une loi du milieu. Lorsque l'on a été celui que P. DURET (1996, op. cit.) appelle "un bad grand frère", renverser la tendance est extrêmement difficile. D'ailleurs, les insérés s'en prennent à ces "bad" pour leur incitation à la consommation de la drogue (op. cit. p. 67). Il est évident que la hiérarchie dans la délinquance, dont certains leaders ont fait l'objet, doit être relativisée.

Le troisième discours part d'une remise en cause des conditions de vie des parents. Il s'agit de casser la chaîne de la reproduction. C'est un discours qui montre la trajectoire typique des leaders des années 80. Ce leader analyse clairement le processus de leadership : issu d'une famille ouvrière, vivant dans un quartier difficile, squattant les entrées des immeubles avec les copains, ils vont revendiquer un lieu de rencontres pour les jeunes du quartier, en n'étant pas encore professionnalisés. Il va découvrir le travail social et ses mécanismes grâce à un animateur qui l'a repéré. Nous avons un individu qui a émergé au sein du groupe, après avoir pris conscience des problèmes vécus dans sa famille d'origine et dans son quartier.

Ce bref regard sur quelques leaders ethniques nous permet d'avancer que leur socialisation professionnelle commence dans leur famille et se poursuit dans leur environnement immédiat. En partageant les ressources familiales et les

---

[250] MALAN, A. Attitudes et stratégies des jeunes à l'égard du travail et de l'emploi, in, F. BOUCHAYER : *trajectoires sociales et inégalités*, Ed. ERES, 1995, p. 361.

[251] LAMARCHE, C. DUPE, M. Graine d'éducateur. Le jeune leader : une nouvelle idéologie du travail social ? *Revue contradictions*, n° 47, 1986, pp. 119-120.

mêmes difficultés avec les membres de leur famille et les jeunes du quartier, ces leaders ont acquis les expériences de la vie et élaboré des stratégies en fonction de celles-ci. Leurs aspirations professionnelles découlent directement des modèles issus de leurs milieux familiaux et environnementaux.

IV. ANALYSE DES PRATIQUES PROFESSIONNELLES

IV.1. Analyse globale

D'une façon globale, nous avons voulu savoir combien de TSOE avaient été amenés à travailler dans leurs quartiers d'origine. Nous avons obtenu 54 réponses positives dont 35 hommes et 19 femmes. Mais, il conviendrait de relativiser ces résultats, parce que travailler dans son quartier d'origine ne confère pas nécessairement le statut de leader. De surcroît, les données recueillies par questionnaires sont souvent restrictives.

Toutefois, à la question : "pouvez-vous expliquer, comment vous avez été amené à travailler dans votre quartier d'origine ?" Les réponses se répartissent de la manière suivante :

- Objet du dispositif social 3 (2,5%)
- Acteur de l'action sociale 15 (12,4%)
- Les deux 19 (15,7%)
- Autres 15 (12,4%)
- Non réponses 69 (57,%)
- Total .... 121 (100 %)

Par objet du dispositif social, nous entendons les jeunes qui étaient pris en charge par les dispositifs sociaux des quartiers. Il s'agit principalement de ceux qui fréquentaient les activités péri-scolaires, les centres de loisirs et les centres sociaux.

Par acteur de l'action sociale, il s'agit de personnes possédant des qualités exceptionnelles qui ont émergé dans d'autres activités (par exemple l'aide aux devoirs, les activités sportives etc.). Il s'agit de personnes qui ont généralement participé à des activités bénévoles dans les structures sociales et qui ont ensuite été recrutées grâce à leurs qualités.

Dans la catégorie "autres", on dénombre des personnes qui étaient engagées dans d'autres dispositifs de formations ou qui avaient exercé d'autres métiers, et qui se sont tournées bien après vers le travail social. Dans cette catégorie, nous pouvons classer "les redoublants persistants" ou les "errants professionnels".

IV.2. Travail dans le quartier d'origine

D'une manière générale, les leaders étaient très bien perçus par les jeunes du quartier (46,%), et ils étaient considérés : "comme un frère" (17,4%), "comme une personne aidante" (13,2%) par ces mêmes jeunes.

Pour ce qui est du travail exercé dans les quartiers, la perception qu'en avaient les assistés sociaux se repartit ainsi : bien (28,9%), plutôt bien (12,4%), plutôt mal (1,7%), mal (1,7%). Généralement, ils étaient très bien jugés par leurs copains, mais jusqu'à un certain point : parce qu'ils avaient contribué à la résolution de certains problèmes de quartiers qui perduraient avant leur prise de fonction ; parce qu'ils avaient fait découvrir aux jeunes certaines réalités de la vie politique et parce qu'ils répondaient à leurs attentes.

Auprès de nos 12 leaders, ces éléments reviennent également. Pour ces derniers, leur professionnalisation a permis de débloquer des situations inespérées. Ils se glorifient des actions menées auprès des jeunes comparativement aux travailleurs sociaux classiques.

"Dans notre boulot, on est parti du quartier, ils ont vu qu'on a un impact important sur les jeunes. On a sensibilisé 1 800 jeunes au vote. Avant ils ne votaient pas. On sert d'accélérateur. C'est pour cela que les politiques nous aiment bien. Le travailleur social issu de l'immigration, on s'en sert comme alibi" (Animateur, 29 ans).

Les leaders se voient davantage comme des "indigènes" du travail social. A partir de l'analyse des missions confiées et des situations dans lesquelles ils se trouvent, le premier argument est la connaissance du terrain. Grâce à leur charisme et dotés de leurs acquis, ils se croient capables de développer auprès des jeunes une relation éducative qu'un éducateur classique ne peut mener. Cette relation s'instaure par le biais des activités sportives et physiques, alors que les structures sociales habituelles ont des difficultés à répondre aux demandes croissantes des jeunes. On peut préciser aussi que les structures classiques étaient souvent désertées par les jeunes du quartier, parce que certains d'entre eux sont des routiers institutionnels n'attendant plus rien des services sociaux. D'ailleurs, ce point a été relevé lors d'un entretien que nous avons eu avec le Délégué Régional du FAS (Fond d'Action Sociale), en 1993. Il regrettait, sur ce point, les pratiques éducatives des leaders qu'il qualifiait de communautaires, et il craignait que la désertion des centres sociaux au profit des associations roubaisiennes ne pousse à la création de communautés ethniques. En ce qui nous concerne, ce discours est contradictoire, puisque dans leur demande de subventions adressée au FAS, ces associations sont obligées de déclarer le nombre d'immigrés qui peuvent bénéficier des actions engagées. En fait, tout en regrettant la constitution des communautés ethniques, le FAS ethnicise aussi ses subventions.

A propos du travail dans le quartier d'origine, lorsqu'on entend "le travailleur social issu de l'immigration, on s'en sert comme alibi", cela signifie que les leaders sont conscients du rôle qui leur est attribué, celui de "pacificateur", celui "d'agent du contrôle du social".

Ce long extrait d'un leader responsable d'association de Lille, montre en quoi les leaders avaient conscience de leurs situations et des rôles qui leur étaient dévolus :

"L'idée d'avoir recours aux jeunes issus du terroir, c'est bien, à un moment donné, de se servir de ces gens là pour faire le tampon entre la demande qui souvent est mal formulée, illicite... et la demande publique qui souvent se manifeste par des comportements physiques, agression dans le verbal, on teste un peu les travailleurs sociaux ... donc les travailleurs sociaux n'avaient pas de réponse. Pour ça, les éléments qu'ils apportaient sur la table, c'était la politique du carnet de chèques. C'était le seul moyen pour calmer les ardeurs du public qui en avait marre de galérer, de ne pas avoir de réponse à leurs problèmes... ici, dans le quartier, à un moment donné, on l'a vécu. La politique du carnet de chèques, certaines associations n'avaient que ça comme réponse aux problèmes de jeunes qui venaient les bousculer dans leur bureau. La réponse qu'ils ont trouvée, c'est : on repère les individus qui sont un peu turbulents, on leur donne un statut dans la boîte. En général, un statut de seconde zone. Je peux en parler franchement, puisque je l'ai vécu... pour résumer, on fait appel aux jeunes issus de l'immigration pour gérer, pour pacifier une situation qui n'était pas contrôlable... parce qu'on était mieux sensé connaître les jeunes. On fait appel aux gens du milieu. Ils pouvaient s'imposer plus facilement que les travailleurs sociaux classiques... ce qui est dommage pour cette nouvelle race d'animateurs, ils ont toujours été considérés comme les manœuvres du travail social, et ça, c'est aussi une vérité universelle. Partout je l'ai vue cette pratique, je l'ai vécue. Le point commun était les conditions de travail, le type de boulot, les conditions de rémunération, le statut conventionnel bafoué, toujours à la limite de la précarité, l'instabilité du statut. Avec des horaires impossibles..."

Ce leader analyse convenablement le mécanisme qui l'a conduit au travail social en apportant une critique aux anciennes structures sociales jugées inadaptées. En effet, pour les autorités, il s'agissait d'offrir une alternative dans le champ social pour une meilleure compréhension des personnes en difficulté et assurer la paix sociale dans les quartiers. Comme il le dit, ils étaient considérés comme les interprètes privilégiés, en introduisant une nouvelle logique de professionnalisation (D. DUPREZ, 1984, op. cit.). Mais l'arrivée de cette catégorie de travailleurs sociaux était aussi une forme spécifique de régulation du social, en apportant à la fois une réponse et une façon de déplacer les contradictions sociales (P. LASCOUMES, 1977, op. cit.).

En effet, premièrement, il s'agit effectivement d'une réponse aux problèmes du chômage de jeunes, car dès les années 70, l'accès des jeunes à un vrai emploi était retardé par le chômage, notamment pour les moins qualifiés, et nous étions dans une période occupée par des petits boulots sans relation avec l'avenir.[252] Dans les années 80/90, la modification des formes d'emplois offerts combinait des décisions économiques (créations d'emplois à durée déterminée) et sociales (assignation de ces emplois aux jeunes). Ces mouvements, selon M. MARUANI et E. REYNAUD[253], contribuent à créer une norme d'emploi qui consiste à dire qu'actuellement, il est extrêmement difficile à un jeune d'accéder à un emploi à durée indéterminée. Cette constatation détermine, aujourd'hui encore, chez les jeunes eux-mêmes, une forme de normalité. Or, dans les quartiers, plusieurs jeunes étaient au chômage et il était impératif de trouver des solutions. D'où cette hypothèse qui régissait les fondements de recrutements des jeunes issus du milieu : "*s'il n'existe pas un marché de l'emploi clairement identifié, ni de qualification reconnue dans le secteur considéré, il existe manifestement un gisement d'emplois qu'il convient d'exploiter en collaboration avec les employeurs potentiels*"[254]. Cette injonction étatique permettait de donner une réponse au désarroi des jeunes face à l'emploi. Toutefois, ces emplois étaient de seconde zone, comme l'a dit l'enquêté ci-après. Statut de seconde zone parce que d'abord les jeunes étaient embauchés comme CES, et enfin, ils occupaient des emplois non valorisés, voire non rattachés à la convention collective. Nous sommes bien dans le cadre de ce que E.C. HUGHES(1996, op.cit.) appelle "*les sales boulots*". Par ailleurs, certains jeunes à qui on avait confié ces emplois d'animateurs n'étaient pas de taille à faire face aux difficultés rencontrées.

Deuxièmement, c'était une façon de déplacer les contradictions sociales, sans traiter le fond du problème, dans le sens où la désignation des leaders participait du contrôle social. Par ce souci de favoriser la parole sociale, l'Etat s'était doté de " fusibles humains ", pour éviter que la violence ne se propage. En effet, ainsi que le note J.P. GARNIER[255] : "*un conflit localisé qui ne se propage pas, un conflit qui oppose des individus et non des groupes, un conflit qui reste interne à la communauté considérée au lieu de la dresser contre l'Etat ou d'autres couches de la société, bref, est un conflit qui ne se politise pas*". Il s'agissait donc d'amoindrir l'impact des crises sociales. Evidemment, n'arrivant pas à s'attaquer aux causes structurelles des contradictions sociales, l'Etat s'est attaché à en réguler les effets au niveau des quartiers, comme cela s'est produit aux Etats-Unis dans les années 60, où les administrations démocrates ont agi de la même manière, en réponse à plusieurs émeutes raciales. Enfin, l'arrivée des jeunes leaders permettait aux pouvoirs publics " de dépasser les contradictions en fournissant à la crise du social une solution, non plus économique ou étatique, mais

---

[252] GALLAND, O. *Les jeunes*, éd. la découverte, 1993.

[253] REYNAUD, E., MARUANI, M. *Sociologie de l'emploi*, Ed. la découverte, 1993, p.98.

[254] PIVRON, D. Formation à l'animation des quartiers, document de l'INJEP, n°17.

[255] GARNIER, J.P. " Localiser le social ou socialiser le local ? " *Espaces et sociétés*, n°40, 1982.

proprement sociale, dans la mesure où elle était fondée sur la prise en charge des problèmes sociaux par les groupes directement concernés" (J.P. GARNIER, 1982, op. cit.).

Si nous nous plaçons dans une analyse métaphorique du rôle des leaders[256], il semble que nos enquêtés dénoncent cette délégation "du sale boulot". Or, celui-ci fait partie du processus de mobilité professionnelle, et le côté ingrat de ce travail, ainsi que le souligne HUGHES (1996, op.cit, pp.81-82), "*confère au métier son charisme, et fait partie intégrante du rôle de celui qui l'effectue*". Ils peuvent donc se considérer comme des vrais professionnels au sens de E.C. HUGHES, puisque le véritable professionnel est celui que l'on "sollicite", que l'on "engage" et que l'on "consulte" quand on a "besoin de ses services" (p.116). C'est donc, lui, le professionnel, que l'on va voir, du fait de ses compétences.

La notion de compétence n'est pas facile à définir. Plusieurs auteurs ont tenté de s'y intéresser dont G. LE BOTERF[257] et L. DEMAILLY.[258] G. LE BOTERF définit la compétence comme un "savoir agir reconnu". Etre compétent, "c'est savoir mobiliser, savoir intégrer, savoir transférer des ressources (connaissances, capacités etc.)" (idem, p. 32). Toutefois, "cette connaissance ne réside pas dans les ressources (connaissances, capacités, etc.) à mobiliser, mais dans la mobilisation même de ces ressources" (p. 17). Au-delà de cette définition, ce qui nous semble intéressant est de considérer la compétence comme un "savoir-agir-reconnu". En fait pour les personnes d'origine étrangère, la revendication de la compétence est liée à l'écho fait par les professionnels en poste dans la capacité qu'ils ont à transférer des ressources ou des capacités.

La définition que donne L. DEMAILLY[259] semble plus proche de nos préoccupations. Elle appelle "compétence" le lien entre trois phénomènes :

- *Des caractéristiques (capacités).* "Ce sont des caractéristiques, voire certaines propriétés physiques, mentales, culturelles que les individus acquiè-

---

[256] Le jeune leader, c'est comme "l'infirmière, elle (il) évoque réconfort et médiation entre le malade (l'assisté) et le médecin (la structure sociale, la police...), elle (il) est au centre de chaque scène, le personnage énergique qui doit être toujours prêt à rattraper une réplique ratée, elle (il) veille au déroulement de l'action et connaît donc la pièce mieux que personne, elle (il) est mieux à même que tout autre acteur de contribuer à la compréhension de l'action" E. HUGHES (1996, op. cit, p.76).

[257] LE BOTERF, G. *De la compétence. Essai sur un attracteur étrange.* Les éd. de l'organisation, 1994.

[258] DEMAILLY, L. Compétence et transformations des groupes professionnels, in F. MINET, M. PARLIER, S. de WITTE : *La compétence, mythe, construction ou réalité ?* Ed. L'harmattan, 1994.

[259] "La compétence est une catégorie pratique, utilisée pour évaluer individuellement ou collectivement les conduites des individus membres de groupes professionnels. Cette catégorie connote un rapport social entre trois phénomènes qui sont eux mêmes des construits et des enjeux sociaux : les propriétés individuelles ou collectives d'ordre cognitif, affectif et éthique de ces individus ; les situations-problèmes appelant le travail humain ; la reconnaissance à la fois du caractère adapté et réussi de ces conduites et de la légitimité de ces individus à les adopter" (L. DEMAILLY, 1994, op. cit. p. 78).

rent au cours de leur trajectoire" (p. 73). Or, c'est le cas de notre population et c'est l'une de leurs revendications, qui les incite à se réclamer d'une compétence particulière ou encore, d'une compétence empirique découlant de leur propre expérience.

- *La reconnaissance*. "Les caractéristiques possédées deviennent à proprement parler des compétences", parce qu'elles sont "considérées et reconnues comme pertinentes par rapport à des situations précises" (p. 73).

- *Les requis*. Ils sont définis par rapport à des tâches, des employeurs, un marché du travail, une organisation pouvant être classés selon les critères de réussite de l'action (pp. 72-73). Ces requis sont le fruit de la segmentation de l'évolution du travail social et de la crise que vit ce secteur.

Mais, de quelles compétences se réclament les travailleurs sociaux d'origine étrangère (les jeunes leaders) ?

Il s'agit essentiellement et en premier lieu de la proximité : le jeune leader est issu du quartier, il s'identifie à ceux qu'il encadre, et il est en contact direct avec eux parce qu'ils ont partagé les mêmes conditions d'existence ; en deuxième lieu, de la médiation qu'il peut exercer : il est l'interlocuteur privilégié entre la structure sociale et les jeunes du quartier. Pour ses copains, il est une référence. Ainsi que le note L. ROULEAU-BERGER[260], "ces jeunes apparaissent comme des médiateurs sociaux dans un contexte où les acteurs publics reconnaissent la nécessité de rétablir la communication avec *les banlieues oubliées de la République*... ils expriment la rage des petits frères et d'autres jeunes comme eux en acceptant un contrat social : recréer des passerelles".

Les compétences ont été acquises dans les *espaces intermédiaires*[261] où les jeunes luttent contre la pauvreté, contre la crise de l'emploi, par l'investissement d'espaces politiques en tant que représentants de la communauté.

A partir de toutes ces expériences, se construisent des compétences collectives apparaissant comme partagées par tous les membres de la cité et s'appuyant sur des associations à vocation culturelle et économique.[262] Ce type de compétence pourrait être qualifié de "savoir- faire expérientiel", défini par G. LE BOTERF comme " l'habileté acquise au cours du temps ... c'est le savoir issu de l'action comprenant les leçons tirées de l'expérience prati-

---

260 ROULEAU-BERGER, L. Expériences et compétences des jeunes dans les espaces intermédiaires. *Lien social et politique-RIAC n° 34,* Automne, 1995. p.110.

261 Selon L. ROULEAU-BERGER les espaces intermédiaires "ce sont les zones où les jeunes apparaissent à la fois comme *in* et *out* et qui montrent comment se contruisent des ruptures et des adaptations individuelles et collectives autour de la précarité" pp. 110-111.

262 Idem, pp. 111-113.

que" (p. 89). Leurs compétences seront valorisées, dès lors qu'ils feront la preuve de ce qu'ils savent faire dans une situation donnée[263]. Ce sont des compétences acquises sur le tas, qui nécessitent d'être améliorées par des savoirs théoriques. D'où la formation entreprise par ces jeunes dans les écoles de professions sociales.

IV.3. Pratiques professionnelles auprès de sa propre communauté

Ici, nous tentons de répondre à un vieux postulat : "Est-ce que le fait d'être d'origine étrangère et de prendre en charge des personnes ayant une même origine ethnique que soi permet d'avoir une meilleure action sociale ?" Nous allons analyser les pratiques professionnelles des TSOE d'une façon globale, et en particulier celles des leaders des quartiers.

Avant la confrontation de nos résultats, nous commencerons par expliquer ce que l'on entend par "action sociale" :

Selon M. WEBER,[264] "l'action sociale est un comportement humain, autrement dit une attitude intérieure ou extérieure orientée vers l'action. L'action est sociale lorsque, d'après le sens que donne l'acteur, elle se rapporte au comportement d'autres personnes. Ce comportement est action, lorsque l'acteur lie à sa conduite une certaine signification". Cette signification est importante aux yeux du travailleur social, tant elle est le fondement de sa conduite. Car son rôle est bien de produire des relations là où elles n'existent plus. Le leader établit bien entendu un certain nombre de médiations dans les relations sociales, provoquées par des situations de crises et de conflits qui touchent les êtres humains.[265]

A cette question de l'efficacité de l'action par rapport aux personnes ayant la même origine ethnique que les T.S.O.E, les réponses sont assez éloquentes. Si nous prenons l'échantillon global des travailleurs sociaux d'origine étrangère, 53 (43,8 %), répondent positivement et 50 (41,3 %), répondent négativement. Concernant les leaders, 8 ont répondu positivement et 4 seulement ne sont pas d'accord. Dans les réponses des leaders, ni les "OUI" ni les "NON", ne sont catégoriques. Elles oscillent entre les deux. Ce qui montre l'intérêt que suscite encore ce vieux postulat.

---

[263] C'est le cadre même de la manifestation de la compétence, c'est-à-dire "ce qui se donne à voir en actes, et ce qui est l'objet d'une mise en scène, supposant un public qui est parfois construit par la mise en scène elle-même", voir à ce sujet : J.Y. TREPOS : *Sociologie de la compétence professionnelle*, PUN, 1992, p. 41.

[264] WEBER, M. *Economie et société* , éd. Plon , 1971. Voir à ce sujet R. ARON *: Les étapes de la pensée sociologique*, éd. Gallimard, 1967, pp. 550-551.

[265] BEAUCHARD, J. *Le tiers social. Stratégies et politiques de médiations*, éd. Réseaux, 1981, p. 13.

Ceux qui ont répondu négativement pensent que cela ne résoud rien. Tout dépend du positionnement du travailleur social, de ses compétences et de la façon d'appréhender cette population. Ils insistent sur le fait qu'il est nécessaire *"d'éclater le ghetto et les identités stigmatisantes"* :

"Moi, je ne pense pas que c'est bien. Sinon, ça crée des groupes. Supposons que tu as un groupe avec des Nigériens, des Arabes, et des Français. Chaque animateur va-t-il travailler dans son groupe ? Qu'est-ce que le groupe apprend ? Il faut une permutation, même si l'animateur noir peut résoudre la chose, parce qu'il connaît bien, et après, et la suite, enfin je ne sais pas si c'est une bonne solution" (Animateur, 22 ans).

On peut classer les réponses de ceux qui ont répondu positivement dans 3 items : *la solidarité ethnique* (25 , 38,5% des suffrages), *la meilleure compréhension liée à la parenté ethnique* : 18 (27,7% des suffrages) et l'item "*autre*" : 22 (33,8%).

Le problème de la "solidarité ethnique ou de la parenté ethnique" a été souvent mis en avant par les TSOE, surtout par les leaders. En ce qui concerne les TSOE, un éducateur du groupe interrogé nous a relaté un cas où sa présence s'est avérée indispensable.

Il s'agit d'un jeune d'origine maghrébine placé dans une institution. Il avait été demandé aux parents, notamment au père, d'adhérer au placement. Le jeune était suivi auparavant par un éducateur Français d'origine. Les rapports avec le père ont été conflictuels, parce que ce dernier ne répondait jamais à l'appel de l'institution et à la convocation du tribunal pour enfants, dans le cadre de la révision habituelle du placement. Un TSOE a ensuite remplacé l'ancien éducateur et a donc entamé un travail avec la famille en essayant de connaître la raison de la non-implication du père dans le placement. Celui-ci a expliqué qu'il ne s'agissait pas du désinvestissement par rapport à son fils, mais il avait peur que l'institution, ainsi que le tribunal pour enfants, l'interroge sur sa polygamie. La situation s'est donc débloquée par l'intermédiaire de ce TSOE. Mais, nous avons également des cas où ce dernier a été pris au piège de l'éthnicité et où il n'a jamais su marquer la distance face aux parents du jeune. Ceux-ci le considérant comme leur fils (ou fille), et toute l'action qui devrait être menée était banalisée dans le cadre de la relation de parenté ethnique.

Nous partons du principe qu'un processus de "communalisation" se produit dans cette relation d'aide intra-ethnique. Par communalisation, nous entendons au sens Weberien, "une relation sociale lorsque, et tant que la disposition de l'activité sociale se fonde sur le sentiment subjectif (traditionnel ou affectif) des participants d'appartenir à une même communauté" (WEBER, M. 1971, p. 41). La communalisation repose donc sur un sentiment qui peut être d'ordre traditionnel et affectif. Ainsi, les qualités communes partagées par les acteurs doivent avoir une capacité d'induire une orientation mutuelle et un sentiment commun. Ce sentiment, cette conscience d'appartenance qu'éprouvent les TSOE et les assistés sociaux à l'égard de leur groupe ethnique, permet la mise en avant de cette idée de la prise en charge intra-ethnique.

La meilleure compréhension (27,7%) provient aussi de ce que nous n'avons cessé de repérer tout au long de nos analyses sur le leader, (hormis la parenté ethnique), la projection des phénomènes vécus par les jeunes chez les éducateurs :

"Je prends l'exemple de Mohammed, le regard qu'il a sur moi est celui de parent... étant adulte maintenant, il sait que j'ai connu les mêmes choses que lui, il veut les partager avec moi. Il me parle de formulation... ah! tu connais... tu dois savoir. Il me parle du shit en arabe, de l'héroïne en arabe, du quartier. C'est marrant, il pense que j'ai vécu les mêmes choses que lui, il me les raconte mais ce n'est pas forcément les mêmes choses. J'ai l'impression que c'est un atout supplémentaire pour lui parce que je suis arabe... maghrébin ".

Cette compréhension ne sera meilleure que si les travailleurs sociaux adoptent *une attitude compréhensive*, c'est-à-dire se placent du point de vue des acteurs pour comprendre le sens subjectif qu'ils donnent à leur action. La compréhension ne consiste pas à demander à tel ou tel ce qu'il pense, elle demande une construction conceptuelle. Comme le souligne M. WEBER, il ne s'agit pas de confondre psychologisme et compréhension, et pour ne pas tomber dans ce travers, il faut tenir compte des structures dans lesquelles les actions individuelles s'insèrent et prennent sens.

Se référant au discours ci-dessus, pour les tenants d'une prise en charge intra-ethnique, la relation entre ce jeune et cet éducateur est le fondement de l'action sociale. Cette relation provenant de la proximité ethnique et de l'expérience sociale de l'éducateur, est considérée comme le catalyseur d'une meilleure action sociale. Il se joue, dans la relation entre le TSOE et l'assisté, une sorte de transfert et de contre-transfert au sens psychanalytique du terme. Il n'y a pas que le jeune qui s'identifie au travailleur social, ce dernier s'identifie aussi au jeune. A travers lui, c'est toute sa trajectoire passée qu'il voit, et de là , il se dit qu'il ne faut pas que l'autre vive ce qu'il a vécu lui-même. La relation duelle, étant une source de motivation supplémentaire dans ce jeu de face à face, le travailleur social pourrait être confronté à l'illusion immédiate de la compréhension des maux dont souffre l'assisté. Or les caractéristiques des faits sociaux expliquent que "le raisonnement sociologique ne soit pas donné immédiatement". La familiarité avec l'objet étudié (avec la situation étudiée), au lieu de permettre une bonne maîtrise des dimensions des problèmes, rend au contraire l'approche plus difficile, et freine l'accès à la compréhension.[266] La prise en charge intra-ethnique peut

---

[266] C. de MONTLIBERT : *introduction au raisonnement sociologique.* Éd; P.U. de Strasbourg, 1990 (2ème, éd. revue et augmentée), p.218.

produire des systématisations qui donneraient l'impression de comprendre, en empêchant dans la foulée une analyse approfondie de la situation à cause de ce " voile ethnique ". L'analyse du travailleur social (travaillant avec les personnes ayant la même origine que lui, ou avec tout type de population) doit dépasser cette forme de compréhension " prêt-à-porter ", afin d'éviter " l'illusion de la solution des problèmes sociaux ".

Dans l'item "*autre*", nous avons dénombré plusieurs thèmes (*vivre le même rejet, ma tête est une thérapie, racisme, proximité par rapport au quartier, partage d'une même culture, plusieurs cadres de références*), autant d'éléments qui rapprochent les enquêtés et les assistés sociaux. On peut voir aussi auprès de certains enquêtés que le fait d'avoir vécu des situations identiques permet d'anticiper sur les actions à mener. Ainsi, une éducatrice confrontée à un problème de logement nous a expliqué comment elle a dû gérer les crises d'adolescents provoquées par le refus des propriétaires de donner des logements aux maghrébins. Pour elle, le fait d'être TSOE d'origine maghrébine permettrait aux assistés d'être en confiance, de trouver un réconfort et de se confier facilement. Elle a aussi abordé le problème de repères culturels communs :

"Une jeune maghrébine qui vient me voir, en conflit avec son père... sa mère, je vais lui parler de la famille... mais j'essaie qu'elle puisse faire référence à moi, que je sois comme un modèle, entre guillemets. C'est-à-dire, étant moi-même d'origine maghrébine, ayant peut-être rencontré le genre de problèmes qu'elle a eus, je vais essayer de lui montrer qu'en fin de compte ce n'est pas toujours une solution de quitter sa famille, même si on a des problèmes. Je vais essayer de rencontrer la famille, je vais arriver devant la mère qu'on peut considérer comme la mienne... on a toujours le respect de personnes âgées chez nous. La mère fera peut-être des efforts, le père la même chose, la fille aussi..." (Educatrice, 29 ans).

Chaque TSOE interrogé sur ce postulat a relaté une histoire pour illustrer ses propos. Toutefois, si des enquêtés reconnaissent que le fait de prendre en charge les personnes issues de leur propre communauté peut aider à saisir voire à débloquer des situations jugées critiques, ils déclarent que ce n'est pas pour autant qu'il y aurait une meilleure action sociale. Mais, ce qui fait l'efficacité de leur action réside dans ce qu'ils appellent *"la double culture"*. En effet, l'élément clef exalté dans le décodage des difficultés des personnes suivies est cette *"double culture"* (104 réponses obtenues, soit 86%), parce qu'elle a une grande influence dans leur pratique, elle permet de mieux appréhender les phénomènes rencontrés par les assistés sociaux, et parce qu'elle offre plusieurs cadres de références. Bref, la double culture qu'ils pensent posséder et l'expérience liée à leur propre trajectoire sont des atouts nécessaires dans leur profession, comme le montre le discours ci-dessous :

"Ça permet d'aborder n'importe quel jeune sans problème. Moi en tant que fils d'immigré, fils de musulman, fils d'Algérien, je me sens concerné

par pas mal de problèmes : le racisme, le logement, les expulsions, le contrôle policier et tout... tout... tout... je sais, j'ai vécu ces problèmes" (Animateur, 28 ans).

Les TSOE pensent que l'approche ethnico-culturelle permet une meilleure action sociale, en mettant en avant le poids de l'identité ethnique en tant qu'outil de socialisation pour les personnes prises en charge. L'identité ethnique constitue un moyen de mobiliser les ressources des jeunes d'origine étrangère en difficulté. Le travail social ayant comme outil essentiel la communication, la parenté ethnique permet justement d'instaurer cette communication et, de là, d'explorer les difficultés du sujet afin d'agir sur les causes. En effet, les travailleurs sociaux rencontrés n'ont pas hésité à affirmer que la parenté ethnique facilite la communication, parce que les jeunes pris en charge comprennent qu'en face, ils sont en présence d'une personne appartenant "au même monde qu'eux".

Dans une phase préliminaire de cette recherche, nous avons effectué une pré-enquête[267] auprès de 6 directeurs d'établissements et de centres sociaux pour connaître leur point de vue sur la prise en charge intra-ethnique.

Si ces directeurs reconnaissent que les jeunes leaders sont capables de faire un travail intéressant de proximité, ils réfutent complètement l'hypothèse d'une meilleure action sociale pour les populations accueillies, sous prétexte que celles-ci seraient prises en charge par les TSOE. Ils craignent qu'ils aient des difficulté à se couper de leur milieu et à s'inscrire dans une équipe tout en poursuivant leur travail dans le quartier. Les discours de ces directeurs posent la limite du travail qu'un jeune leader peut avoir dans son quartier avec ses anciens copains. La prise de distance serait la même pour le leader vis-à-vis de ses anciens copains et pour le TSOE auprès de sa propre communauté. Ils pensent qu'il peut y avoir un accompagnement intra-ethnique des populations d'origine étrangère pour saisir plus finement les situations, mais celui-ci doit s'inscrire dans la durée. Il ne faut donc pas que cet accompagnement devienne permanent. Il en est de même des opérations de leadership dans les quartiers, parce que, dès qu'ils se professionnalisent, ils peuvent être disqualifiés rapidement auprès de leurs pairs.

Il y a donc un refus d'ethnicisation des postes de travail et des pratiques. Selon ces directeurs, le croisement culturel est une nécessité absolue dans une France pluri-culturelle. Il faut donc la présence des TSOE et des TSFO simultanément, ce qui permettrait aux premiers de ne pas s'enfermer dans des pratiques ethnicisantes et de donner aux jeunes assistés plusieurs modèles d'identification.

Notre but n'était pas de donner une réponse claire à cette hypothèse classique. Nous avons seulement voulu révéler une tendance en partant du point de vue des acteurs. Un début de réponse pourrait nous être donné, si l'on

---

[267] JOVELIN (1993, op. cit.).

peut dégager de la confrontation empirique des expériences de suivi des assistés sociaux d'origine étrangère par les TSOE des données fiables, à partir des enquêtes longitudinales et avec des critères d'évaluation comme ceux proposés par J.M. DUTRENIT[268] dans *l'évaluation des services sociaux*. Dans ce cas, il conviendrait d'élaborer un système référentiel qui pourrait reposer sur la théorie dutrenitienne de réciprocité sociétale de l'individu et de l'appliquer aux TSOE et aux assistés sociaux d'origine étrangère.

Cette question de l'efficacité de la prise en charge intra-ethnique qu'il faut replacer dans le cadre de la prise en charge globale des assistés sociaux, pourrait en effet trouver un début de réponse au-delà des discours psychologisants habituels qui traversent le secteur social. La prise en charge éducative est rarement évaluée, même par les financeurs. Ces derniers passent occasionnellement dans les établissements à caractères sociaux pour voir l'état des bâtiments, ou encore la propreté des lieux d'accueil, mais ne s'interrogent jamais de l'efficacité du travail accompli auprès des assistés sociaux. Et pourtant cette approche a déjà été abordée par J.M. DUTRENIT à maintes reprises, mais son écho tarde à se propager.

J.M. DUTRENIT, part du principe que pour se faire une idée précise du progrès des assistés sociaux en intégration sociale, il est utile de mesurer l'intensité pédagogique. Le secteur social a la fâcheuse tendance de mesurer cette intensité pédagogique lors de réunions de synthèse avec les psychologues, les psychiatres, les éducateurs, les référents sociaux, etc. Au cours de ces réunions, les acteurs institutionnels extrapolent sur l'évolution de l'assisté, où finalement rien de vraiment scientifique ne permet de donner des indicateurs fiables sur le progrès du dit assisté. Or, faire une démarche évaluative, avec l'aide d'un chercheur, demande “une rigueur conceptuelle et méthodique”, parce que celui-ci apporte outil et méthode pour mieux appréhender les procédures et les résultats.

Même si empiriquement la méthode Dutrenitienne d'évaluation est discutable sur certains points, elle a le mérite d'avoir investi un champ ignoré par les travailleurs sociaux. En effet, comme il le dit, et de surcroît nous avons eu l'occasion de le constater au cours de notre propre pratique, “une évaluation complète ne peut se réduire à l'appréciation de la production d'intégration sociale par telle ou telle activité... elle doit aussi dire pourquoi une telle activité donnée produit plus ou moins d'intégration en réduisant au maximum l'incertitude sur les causes de cette production”.[269] Pour mesurer la progression des assistés sociaux, il propose que l'activité, voire le mode d'accompagnement social préconisé, contienne un certain nombre d'ingré-

---

[268] DUTRENIT, J.M. *Gestion et évaluation des services sociaux* ; éd. Economica, 1989, Voir aussi J.M. DUTRENIT : *Évaluer un centre social*, éd. L'harmattan, 1994.

[269] DUTRENIT, J.M. *La compétence sociale. Diagnostic et développement,* éd. L'harmattan, 1997, p. 68.

dients tels que : *analyse des systèmes de valeurs, médiation relationnelle organisée, contrat, apprentissages cognitifs, applications individuelles,* etc. En ce qui concerne le domaine de *compétence sociale* nécessaire à la vie quotidienne, il y a aussi un certain nombre d'items[270] qui demandent à être évalués : *à savoir la gestion de sa santé, de son budget, de sa formation, de son emploi, de sa famille, de son logement, de ses loisirs, etc.* (DUTRENIT, 1997, p. 69). Tous ces éléments sont intégrés dans des descripteurs créés à cet effet et permettent d'évaluer le progrès accompli par les assistés sociaux. Cette méthode qui demande encore a être simplifiée, tant elle est complexe à manier, pourrait devenir un outil mobilisateur des travailleurs sociaux qui ont des difficultés à percevoir l'évolution des personnes accueillies.

Enfin, la difficulté à saisir l'efficacité de la prise en charge intra-ethnique, au-delà des discours produits par les enquêtés, pourrait être comprise dans le sens de la démarche évaluative proposée par J.M. DUTRENIT. Il en est d'ailleurs de même de l'analyse des pratiques professionnelles qui, elles aussi, nécessitent une étude longitudinale, avec à l'appui "un tableau de bord de mode d'accompagnement et de ses effets".[271]

Analyse comparative des pratiques professionnelles des TSOE

Nous avons demandé aux TSOE s'ils modifiaient leur pratique professionnelle, selon qu'ils étaient en face d'une personne d'origine étrangère ou française d'origine. Les résultats d'ensemble obtenus en terme des suffrages exprimés sont les suivants :

- Modification de pratiques professionnelles 26 (21,5%)
- Pas de modification de pratique 65 (53,7%)
- Non-réponses 30 (24,8%)
- Total 121 (100%)

• Pratique professionnelle auprès d'un Français d'origine (28 répondants)
  - Ecoute/aide 15 (53,6%)
  - Aider à comprendre sa problématique 10 (35,7%)
  - Comprendre le monde social 6 (21,4%)
  - Autre 14 (50%)

• Pratique professionnelle auprès d'une personne d'origine étrangère (31 répondants) :
  - L'aider à comprendre sa culture 16 (51,6%)
  - Le pousser à réussir 8 (25,8%)
  - Ouverture sur le monde social 14 (45,2%)
  - Autre 17 (54,8%)

---

[270] Ces items ont été longuement développés dans J.M. DUTRENIT : *Gestion et évaluation des services sociaux,* éd. Economica, 1989.

[271] DUTRENIT, 1997, op. cit. p. 69.

Ces données recueillies dans les questionnaires paraissent assez disparates. Nous pouvons toujours remarquer que 53,7% de personnes disent ne pas modifier leur pratique, 21,5% pensent la modifier. Le nombre de répondants par rapport à la pratique professionnelle en situation d'interaction est sensiblement le même : 28 et 31. Quant aux suffrages recueillis dans les différents items, tout laisse croire que la pratique serait la même, sauf en ce qui concerne les items *"aider à comprendre sa culture"* et *"ouverture sur le monde social"* axés sur la citoyenneté, la prise de conscience de leur condition (pour les personnes d'origine étrangère).

Les réponses ont été essentiellement recueillies par les entretiens effectués auprès de 27 enquêtés, y compris les leaders. 13 enquêtés pensent changer leurs pratiques professionnelles auprès des personnes d'origine étrangère dont ils ont la charge ; parmi eux, il y a 5 leaders.

Deux tendances se dégagent comme le montrent les discours ci-dessous : *les ambivalents et les catégoriques.*

"Ma façon de travailler ne change pas. Ma façon d'être est la même au niveau de l'autorité, de la discipline, de la fonction. C'est au niveau du travail qu'il y a fournir : le jeune immigré en scolarité, je le pousse ou je lui fais connaître la réalité du handicap immigré" (Educateur, 34 ans).

"Je ne pense pas, non, sauf qu'on a des modes culturels qui se rejoignent, parce que moi, j'ai été éduquée de façon traditionnelle, donc j'ai gardé des principes. Ma façon de travailler ne change pas, mais maintenant je pourrais être plus compréhensive envers lui" (un jeune d'origine étrangère) (Educatrice, 27 ans).

"Il y a une solidarité qui se noue et on peut demander plus à ces jeunes là parce qu'il y a une complicité entre eux et moi. Je leur demande de fournir un peu plus d'efforts que les autres pour pouvoir s'en sortir, et je les pousse, je les engueule plus que les autres. Ce n'est pas que j'ai envie de faire de la ségrégation, mais plutôt de leur faire connaître la réalité" (Educateur, 34 ans).

Comme nous venons de le souligner, il y a deux types de discours :

Les ambivalents

Ces enquêtés oscillent entre les deux. Selon eux, quelquefois, ils modifient leur pratique professionnelle et parfois ils ne le font pas. Cela dépend des situations et des types de relations entretenues avec l'assisté d'origine étrangère ou Français d'origine.

Les catégoriques

Ceux qui disent non, pensent que la pratique est la même : *"je ne suis pas plus sévère avec l'un qu'avec l'autre, de toute manière, pour moi, ils sont tous Français, il n'y a que la tête qui change", "ils sont pareils, de toute façon, vous prenez 10 Français, vous prenez 10 jeunes d'origine étrangère, vous verrez que c'est pareil".*

Quant à ceux qui modifient leur pratique, ils utilisent l'approche ethnique en tant qu'outil thérapeutique, en jouant sur l'effet *"culture"* et aussi sur *"la parenté sociale"*, parce que *"l'assisté et l'assistant"* se trouvent tous les deux dans la même situation, plus ou moins immigré, isolé, exclu et *"parce qu'un exclu s'attache plus facilement à un autre exclu"*.

Ils disent que le regard n'est pas le même lorsqu'ils se trouvent devant un jeune d'origine étrangère et un Français d'origine et cela se ressent dans les actes éducatifs : *"la moitié du travail est fait avec eux, rien qu'avec l'origine. Lorsqu'il me voit dans l'équipe, il est revalorisé , il y a un problème en moins celui du rejet"*.

Sur un plan micro-sociologique, nous avons voulu savoir comment se concrétisent les pratiques.

Nous avons vu que, lorsqu'il s'agit d'un jeune Français d'origine, les axes sont centrés sur trois points : *"l'écoute et l'aide"*, exaltées par tous les travailleurs sociaux, *"aider l'assisté à comprendre sa problématique"*.

Il s'agit de rendre l'assisté acteur de sa vie, de l'aider à appréhender ses difficultés, à les dépasser et à réhabiliter sa personnalité, *"comprendre le monde social"*. On se situe ici dans le champ politique. Il s'agit d'impulser aux jeunes les idées sur la citoyenneté.

En ce qui concerne le jeune d'origine étrangère, les axes sont également centrés sur trois points, mais l'approche n'est pas la même. Ainsi, dans "l'écoute et l'aide", par exemple, il y a surtout l'impulsion de cette idée de culture auprès du jeune issu de l'immigration ("l'aider à comprendre sa culture"). La compréhension de ses problèmes passe par le décodage de la culture d'origine. Ce qui induit "l'ouverture sur le monde social", c'est-à-dire, développer des idées sur la citoyenneté.[272] Ici, le degré des pratiques n'est pas non plus le même. Chez les jeunes issus de l'immigration, on insiste beaucoup sur l'obtention des mêmes droits que les nationaux d'origine, sur la sensibilisation au droit de vote. Pendant l'enquête, plusieurs associations faisaient des sessions de "droits civiques" avec les jeunes accueillis dans les structures. L'une de ces associations avait fait des prospectus sous forme de cartes d'identité avec la mention *" je suis Français, j'ai les mêmes droits, et*

[272] "J'espère faire passer tout ce qu'il y a autour de la citoyenneté. Faire comprendre qu'ils ont le droit de vote. C'est le droit de vote qui pourrait peut-être changer leur situation. Faire prendre conscience que ce sont les individus ayant vécu des problèmes, qui peuvent prétendre à autre chose dans l'avenir. Leur dire qu'on a tous vécu des moments de galère, mais c'est par le militantisme, par le vote qu'ils peuvent y arriver. Leur expliquer que s'ils font un contrat d'apprentissage, ce n'est pas sûr qu'ils aient du boulot. Le droit de voter est le seul moyen de renverser certaines choses" (Educateur, 30 ans).

je vote". Nous avons remarqué dans les entretiens que les jeunes d'origine étrangère renvoyaient les TSOE dans leur jeunesse *("quand tu vois un jeune arabe, tu perçois ta culture et ton vécu")*. En fait, nous nous sommes aperçus qu'ils *"poussent beaucoup de jeunes à réussir"*. Ils disent être plus durs dans leurs interventions avec les jeunes dont ils partagent la même culture, la même origine ethnique, *"parce que la vie est plus difficile pour les étrangers"*. Ils reportent sur les jeunes les expériences de réussite qu'ils n'ont pas eues. En clair, le désir de mobilité ayant été contredit, pour eux, le projet est reporté sur les jeunes, à tout point de vue, aussi bien à propos de la délinquance que de la réussite sociale. Ils se considèrent bel et bien comme des grands frères qui ont réussi et doivent montrer l'exemple auprès des jeunes.

Même si 65 (53,7%) déclarent ne pas changer leur pratique, contre 26 (21,5%), il est indéniable que la proximité culturelle tend à inciter les TSOE à modifier leur pratique. Dans les interviews, par exemple, la première réaction est généralement non, à la question concernant le changement des pratiques professionnelles. Mais, lorsque nous poussons plus loin les interviews sur les actions précises, notamment les visites de familles, on se rend compte que les TSOE sont très proches des jeunes issus de l'immigration.

Cette situation est imposée par les jeunes qui trouvent un modèle de référence auprès des adultes sur lesquels on peut "se reposer, appeler à l'aide", et avec lesquels s'instaure une certaine complicité. Toutefois, l'étroitesse du lien entre les TSOE et les jeunes d'origine étrangère n'est pas automatique, cela dépend aussi de la nature des actions menées avec ces derniers.

V. DU JEUNE LEADER AU LEADER PROFESSIONNEL : UN PASSAGE DIFFICILE

Le passage du jeune leader du quartier, bénévole ou payé occasionnellement comme vacataire, au professionnel de l'action sociale est difficile pour ces personnes ayant fait leurs armes dans les quartiers où ils sont nés où ils ont grandi. Ce passage est vécu difficilement pour deux raisons :

V.1. La trop grande proximité

"Je suis né à Roubaix, j'habite à Roubaix, et je travaille à Roubaix... c'est affolant, c'est pénible. Si je me balade dans la rue, je suis intercepté dans tous les coins des rues et ça c'est ma vie. Si je rentre chez moi, il y a des jeunes en bas des immeubles, ils savent qui je suis, parce qu'ils m'ont vu dans la presse. Tout se sait, il y a ce côté pesant qui est dur à gérer. Je ne peux pas me balader dans une grande surface" (Educateur, 32 ans).

"Dans le quartier, j'étais toujours considéré comme un jeune et pas comme un éducateur, j'ai essayé de monter une association, ça n'a pas marché... je ne pouvais continuer d'y travailler, ils connaissaient trop ma vie..." (Educateur, 26 ans).

V.2. La professionnalisation

"Je suis tombé dans ce que je voulais éviter, être le petit bougnoule qu'on emploie dans une association, dans une mairie, dans un centre social pour boucher le trou, pour calmer un peu l'ambiance dans le quartier, j'avais un poste sur Hem, après quelques temps je l'ai refusé" (Animateur, 31 ans).

Ces discours montrent la difficulté de rester leader dans son quartier. Au début, certains d'entre eux voulaient articuler promotion sociale et non-rupture avec le milieu, en partant du principe qu'ils ne peuvent abandonner leurs quartiers et les jeunes qui y habitent. Cet "idéal" de départ a été vite dépassé par la réalité empirique, comme nous le montrent les discours précédents.

En effet, lorsque l'on est jeune leader non professionnalisé, les revendications auprès des autorités sont radicales, allant généralement dans le sens de la satisfaction des membres de sa communauté, à n'importe quel prix. Ce qui compte, dans ce cas, c'est le résultat. Habituellement, c'est la période du militantisme radical, où ces jeunes oscillent à la fois entre "le leadership d'opinion et le leadership d'action". C'est également la période où se joue une double promotion, celle de la communauté d'origine et sa propre promotion. Dans une telle situation, "l'effet d'ambivalence" est moins pesant. Mais la rupture est irréversible avec le quartier d'origine dès qu'il y a professionnalisation. Ces jeunes ont effectivement tendance à s'éloigner de leur milieu à cause de la pression qu'ils subissent, d'un côté, par les assistés sociaux (anciens copains, petits frères, parents...) et de l'autre, par la commande institutionnelle. Il arrive des moments où ils ont des difficultés à concilier ces deux exigences, à moins d'être complètement émancipés *("ce n'est pas si simple que ça, d'être intermédiaire entre les élus qui ont un rôle important et les habitants, ce n'est pas une mince affaire. On est là pour servir de caution quelquefois. Ne sommes-nous pas simplement le mur des lamentations ?").* Or l'émancipation dans une telle situation peut s'apparenter à la trahison de sa propre communauté. D'où le départ du quartier d'origine. L'articulation de la logique institutionnelle avec celle du jeune rend le conflit manifeste et ne laisse qu'une marge de manœuvre restreinte, parce que les nouveaux animateurs doivent être admis comme référents par leurs pairs, à long terme, sans perdre leurs racines.

Cet entre-deux se fait donc quelquefois avec heurts, violences verbales et physiques : *"avant de trouver la bonne position, on peut être traité de balance par ses pairs, si quelqu'un sort du lot, il y en a toujours un pour lui dire attention tu dérapes, tu n'es plus avec nous... ou/et de maître chanteur par les responsables de structure".*[273] Donc la médiation entre les pairs et les institutions se fait dans une ambivalence basée entre la "rupture et la

---

[273] D. PIVRON, 1994, op.cit. p.21.

continuité". Cette ambivalence peut être reliée à ce que HUGHES (1996, p. 195) appelle le dilemme des statuts, à propos de la promotion du noir dans une profession établie vis-à-vis de ses pairs : "le noir qui appartient à une profession établie est confronté à un dilemme. S'il accepte le rôle de noir au point de faire semblant de se satisfaire d'une égalité et d'une intimité seulement partielles avec ses collègues blancs pour obtenir les avantages corrélatifs, il peut s'accuser, ou être accusé, de trahir sa race". Dans la même perspective, COHEN (1986, pp. 163-175) a également montré comment, entre la fin des années quarante et le début des années soixante, un groupe du patronat américain a embauché quelques noirs de "façade" dont la fonction était de donner une bonne image de l'ouverture de l'intégration et aussi de l'entreprise. Dans son article, on voit comment ces managers noirs étaient partagés entre la fierté d'avoir une promotion sociale et le sentiment de trahir leur milieu d'origine. Ils essayaient de concilier ces deux attitudes, mais cela n'était pas évident.

Nous pouvons donc comprendre pourquoi la rupture (se caractérisant par le départ du quartier d'origine) est principalement la solution choisie par les leaders qui en ont la possibilité. Ce départ (rupture) doit être considéré comme une évolution dans la trajectoire sociale par rapport à la vie privée et à la vie professionnelle. A notre avis, il s'agit au contraire d'une véritable émancipation du leader indigène qui va continuer le travail de proximité ailleurs que dans son quartier d'origine. Le départ est motivé également par l'analyse qu'il fait de sa fonction *("bougnoule de service")*. Une meilleure connaissance du dispositif social et politique lui permet de prendre conscience de son rôle. Conscient qu'il n'a été embauché que comme agent de contrôle social, il préfère quitter son quartier, pour vendre sa force de travail ailleurs. Départ s'accompagnant d'un désespoir : *"J'ai vraiment pensé quand on m'a proposé le travail que j'allais tout bouleverser ... je m'étais trompé, on m'a trompé "*. Incontestablement le leader vit une profonde ambivalence, dès lors qu'il se professionnalise. La professionnalisation l'oblige donc à quitter son quartier d'origine à cause des raisons évoquées plus haut.

Une autre raison qui nous semble importante est le changement de statut. La possibilité de changer de position sociale est un phénomène qui pourrait être difficile à vivre pour tout le monde (les jeunes du quartier et le leader). L'analyse des trajectoires déplacées, nous dit V. de GAULEJAC (1987, p. 79), montre que " l'écart entre les positions objectives et les positions subjectives que ces déplacements produisent, introduit une distance entre la place et le rapport à la place". "C'est dans cette distanciation que l'individu est amené à faire un travail d'ajustement / désajustement, de déterritorialisation / reterritorialisation, d'identification / désidentification, d'idéalisation / désidéalisation... autant de processus dialectiques par lesquels il tente de se (re)produire et de (re)situer en se transformant. C'est également entre la place sociale et la position subjective qu'apparaît le fantasme du roman familial, c'est-à-dire la possibilité qu'on est ailleurs parce qu'on vient d'ailleurs et, qu'en conséquence, on peut aller ailleurs que là où l'on est". A travers cet extrait, on peut comprendre comment les individus qui changent de position sociale sont traversés par des conflits internes.

A cet effet, différents travaux ont été écrits sur le capital scolaire mais ils n'ont pas assez insisté sur un élément essentiel : l'articulation de l'interaction entre le groupe social d'origine et le groupe des pairs. Les thèses interactionnistes affirment aussi que l'attachement aux valeurs dominantes de la société doit être relié au jeu de la concurrence entre le groupe familial et le groupe des pairs. Ainsi que nous l'avons souligné, un jeune qui a grandi dans un quartier populaire et qui réussit, change forcément de trajectoire. Cela l'oblige, au minimum, à marquer la distance et à affirmer la différence. Peu à peu, il se trouve en décalage et en déconnexion progressifs avec son milieu. Progressivement, il fait de nouvelles découvertes, il a d'autres contraintes qui l'éloignent de son réseau de copains, lesquels sont dans une situation d'échec et par conséquent, il y a un processus d'isolement de l'individu par rapport à son milieu. Dans de telles circonstances, il y a des leaders qui se sont trouvés en position d'ajustement par rapport aux modèles initiaux et à ceux qu'ils ont découverts dans leur nouveau cursus. Cela implique une adaptation à de nouveaux schémas qui les conduisent à procéder à de nouvelles évaluations par rapport à leur milieu d'origine. Nous nous demandons, s'il n'y aurait pas une logique de type "réussir, c'est trahir". On peut poser l'hypothèse que le processus d'isolement des leaders en réussite par rapport à leur milieu d'origine a obligé certains d'entre eux "à se suicider scolairement", par peur de trahir leur communauté. Ce qui explique que la promotion sociale est quelquefois difficile à vivre, comme on l'a vu avec HOGGART (1970) à propos du style de vie des classes populaires en Angleterre.

Dans cet ouvrage, l'auteur analyse les difficultés de vivre des boursiers et des autodidactes, en montrant la nature et les effets du déracinement auquel sont confrontés les garçons d'origine populaire qui poursuivent les études grâce à des bourses et l'aide du système scolaire. HOGGART nous fait comprendre que le boursier se trouve au point de rencontre et de friction entre les deux cultures. S'il se dirige vers le monde des autres, il lui faudra bon gré mal gré rompre avec l'ethos du foyer, avec les valeurs communautaires des classes populaires. La friction est grande parce que la réussite scolaire l'a coupé de sa classe sociale d'origine, sans lui permettre pour autant d'accéder réellement à une autre catégorie : *"Ceux qui se sentent le plus mal à l'aise dans leur peau sont les boursiers, qui n'ont pu sortir de leur classe d'origine sans accéder à une qualification suffisante pour s'intégrer au groupe (des intellectuels) ou s'assimiler aux membres des professions libérales"* (HOGGART, 1987, p. 349). Le boursier, comme le leader, vit entre deux mondes qui n'ont pratiquement rien de commun.

Dans l'étude de MUEL DREYFUS (1983) sur les instituteurs issus des milieux paysans, on trouve quelques points de concordance avec les leaders.

Selon l'auteur, devenir instituteur, lorsqu'on est fils de paysan, gérer cette promotion est difficile à vivre. Le passage entre les deux mondes pousse ces instituteurs à vivre une tension entre l'identité héritée de parents et l'identité acquise, par l'intermédiaire de l'école. Ici aussi, le sentiment de culpabilité lié à la distance entre le milieu d'origine et le milieu de référence est présent (sentiment de ne pas être à sa place, ni dans le milieu d'appartenance, ni dans le milieu de référence). Ce qui apparaît à travers ces analyses est le rapport de "proximité distante" (l'expression est de V. de GAULEJAC, 1987, p. 101) que le leader et l'instituteur issus des couches populaires entretiennent vis-à-vis de leur environnement d'origine.

En ce qui concerne le leader, il semble que le prix que l'on donne à la réussite serait trop élevé en terme de coupure avec les liens sociaux, avec toute l'histoire sociale, avec le milieu, à tel point qu'un certain nombre de jeunes arrivent à se suicider scolairement, c'est-à-dire à mettre en place une démarche d'échec, là où tout le monde croyait qu'ils allaient réussir.

La question est celle-ci : est-ce une manière de préserver les liens avec leur milieu ? ou parce que le mécanisme de reproduction sociale aboutit à une intériorisation de l'absence de possibilité de promotion ? Il y a donc un vrai dilemme chez les leaders. Pour les leaders qui ne quittent pas les quartiers, le travail social serait l'occasion d'articuler à la fois promotion sociale et maintien de l'appartenance au milieu social. Le travail social serait donc une manière de permettre au capital scolaire d'aboutir à une promotion sociale sans rupture avec le milieu d'origine. Si tel est le cas, on pourrait parler d'une démarche raisonnée puisqu'on a un capital scolaire qu'on ne veut pas perdre, un milieu qu'on ne veut pas quitter, la recherche d'une piste de promotion sociale à travers le travail social qui permet d'articuler les deux. L'ambivalence dans laquelle vivent les leaders montre finalement que la trajectoire des individus en promotion (De GAULEJAC, 1987, p. 92), peut être marquée par *"des conduites d'échecs, des mouvements, des changements d'orientation et un sentiment profond d'illégitimité"*. Le leader, en devenant ce qu'il est devenu, leur signifie la distance que les autres (les anciens copains du quartier, les parents) n'ont pas parcourue, tout en leur restant *"redevable de ce que lui est devenu"*. Il s'instaure de fait *"une lutte contre la culpabilité"*, parce que leader est en transition entre la position originaire qu'il a quittée et la position acquise où il se sent mal ; le déplacement est donc marqué *"par la dette et la trahison"*. A mesure que le leader s'éloigne de sa classe sociale d'origine s'entremêlent *"la distanciation critique et le sentiment d'abandon"*. A cela s'ajoute un comportement ambivalent face au changement de statut souhaité et craint à la fois.

V.3. Qui sont-ils ces leaders ? *Protest leadership ou accomodation leadership ?*

Pour conclure ce chapitre, nous pensons qu'il est important de s'interroger pour savoir si les leaders rencontrés dans le cadre de nos enquêtes sont des "leaders protestataires *(protest leadership)*" ou "des leaders accommodateurs *(accomodation leadership)*" (MYRDAL, 1962). Nos analyses nous poussent à penser que ce ne sont pas des "leaders protestataires" parce qu'ils ne refusent pas l'ordre établi. Leur objectif n'est pas la contestation à outrance, mais l'amélioration des problèmes de jeunes. Ils ne remettent pas en cause le système d'une façon radicale, ils essayent de naviguer pour arriver à un meilleur compromis possible avec les représentants légaux pour obtenir les financements nécessaires à la continuité de leur action. Au cours d'une réunion à Roubaix (Nord de la France) à laquelle nous avons assistée, avec plusieurs associations, des conflits ont éclaté justement parce que certains leaders voulaient radicaliser leur exigence auprès des autorités, pendant que les autres souhaitaient avoir un peu d'argent pour acheter une table de ping-pong ou pour organiser des jeux avec les assistés sociaux. Ceux qui n'étaient pas de cet avis, s'inscrivaient dans le refus de l'ordre établi en radicalisant leur position.

Ce sont plutôt des "leaders accommodateurs" qui tentent d'arracher les subventions pour l'aide de leurs groupes par la négociation. Les revendications sont d'abord celles de leur quartier et cet espace marque aussi leur appartenance ethnique et sociale (DESBOIS, LECLERCQ, 1985). Ces leaders sont proches des jeunes Français avec qui ils partagent les mêmes conditions de vie. Ce sont des leaders accommodateurs que les autorités sont allées chercher, "ils étaient choisis pour leur docilité et leur capacité à canaliser le groupe" (MARTINIELLO, 1992, p. 61). En jouant la promotion de leur groupe , ils jouent en même temps la carte de leur propre promotion. A notre avis, les "*protest leadership*" auraient tendance à quitter leur quartier d'origine, contrairement aux "*accomodation leadership*" plus conformistes. Cela dit, s'ils quittent leur quartier d'origine, ce n'est pas simplement du fait de cette "proximité-distante" entre les milieux sociaux d'origine et les nouveaux milieux liés à leur ascension sociale, cela symbolise aussi et surtout leur incapacité à réduire "l'impuissance de leur groupe". Cette incapacité n'est pas le fait des leaders eux-mêmes, elle n'est pas liée à des caractéristiques personnelles[274] mais "à l'existence dans les sociétés européennes d'un consensus implicite entre les différents acteurs politiques autochtones sur le maintien de leur autonomie dans la gestion de la question des migrations et des collectivités ethniques d'origine immigrée, ce qui correspond généralement au maintien des leaders ethniques aux marges du système politique et

[274] A propos de la réduction de l'impuissance des groupes représentés par les leaders ethniques, Martiniello (1992, 123) formule l'hypothèse suivante : "pour que les leaders ethniques d'origine immigrée puissent exercer une influence significative positive sur la réduction du degré d'impuissance de leur groupe, il ne suffit pas qu'ils soient habiles politiquement. Il faut surtout un climat politique favorable qui pousse les autorités politiques à les écouter et à mettre en œuvre avec eux des moyens de réduire leur impuissance chronique de collectivités d'origine immigrée. En bref, la réduction de leur degré d'impuissance dépend d'abord de la volonté politique généralisée, qui se traduit par des actions étatiques correspondantes, puis de l'existence d'un leadership solide capable de formuler, de promouvoir et de défendre les intérêts du groupe".

au maintien du statu quo en ce qui concerne les conditions sociales, économiques et politiques octroyées à ces groupes" (MARTINIELLO, 1992, p. 121). En fait, il y aurait une résistance des Etats-Nations, à accorder un pouvoir efficace et plus d'espace aux leaders pouvant leur permettre d'agir, parce que les institutions qui les emploient seraient aussi des lieux de neutralisation de leurs actions, en même temps qu'elles procurent l'illusion qu'il y a des avancées dans l'amélioration des populations immigrées. Ce processus de neutralisation des leaders s'accompagne généralement d'une mobilité sociale, en échange de leur loyauté. Face à cette situation, les leaders accommodateurs peuvent se complaire de la reconnaissance dont ils bénéficient de la part des institutions, en poursuivant leurs intérêts personnels. Par contre, les leaders protestataires peuvent ressentir une frustration en raison de leur incapacité d'aider leur communauté, d'où il en résulte quelquefois, soit l'abandon de leur rôle de leader, soit le départ de leur quartier d'origine.

CHAPITRE VII

L'APPORT DU TRAVAIL SOCIAL AUX TRAVAILLEURS SOCIAUX D'ORIGINE ETRANGÈRE

E. C. HUGHES (1996, op.cit. p. 76) nous rappelle dans le "regard sociologique" que "le métier d'un homme est l'une des composantes les plus importantes de son identité sociale, de son moi, et même de son destin dans son existence unique". Quel qu'il soit, tout métier apporte à ses membres "beaucoup de choses" qui peuvent aller de la gratification à la déception. Ce chapitre analyse donc ce que le travail social a apporté à ceux qui en ont fait leur profession, notamment les travailleurs sociaux d'origine étrangère, à partir de leur propre discours.

Cette façon de procéder, en utilisant les discours des enquêtés, peut nous conduire à des problèmes de méthode dans l'interprétation de nos données qualitatives, mais nous n'avons pas d'autres choix, car dans une telle perspective, "ce sont ceux qui exercent un métier qu'ils connaissent le mieux qui fournissent les données de l'analyse".[275] Il ne s'agit nullement d'analyser le sens qu'ils attribuent à leur profession, mais plutôt de voir si le travail social a été pour eux **une piste de promotion sociale, un moyen d'intégration dans la société française** et également de connaître la vision qu'ils ont du monde depuis leur professionnalisation.

I. L'APPORT DU TRAVAIL SOCIAL

Pour connaître l'apport du travail social aux TSOE, nous allons essayer de l'appréhender à partir de trois questions essentielles posées aux enquêtés :

- Qu'est-ce que le travail social vous a apporté ?
- Considérez-vous votre situation actuelle comme une promotion ?
- Le travail social a-t-il été pour vous un moyen d'intégration ?

---

[275] E. C. HUGHES (1996), op. cit. p. 78 (Textes rassemblés et présentés par J.M. CHAPOULIE).

A la première question, nous avons obtenu une diversité de réponses :

- Ouverture d'esprit ;
- Une possibilité de développer des contacts de plus en plus importants ;
- Une certaine lucidité ;
- Apprendre à s'organiser et à forger le caractère ;
- Connaissance des rapports sociaux entre les différents partenaires ;
- Satisfaction professionnelle, réussite ;
- Une reconnaissance par rapport au quartier ;
- Connaissance des dispositifs institutionnels ;
- Du travail et de la promotion ;
- Une issue de secours ;
- Ne plus être au chômage ;
- Une meilleure écoute, une meilleure communication ;
- Une approche lucide et efficace des problèmes vécus par diverses personnes ;
- Une certaine maturité ;
- La paix de l'esprit.

Ces différentes réponses ont été classées par items dont les principaux sont :

1. Inititiation aux phénomènes de marginalité sociale 38 (36,2%)
2. Aide aux personnes en difficulté 24 (22,9%)
3. Compréhension et connaissances des politiques sociales 70 (66,7%)

Le premier item *"initiation aux phénomènes de marginalité"*, implique la connaissance des différents problèmes rencontrés par les personnes prises en charge. En effet, même s'il y en a qui ont connu personnellement des problèmes de délinquance, beaucoup de nos enquêtés n'ont pas vécu cette situation. Le travail social les a initiés aux phénomènes de marginalité. La rencontre avec les jeunes ayant connu la délinquance ou d'autres formes de déviance a été pour les TSOE un atout considérable dans la vision du monde social. En fait, dans les discours, nous avions l'impression que des TSOE avaient découvert la situation difficile de leur quartier par le biais du travail social :

"Avant je ne savais pas ce qui se passait dans le quartier. Le jour où on m'a dit le nombre de chômeurs, je me suis dit ce n'est pas possible... et puis maintenant, je sais ce que c'est la drogue, les produits, je peux les distinguer, avant je ne voyais rien du tout..." (Animateur, 29 ans).

"Par rapport aux enfants et même aux autres, je suis plus sensibilisé à leurs problèmes. Il y a les problèmes de tout le monde et il y a les overdoses, il y en a pas mal. Avant, je ne voyais rien, si je devais faire un bilan personnel, je dirais ça m'a permis d'évoluer dans les idées aussi, je n'ai plus les mêmes idées, j'ai d'autres idées..." (Animateur, 26 ans).

Nous pensons que l'initiation aux phénomènes de marginalité est l'apprentissage même au travail social. Cela montre une connaissance plus fine de diagnostic des problèmes rencontrés par les assistés sociaux. Cette connaissance doit être reliée à l'entrée en formation, et à l'interaction continuelle avec les assistés sociaux :

"Le bilan est enrichissant, le travail social m'a apporté beaucoup de choses. J'ai refait mon éducation. Les jeunes t'apprennent beaucoup de choses. Voire même en discutant avec les familles, les collègues, il y a un apport indiscutable. Le travail social m'a apporté une autre façon de vivre, de voir la vie, de penser beaucoup à la jeunesse. Le travail social avec les problèmes que vivent les jeunes, m'a réconcilié avec ma jeunesse..." (Educateur, 38 ans).

Ce discours nous introduit dans l'item "*aide aux personnes en difficulté*". Ici, nous sommes dans la concrétisation d'un idéal, d'un objectif, voire d'un rêve. Grâce au travail social, ces TSOE peuvent contribuer à l'aide aux personnes en difficulté. Ils paraissent aussi plus sensibilisés aux difficultés vécues par ces personnes. Ce qui semble normal, puisque c'est un métier d'aide. Si cette notion d'aide est exaltée dans le choix des professions sociales, on la retrouve également dans les objectifs principaux énoncés par les TSOE, lorsqu'ils se sont orientés dans le travail social :

- Aider les personnes en difficulté 47 (33,8%)
- Avoir un diplôme 36 (25,9%)
- Gagner de l'argent 20 (14,4%)
- Avoir une promotion 12 (8,6%)

Nous pouvons remarquer que l'item "*aider les personnes en difficulté*" arrive en tête ; il n'est donc pas étonnant que les TSOE puissent affirmer avoir concrétisé un objectif en intégrant le secteur social.[276] En ce qui concerne l'item "*compréhension et connaissance des politiques sociales*", cela veut dire l'acquisition d'une certaine maîtrise des politiques de la ville et des coulisses où se déroulent les négociations :

"Le travail social m'a apporté une certaine manière de regarder la cité, des méthodes de travail, la compétence" (Animateur, 26 ans).

"J'ai découvert le côté politique, le travail social m'a apporté ça, au moins : un moyen de découvrir la machine politique, les procédures, la machine sociale, les subventions..." (Educateur, 28 ans).

---

[276] Les propos de cet animateur sont éclairants, puisque le travail social lui a apporté : "la communication, tout ce qui est relationnel, et surtout la satisfaction d'aider les gens qui ont des difficultés. Quelque part, on est satisfait de se sentir utile. Je ne fabrique pas de boîtes, où si tu en fabriques 100, tu es content, ce n'est pas la même chose" (Animateur : 26 ans).

En effet, le travail social impose de s'inscrire dans la vie associative, syndicale et politique. Cette inscription donne une autre vision du monde politique, liée au fait que (par exemple) les acteurs économiques, les acteurs d'insertion locaux, qui sont aussi des travailleurs sociaux participant dans les politiques DSQ, sont mobilisés, en tant qu'acteurs locaux et partenaires sur différents projets. Cela suppose que chacun rende ses modes d'action explicites, donne ses informations afin d'aboutir à un projet commun. Quoique cela ne soit pas toujours évident, les enjeux locaux d'intégration locale nécessitent une communication locale : médias de proximité, centre de ressources, espaces d'expression des demandes sociales et de concertation entre les habitants et institutions locales.[277] La participation des travailleurs sociaux aux différentes réunions et manifestations les socialise au monde politique et leur fait mieux connaître et comprendre les dispositifs sociaux et politiques.

II. LE TRAVAIL SOCIAL : MOYEN D'INTÉGRATION DANS LA SOCIÉTÉ FRANÇAISE

Avant de poursuivre nos réflexions, nous allons d'abord définir ce mot fortement connoté à partir du rapport du Haut Conseil à l'Intégration.

Dans son premier rapport,[278] le Haut Conseil à l'Intégration a voulu clarifier le cadre dans lequel les pouvoirs publics devaient inscrire la politique à mener en matière d'immigration, afin d'atteindre les objectifs nécessaires pour la stabilité et la cohésion de la société française. Dans le même souci, il lui a paru important de cerner les différents termes que le langage du sens commun a tendance à confondre, notamment : étrangers, immigrés, les personnes d'origine étrangère, les populations marginalisées ou exclues, pour mieux éclairer à leur égard le concept d'intégration.

Selon le Haut Conseil, l'intégration n'est pas "une sorte de voie moyenne entre l'assimilation et l'insertion, mais un processus spécifique : par ce processus, il s'agit de susciter la participation active à la société nationale d'éléments variés et différents, tout en acceptant la subsistance de spécificités culturelles, sociales et morales et en tenant pour vrai que l'ensemble s'enrichit de cette variété, de cette complexité" (Haut conseil à l'intégration, 1991, p. 10).

Dans ce concept d'intégration, il faut voir le processus par lequel les individus participent à la vie collective par le travail, l'adoption des comportements familiaux et sociaux, l'élargissement du réseau de sociabilité etc.[279]

---

277 Marie POINSOT : Les enjeux de l'intégration locale, *Hommes&Migrations*, n° 1192, novembre, 1995.

278 Le Haut Conseil à l'Intégration, premier rapport, février1991.

279 D. SCHNAPPER : *l'Europe des immigrés. Essai sur les politiques d'immigration*. Ed. François BOURIN, 1992, p. 18.

Contrairement à l'assimilation, ces individus participent au fonctionnement de la société française tout en gardant leurs caractéristiques culturelles propres. Malgré les différentes définitions, il faut considérer l'intégration comme "le résultat de processus politiques et sociaux, de conflits d'orientations et de compromis" ; celle-ci ne peut se comprendre "qu'à travers les rapports sociaux qui lient et opposent les populations immigrées, les sociétés d'accueil et les acteurs institutionnels".[280]

Quelle que soit la façon dont ce concept est ressenti, nous nous sommes risqués à interroger les TSOE sur leur degré d'intégration, en posant cette question : le travail social a-t-il été pour vous un moyen d'intégration ?

A cette question, 42 (34,7%) répondent oui, contre 65 (53,7%), non. Lors des interviews, cette question a suscité des interrogations auprès des TSOE, essentiellement auprès des jeunes leaders. Ironiquement, certains nous répondaient, *"je ne comprends pas le sens de cette question"*. Quelquefois certaines réponses étaient très agressives : *"je déteste ce mot, ne m'en parlez pas", "moi, je ne vois pas quelqu'un en train de me dire : intègre-toi. Dans ce cas, il me demandera de m'assimiler, je suis né en France, j'ai toujours vécu ici" (Animatrice, 28 ans) ; " je ne me suis jamais sentie désintégrée, je me suis toujours sentie à ma place. Mes parents ont une culture européenne. Ils m'ont toujours laissé le choix. Chez moi, on ne m'a jamais dit, il faut faire la prière. Chez moi (dans mon quartier), il n'y a que des familles françaises et une seule famille maghrébine..." (Educatrice, 27 ans).*

Pour d'autres TSOE (53,7%), le travail social n'a pas été pour eux un moyen d'intégration, mais il est reconnu comme un moyen d'intégrer les populations en détresse. Il est considéré comme l'un des facteurs le plus important de l'intégration des populations vivant dans la précarité, y compris les immigrés. Mais ce problème ne les concerne pas. Ils se considèrent intégrés.

S'interroger sur l'intégration des TSOE suppose de s'interroger sur les indicateurs qui permettent d'apprécier cette intégration. Selon le Haut Conseil de l'Intégration, quelques indicateurs doivent être pris en considération : la nationalité (durée de séjour, acquisition de la nationalité, usage de la langue), la famille (mariages mixtes, nombre d'enfants, taux de fécondité), la promotion sociale (réussite scolaire, qualification professionnelle, revenus), la vie en société (conditions de vie courante voisines de celles des Français, logement, etc.).

Si nous considérons les quatre critères ci-dessus, nous verrons que, pour les TSOE, nous sommes loin du compte de cette intégration définie par le haut conseil, car nous avons une population en voie d'insertion. D. LAPEYRONNIE (1993), attribue cette difficulté d'insertion à la crise

[280] D. LAPEYRONNIE 1993 (op. cit. p. 20).

des institutions qui autrefois assuraient "la correspondance entre les normes nationales et les motivations individuelles". Il privilégie deux éléments essentiels dans cette difficulté qu'ont les sociétés nationales à intégrer leurs membres.

Le premier élément est la dislocation du mouvement ouvrier, comme l'avait fait remarquer F. DUBET (1987), à propos "de l'identité ouvrière centrée sur le travail"(p.180), et qui contribuait à l'incorporation de l'individu dans le groupe. Ce monde ouvrier menacé par la crise a affaibli considérablement l'image de la communauté, la rendant perméable. D. LAPEYRONNIE, reprenant les analyses de F. DUBET, montre que le monde ouvrier représentait pour les jeunes un certain type de participation, c'est-à-dire d'intégration par des réseaux bien établis de mise au travail. Cette crise du monde ouvrier a amené une crise des institutions ouvrières, comme les syndicats, mais aussi une crise dans les communautés qui ont perdu leur capacité d'intégration.

Le second élément, c'est la crise des grandes institutions, notamment l'école, la famille et la religion. En fait, pour l'auteur, ces systèmes ne jouent plus leur rôle de médiation entre l'individu et la société. Globalement, pour D. LAPEYRONNIE, "le déclin des institutions et l'affaiblissement des capacités d'intégration qui en est la conséquence, se traduisent par la disjonction des normes de la société et des conduites sociales, c'est-à-dire par la perte de leur fonction de socialisation". La contrepartie de cette crise des institutions est la montée de "l'individualisme et le renouveau des éthnicités ou des communautés". Nous vivons donc dans des sociétés qui ne sont plus des sociétés d'intégration parce que leur capacité s'est beaucoup affaiblie. Cette posture prise par D. LAPEYRONNIE fait directement référence aux analyses DURKHEIMIENNES[281] à propos de la "division du travail social". Il a montré comment la division du travail social conduit à l'anomie. Cette division du travail social qu'il situe dans le passage entre la société à solidarité mécanique et la société à solidarité organique. Et il explique les difficultés de l'intégration par la crise des cadres sociaux intégrateurs que sont la religion, la société domestique, la société politique, etc. Les analyses de E. DURKHEIM, de même D. LAPEYRONNIE, montrent en fait l'absence de lien de solidarité dans la société moderne et comment finalement les liens sociaux qui existaient auparavant sont peu à peu détruits sans pour autant qu'ils soient remplacés par d'autres formes des liens découlant de la solidarité organique. D'où aujourd'hui, les problèmes posés par l'intégration des individus, pas seulement d'origine étrangère mais aussi Français d'origine.

---

[281] Voici l'interrogation de E. DURKHEIM à propos de l'intégration des individus dans la société : "comment se fait-il que tout en devenant plus autonome, l'individu dépende plus étroitement de la société ? Comment peut-il être à la fois plus personnel et plus solidaire, c'est une transformation de la solidarité sociale, due au développement toujours plus considérable de la division du travail social ? Cf. "*De la division du travail social*", préface à la première éd. 1893, Quadrige, PUF, 1991, p. XLIII.

A propos des TSOE, nous ne disposons pas d'indicateurs fiables pouvant nous éclairer sur leur processus d'intégration.

Toutefois, nous nous sommes risqués à les interroger sur leurs projets de retour dans les pays d'origine de leurs parents en posant la question : *"pensez-vous retourner définitivement dans le pays d'origine de vos parents ?"*

Les réponses révèlent un attachement à la société française, puisque 10 (8,3%) seulement pensent rentrer définitivement, 37 (30,6%) pensent *peut-être* rentrer et près de la moitié soit 63 (52,1%) disent ne pas vouloir quitter définitivement la France qu'ils considèrent comme leur patrie. Ces résultats sont purement subjectifs, mais dénotent un lien avec le pays d'accueil.

M. TRIBALAT (1996, op. cit. p. 130) a également exploré cette question de retour dans le pays d'origine. Elle a remarqué que 16% seulement d'Algériens, tous âges confondus, songent retourner dans leur pays. Ce qui paraît infime contrairement à la vision du sens commun.

Quelles que soient les difficultés de l'intégration, nous avons vu que dans notre échantillon 42 (34,7%) disent que le travail social a été pour eux un moyen d'intégration dans la société française. Ce chiffre correspond pratiquement au nombre de personnes nées à l'étranger 43 (35,5%). Nous pensons que ceci n'est qu'une simple coïncidence, même si on peut comprendre que les personnes nées à l'étranger, vivant en France, seraient plus enclines à supposer que le travail social représente pour elles un moyen d'intégration. Parmi les personnes qui disent que le travail social leur a permis de s'intégrer, on en dénombre 13 originaires de l'Afrique noire, et 29 issues du Maghreb. Au regard du nombre d'africains noirs (17), ce chiffre révèle une tendance à prendre en considération. Ces personnes expliquent leur intégration par les contacts qu'ils ont avec les assistés sociaux et les collègues professionnels de l'action sociale : *"Oui, c'est indiscutable. Depuis que je travaille dans le social, je me sens de plus en plus intégré, mais pas assimilé. Je deviens de plus en plus tolérant et je me sens de moins en moins étranger. Ma culture est toujours présente, mais je me sens plus proche de Dupont et Dupond. Et je me sens plus Français que les autres. J'ai appris à être cartésien. Etre à l'heure, par exemple, or nous les africains on n'a pas cette souplesse de l'esprit. Et des fois, je suis plus exigeant que mes collègues" (Educateur, 38 ans).*

" C'est un moyen qui fait que j'ai eu à fréquenter d'autres types de populations, quelque part ça m'a quand même aidée à m'intégrer, parce que maintenant, j'ai de tas d'amis travailleurs sociaux, ceux que je vois dans les familles que je rencontre m'aident à m'intégrer, le travail social m'a intégrée avec moi-même aussi, avec mon histoire, avec mes racines à moi, c'est quand même une intégration..." (Educatrice, 31 ans).

Pour cette catégorie, le travail social est bien un moyen d'intégration. En éduquant, ils s'éduquent eux-mêmes. Il s'agit du double mouvement du travail éducatif : ÉDUCATEUR/ÉDUQUÉ, INTÉGRATEUR/INTÉGRÉ. Nous percevons ici, le double rôle du travail social : celui du producteur de sens grâce aux actions des acteurs sur les assistés sociaux et vice versa.

Dans cet aspect de l'intégration, on ne peut ignorer ce que rapporte le travail, c'est-à-dire le salaire qui est tout de même le catalyseur de cette intégration, comme l'ont dit ces enquêtés : *"le travail social m'a donné un boulot, un salaire, aujourd'hui je peux manger..." (Animateur, 23 ans). "Avant quand on me demandait : qu'est-ce que tu fais dans la vie ? Je disais rien, aujourd'hui je réponds éducatrice... disons je suis intégrée dans le monde du travail, je suis insérée , on peut dire ça, j'ai un salaire, je mange à ma faim..." (Educatrice, 27 ans).*

Ces discours, situent les deux enquêtés dans le cadre d'une intégration dans la société, au sens large. L'intégration est analysée à partir de la place acquise par l'intermédiaire d'un travail, en l'occurrence le travail social, comme cela l'aurait été pour n'importe quel autre travail. Au-delà de ce qu'en disent les enquêtés, "le travail social en tant que moyen d'intégration pour les uns et ne l'est pas pour les autres, car ils se sentent déjà intégrés", ils sont nombreux à penser qu'ils contribuent à travers leurs actions à la rencontre des différentes cultures. Ils estiment que leurs actions participent "au développement multiculturel" 84 (69,4%) : *"Oui, forcément dans le sens où certaines réunions, certaines manifestations permettent le brassage des ethnies. Je prends l'exemple du bureau d'information jeunesse, il y a plusieurs nationalités, françaises, maghrébines, portugaises, africaines. Egalement dans le mouvement associatif, ce brassage participe à l'intégration ; tout le monde adhère à ce qu'on fait " (Animatrice, 27 ans).*

III. LE TRAVAIL SOCIAL : MOYEN DE PROMOTION SOCIALE

La promotion sociale est définie comme "une accession à un niveau de vie plus élevé de personnes appartenant aux groupes sociaux les moins favorisés".[282] Pour notre population, il convient de saisir cette promotion en mesurant la distance entre la situation sociale de départ et la position acquise, à travers ce qu'en disent les TSOE.

La question posée est la suivante : *considérez-vous votre situation actuelle comme une promotion sociale ?*

---

[282] Petit Larousse illustré.

Nous avons obtenu 38 (31,4%) réponses positives et 66 (54,5%) réponses négatives. Ces réponses sont liées à la position de chacun, par rapport au capital culturel possédé. Deux types se dégagent de ces réponses :

1. Les surdiplômés répondent massivement non.
2. Les sous diplômés répondent, quant à eux, oui.

III.1. Les surdiplômés

Ceux qui ont un capital scolaire élevé refusent de voir dans le travail social, au moment de l'enquête, une piste de promotion sociale. En fonction de leur niveau d'études et des diplômes obtenus, ils pensent que le choix du travail social constitue un repli, parce qu'ils n'ont pas su rentabiliser leur capital scolaire dans leurs filières d'origine. Ils vivent cette situation comme une *dévalorisation, une stagnation, un déclassement :*

"Maintenant, je me trouve dévalorisé. Ce n'est pas une mobilité pour moi. Etre éducateur, avec mes diplômes, mon expérience, non, ce n'est pas une promotion." (Educateur, 38 ans).

" D'abord, je ne vois pas mon avenir dans le social, pour moi, le travail social est une bourse pour terminer mes études" (Educateur, 24 ans).

" Ah... non pas forcément, je veux dire vu ce que je fais ici, c'est une régression..." (Educatrice, 34 ans).

Ces discours posent la question des stratégies et des choix stratégiques du secteur social. Pour les surdiplômés, l'orientation vers cette profession est liée par la force des choses, comme nous l'avons déjà montré. Nous avons repéré deux types de stratégies[283] :

- *Les stratégies dominées*, parce que ces surdiplômés viennent des classes populaires. Le choix du travail social est un "choix du nécessaire", limité à l'accommodation de leur condition sociale d'origine. Le choix est vécu comme le produit de l'intériorisation de la nécessité "plus exactement, il est le produit incorporé et naturalisé de conditions sociales d'existence".[284]

---

[283] Nous ne pouvons nous empêcher de souligner que les stratégies des acteurs sont rationnelles, mais d'une rationalité limitée et contingente. Le concept de stratégie est certes central dans cette étude, mais comme le suggère P. Bernoux "à condition de ne pas le réifier : l'acteur n'a que rarement des objectifs clairs, ni des projets cohérents. Son comportement est actif, rationnel mais sa rationalité se définit, plus par rapport aux opportunités que lui offre l'organisation et au comportement des autres acteurs, que par rapport à des objectifs ou des projets cohérents. Il peut être offensif, cherchant des opportunités pour améliorer sa situation, ou défensif, maintenant sa marge de liberté et sa capacité à agir. Pour comprendre la stratégie d'un acteur, il importe de prendre en compte les régularités de ses comportements". Voir P. Bernoux, "Principaux domaines de recherche en France. Sociologie du travail et des organisations", *cahiers Français* n° 247.

[284] ACCARDO, A. *Initiation à la sociologie*, éd. le Mascaret, 1991 (2ème édition), p. 136.

- *Les stratégies moyennes,*[285] parce que ces surdiplômés ont un capital scolaire élevé, auquel ils croyaient (ou ils croient encore). Ils se définissent sous un double rapport : classes supérieures/classes inférieures, d'où l'intériorisation d'une logique de la distinction. Ils vivent dans une sorte d'ambivalence, "une espèce d'entre-deux social entre le pôle dominant" en exhibant leurs titres universitaires et "le pôle dominé de la structure des classes sociales", en se disant dépités par leur situation d'immigrés qui les met dans une posture d'échec malgré leur capital scolaire. Par situation d'immigré, il faut entendre la discrimination à l'embauche, telle que l'a démontré récemment Ph. BATAILLE,[286] dans une enquête qu'il vient de mener dans des entreprises et des administrations, à la demande de la CFDT. Il l'a, par exemple, mise en évidence dans plusieurs entreprises métallurgiques du bassin d'Alès. Ainsi, dans l'une des usines employant 600 salariés, 4 Maghrébins seulement ont un contrat à durée indéterminée. Il s'agit donc du processus d'exclusion par le racisme qui dans ce cas accompagne et renforce l'exclusion en expulsant le groupe racialisé hors des entreprises. Cette discrimination d'accès à l'emploi est encore plus terrible parce qu'elle est "invisible", par conséquent difficile à combattre et renforce l'idée auprès des surdiplômés d'origine étrangère que le modèle français de l'intégration fondé sur le mérite de chacun est en crise.

Si les études américaines ont montré l'inégalité des chances et de traitement entre "le blanc et le noir", même lorsqu'ils avaient tous deux le même niveau d'instruction, de qualification et d'expérience, cette thèse est encore d'actualité mais sous des formes plus déguisées.[287] Dans la conjoncture actuelle, il n'est pas étonnant de voir des surdiplômés d'origine étrangère se sentir rejetés à cause de leurs spécificités ethniques, et se replier dans l'un des secteurs où ils peuvent encore s'insérer.

Toutefois, il conviendrait de souligner que le rejet dont souffrent les TSOE surdiplômés, se manifeste aussi chez beaucoup de Français d'origine diplômés, mais d'une manière différente. Nous posons donc l'hypothèse qu'aujourd'hui, il y a de plus en plus de surdiplômés Français d'origine, qui vivent le même sentiment de déclassement que leurs collègues d'origine étrangère.

III.2. Les sous diplômés

Les TSOE ayant un capital scolaire faible, reconnaissent que le travail social a été pour eux un moyen de promotion sociale, même si certains refusent de le reconnaître. Souvent, comme s'ils étaient gênés, essentiellement

[285] Ibidem, p. 155.

[286] Voir article : le monde du 21 février 1997.

[287] Voir à ce sujet l'article de D. DUPREZ : " Entre discrimination et désaffiliation : l'expérience des jeunes issus de l'immigration maghrébine ". *Les annales de la recherche urbaine,* n° 76, 1997.

pendant les entretiens, ils disent au départ que ce n'est pas une promotion. Ce qui nous incite à relativiser les réponses obtenues par questionnaires. Malgré quelques hésitations, l'apport du travail social dans la promotion sociale des sous diplômés est indéniable.

" Une promotion, non, je ne crois pas... enfin c'est évident, finalement, quand je pense, mon ambition était de sortir de mon milieu d'appartenance, mon milieu ouvrier, c'est la volonté de réussir, et j'ai réussi.." (Animateur, 29 ans).

"Non, le mot promotion est trop fort. Même si je reconnais que je suis quelqu'un d'autre. J'ai une place dans ce monde que je me suis donnée, qu'on me reconnaît..." (Animatrice, 23 ans).

"Pour moi, c'est important d'être arrivée là. Pour moi, c'est une promotion, j'étais coincée financièrement, je ne pouvais pas me payer les études, ce n'était pas possible..." (Animatrice, 32 ans).

Comme nous pouvons le remarquer à travers ces discours, tous reconnaissent le poids du travail social par rapport à leur situation actuelle vécue comme une réussite. Certains ont affirmé qu'ils vivent mieux aujourd'hui parce qu'ils se sentent reconnus dans la société :

"Ah, maintenant que j'y pense, je suis bien maintenant, j'étais un usager du social, tu sais ?... Je suis moins défaitiste qu'avant. Lorsque je galérais, je me disais le lendemain sera toujours pareil, et maintenant plus rien n'est impossible ..." (Animateur, 36 ans).

Dans ce dernier discours, on peut imaginer le chemin parcouru par cet animateur et la manière dont il analyse sa trajectoire. Plusieurs, comme lui, sont dans cette position d'introspection, appréciant le moment présent. Le travail social est bien une piste de promotion sociale pour les TSOE ayant un capital scolaire faible ou encore une piste pour une future promotion comme l'a souligné une enquêtée : *"Le travail social est plutôt un prolongement vers une promotion, c'est un tremplin"*.

Chez eux, l'idée d'ascension sociale est présente, mais compte tenu de leurs conditions sociales d'origine, celle-ci est différée. Ils ont adopté les stratégies dominées, en conformité avec la modestie de leur condition. Au regard de leur situation de départ, leur position actuelle est donc jugée comme convenable et raisonnable, ils se contentent de ce qu'ils ont.

Pour certains d'entre eux, la promotion sociale consiste à ne pas retrouver la rue, à éviter à tout prix de retomber dans une condition inférieure, se maintenir "au dessus du seuil de pauvreté", voilà le "réalisme des stratégies populaires gouvernées, plus que toute autre, par le principe de conformité (conformité aux attentes du groupe et à la position occupée)... ils ne cherchent pas à décrocher la lune dans quelque domaine que ce soit..." (ACCARDO, 1991, op.cit. p. 152). Ce qui importe le plus est d'avoir une bonne place, celle qu'ils possèdent actuellement.

Donc, si le travail social est bien une profession de repli pour certaines catégories, telles celles des accidentés biographiques, des surdiplômés, des errants professionnels ou des redoublants persistants, il constitue aussi une piste de promotion sociale, tant pour les sous diplômés, que les surdiplômés, au regard de leurs trajectoires accidentées.

IV. L'APPORT DU TRAVAIL SOCIAL PAR SEXE

Apport aux TSOE	Hommes		Femmes		TOTAL	
	Nombre	%	Nombre	%	Nombre	%
Initiation aux phénomènes de marginalité	25	23,8	13	12,8	38	36,2
Aide aux personnes en difficulté	16	15,2	88	7,7	24	22,9
Connaissance des politiques et des dispositifs sociaux	44	41,9	26	24,8	70	66,7
Promotion	12	11,4	9	8,6	21	20,0
Autres	24	22,9	20	19,0	44	41,9
TOTAL	63	60,0	42	100,0	105	100,0

L'analyse de ce tableau fait ressortir qu'entre les femmes et les hommes, il n'y a pas de différences significatives sauf pour l'item "*compréhension et connaissance des politiques sociales*" où les hommes sont plus nombreux (41,9 %) que les femmes (24,8%) à déclarer que le travail social leur a permis de mieux connaître les différents dispositifs sociaux et politiques.

Mais, ce qui nous motive finalement pour aborder cette section, c'est d'analyser ce que disent ces femmes à propos du choix du travail social par rapport à leur milieu social d'origine, en particulier leur famille. A travers la question sur l'apport du travail social, nous avons remarqué qu'en dehors des items analysés précédemment, le travail social a été pour 13 femmes, un moyen de se libérer de la tutelle parentale :

"J'ai commencé à prendre le bus toute seule à l'âge de 18 ans. Ils avaient peur qu'il m'arrive quelque chose, et moi j'avais aussi peur de l'extérieur, du regard de l'autre ; je n'ai jamais pu faire ce que je voulais, j'ai perdu

trop de temps... le travail social, c'est une réussite pour moi, c'est une porte de sortie de la maison..." (Educatrice, 27 ans).

"Le travail social a été pour moi une façon d'exister, dans ma famille, d'avoir une identité, une manière d'exprimer ce qui est en moi, une manière de me valoriser..." (Animatrice, 31 ans).

Les discours de ces femmes ont souvent été évoqués pour expliquer les difficultés qui frappent certaines d'entre elles par rapport à leurs familles. Les conflits opposant ces femmes avec leurs parents portent surtout sur les projets d'avenir, en particulier le mariage ou le retour dans le pays d'origine. L'analyse des rôles parentaux a souvent montré le décalage existant entre ces enfants nés ici, et les projets de leurs parents, souvent basés sur le mariage, impliquant de fait une surprotection de la fille. Le paradoxe est là. En effet, la politique familiale reste quelquefois attachée à l'idéologie traditionnelle de la famille, poussant les jeunes filles à adopter des stratégies de contournement :

"J'ai choisi d'avoir plusieurs vies. J'ai tout séparé géographiquement. Là où je vis, ce n'est pas là où je travaille. Et là ou je vis, ce n'est pas là où j'ai vécu. Même dans ma tête, c'est séparé. Je me sens bien comme ça. Je n'ai plus envie de vivre comme les autres. Je n'ai pas envie de me marier pour faire plaisir, avoir une bonne réputation. J'ai envie de vivre ma vie pour personne. C'est peut-être le travail social qui m'a fait découvrir moi-même. Si à un moment donné il faut faire un choix, je le ferai. Cela sera extrêmement difficile. Je suis partagée entre l'amour que j'ai pour un copain et celui que j'ai pour mon père. Quand on perd quelqu'un, on reporte l'amour, mon père c'est le seul lien que j'ai avec ma famille. Le moyen de ne pas le faire souffrir c'est de ne pas le dire. C'est une stratégie que j'ai développée." (Animatrice, 24 ans).

Ce discours révèle le poids du travail social par rapport aux stratégies développées par ces filles pour sortir de leurs milieux familiaux.

"Le travail social m'a apprise à mentir. Pour sortir, je disais que je travaillais la nuit, mais en réalité, c'était pour sortir avec des copains et copines" (Animatrice, 29 ans).

Une animatrice nous a également expliqué qu'elle est partie la première fois en vacances, en prétextant auprès de ses parents faire un camp de vacances avec les jeunes de son établissement. Or, il s'agissait de passer des vacances avec des amis. En fait, le travail social, comme tout travail, permet à certaines filles issues de l'immigration maghrébine de s'affranchir de la tutelle parentale en utilisant des stratégies de contournement par le biais de leur travail. Ainsi que nous l'avions souligné, beaucoup de filles sont parvenues à se libérer de la tutelle parentale grâce à la professionnalisation dans le travail social.

CHAPITRE VIII

ANALYSE COMPARATIVE DES MODES D'ACCÈS AUX PROFESSIONS SOCIALES DES TRAVAILLEURS SOCIAUX D'ORIGINE ÉTRANGÈRE ET FRANÇAIS D'ORIGINE

I. PROFILS SOCIOLOGIQUES

I.1. Sexe et année de naissance

Au regard de nos deux populations, nous avons remarqué que les TSFO paraissent plus jeunes, puisque l'âge varie entre 20 et 45 ans. Quarante-huit d'entre eux sont nés entre 1960 et 1969, et 61 après les années soixante-dix, alors qu'ils ne sont que 21 chez les TSOE. De même, l'âge de ces derniers varie entre 20 et 55 ans et plus de la moitié, soit 67 personnes sont nées entre 1961 et 1970.

En ce qui concerne le sexe, si toutes les études ne cessent de montrer que les professions sociales sont celles où les femmes sont plus nombreuses, on constate qu'il en va différemment chez les TSOE, puisqu'on dénombre 49 (40,5%) femmes et 72 (59,5%) hommes. Chez les TSFO, la tendance traditionnelle est respectée, puisque les femmes (87, soit 65,4%) sont largement plus nombreuses que les hommes (46, soit 34,6%). La situation familiale de ces populations n'apporte pas de bouleversements significatifs, sauf pour la cohabitation où celle-ci concerne plus souvent les TSFO, 20 (15,0%) que les TSOE, 7 (5,8%). Nous avons fourni un début d'explication dans nos analyses précédentes, et il n'est donc pas utile d'y revenir.

I.2. Professions et catégories sociales des parents

L'analyse comparative des données recueillies laisse transparaître, auprès des parents des TSFO, une nette prédominance des catégories intermédiaires : 15% des parents appartiennent aux professions intermédiaires et 22,6% (hommes) et 31,6% (femmes) sont des employés. Comparées à celles de C. DUBAR (1970) concernant les éducateurs, ces données révèlent une persistance des couches moyennes, puisque dans sa thèse, il a montré que 37,8%

de son échantillon étaient issus des classes moyennes salariées. Si un sixième de sa population était constituée d'enfants d'ouvriers, ils sont 24,7% chez les TSFO et 80,1% chez les TSOE (pères). Pour ce qui est des mères de nos enquêtés, un autre fait frappant est celui des femmes inactives issues de l'immigration. En effet, si 19 (15%) ont un emploi déclaré, 95 (78,5%) d'entre elles sont inactives, alors qu'elles ne sont que 30 (22,6%), chez les Françaises d'origine.[288]

Lorsque l'on prend les enfants originaires du monde ouvrier, on peut affirmer, à la lumière des statistiques en présence,[289] que les chiffres sont restés stables tant pour les hommes que pour les femmes.

L'évolution pour les éducateurs est la suivante : 25,3% (1943-1969), 33,4% (1970-1977), 23,7% (1975), 22,1% (1980), 24,7% (1985), 25,9% (1990-1992). Par contre, les chiffres provenant des professions intermédiaires ont quasiment doublé : de 13,2% entre 1943 et 1969 à 26,6% entre 1990 et 1992.

L'évolution pour les éducatrices est la suivante : 14,6% (1943-1969), 25,3% (1970-1977), 23% (1975), 18,4% (1980), 22,6% (1985), 19,3% (1990-1992). En ce qui concerne les professions intermédiaires, la remarque faite pour les éducateurs vaut également pour les éducatrices.

De ces chiffres, il ressort que si les enfants d'ouvriers, notamment les hommes, étaient nombreux à choisir les métiers d'éducateurs, les femmes, quant à elles, provenaient des milieux aisés. Aujourd'hui, les travailleurs sociaux sont plus nombreux à provenir des professions intermédiaires, des employés et du monde ouvrier.

Ceci confirme nos propres résultats auprès des TSFO. Toutefois, ce qu'on peut dire des origines sociales des TSOE comparées à celles des TSFO, est que les premiers proviennent largement des couches inférieures. Cela a forcément une incidence dans le choix d'une profession où l'on a l'avantage de combiner salaire et études.

I.3. Niveau d'instruction des parents

Les résultats obtenus font ressortir que peu de parents ont un capital scolaire élevé. Pour l'ensemble de parents, les TSFO comptent 23 hommes et 19 femmes ayant un niveau allant du bac à bac+3. Chez les TSOE, ils ne sont que 9 en tout. En effet, les parents TSOE ont un niveau d'instruction relativement bas, avec un nombre impressionnant de personnes ne possédant pas la maîtrise de l'écriture et de la lecture : 51 (42,1%) hommes et 81 (66,9%) femmes. En outre, on peut constater que 94 (77,7%) hommes et 99 (81,8%) femmes n'ont obtenu aucun diplôme. Nous pouvons donc affirmer que les TSOE sont issus de familles qui cumulent les positions défavorables.

---

[288] En ce qui concerne les mères des TSFO, elles sont 89 à avoir un emploi.

[289] A. VILBROD, 1995 (op. cit. p.107-110).

II. TRAJECTOIRES SCOLAIRES

DIPLÔME SCOLAIRE LE PLUS ÉLEVÉ DES TSFO ET DES TSOE

DIPLÔMES OBTENUS	EFFECTIF		%	
	TSFO	TSOE	TSFO	TSOE
CEP	7	4	5,3	3,3
BEPC	14	5	10,5	4,1
CAP/BEP	35	25	26,3	20,7
BAC	59	55	44,4	45,5
BAC + 2	12	6	9,0	5,0
BAC + 3	2	6	1,5	5,0
Supérieur à BAC + 3	-	17	-	14,0
Non réponses	4	3	3,0	2,5
TOTAL	133	121	100,0	100,0

Les résultats de notre enquête, illustrés par le tableau ci-dessus, dénotent une dispersion des niveaux, tant chez les TSFO que les chez les TSOE : 26% de TSFO possèdent le CAP/BEP contre 20% des TSOE, et 44,5% ont obtenu le baccalauréat contre 45,5%. Toutefois, une comparaison des niveaux entre les deux groupes d'enquêtes montrent que les TSOE comptent dans leur rang un nombre plus élevé ayant un niveau supérieur au bac, soit 14 (10,5%) des TSFO, et 29 (24%) des TSOE. Nous pouvons voir qu'auprès des TSOE, il y a un peu plus de "déclassés universitaires" qui n'ont pas su capitaliser les diplômes obtenus dans leurs filières de départ, d'où "un repli vers le travail social".

Nous avons noté dans les trajectoires scolaires beaucoup de redoublements, de part et d'autre, dont voici la répartition des suffrages recueillis par niveau. Pour les travailleurs sociaux Français d'origine : primaire (14), C.E.S (49), Lycée (42), DEUG (21) ; pour les travailleurs sociaux d'origine étrangère : primaire (23), CES (30), Lycée (46), DEUG (33). Si, pour les TSFO, le redoublement s'effectue principalement au collège et au lycée, pour les TSOE, il survient plus tard, c'est-à-dire principalement au lycée et dans les études supérieures. Mais, nous pouvons également remarquer que les TSOE sont plus nombreux que les TSFO à redoubler en primaire.

Quant aux causes du redoublement, tant chez les TSFO (45 suffrages) que les TSOE (36 suffrages), il y a prédominance de l'item "*manque d'intérêt pour l'école*", suivi d'une autre cause invoquée pour ces derniers "*le man-*

que de soutien scolaire" (34 suffrages). Nous pouvons en déduire que les parents des TSOE étant pour la plupart analphabètes, la scolarisation des enfants s'en trouve affectée. Moins suivis par des parents dépourvus de moyens culturels nécessaires, les accidents de la scolarisation ont été nombreux. Ainsi, ce n'est donc pas la variable origine étrangère qui est en cause, c'est bien la catégorie socio-professionnelle des parents.

A la question : *"au cours de votre scolarité, vous est-il arrivé d'être orienté vers certaines classes, sections, etc. qui ne faisaient pas* a priori *l'objet de vos préférences ?"*, 51 (42,1%) TSOE et 46 (34,6%) TSFO répondent positivement. La décision d'orientation est plus souvent contestée qu'acceptée. Elle est exprimée avec amertume, en la reliant quelquefois à l'origine ethnique pour les TSOE, et en fustigeant l'Education Nationale pour les TSFO. Un discours négatif est souvent tenu à propos des enseignants. Pour eux, une ségrégation de fait demeure. Cette orientation imposée vers des filières non désirées a laissé des marques chez ceux qui l'ont subie : rejet de la formation et arrêt de la scolarité par dégoût.

Hormis les redoublements et les orientations jugées inacceptables, beaucoup ont interrompu leur scolarité (97 TSFO et 76 TSOE). Les raisons de cet arrêt sont nombreuses, mais les problèmes financiers prédominent. Auprès des TSOE (44 suffrages), le poids des facteurs économiques a été plus prégnant que chez les TSFO (27 suffrages recueillis). La priorité a consisté à trouver un emploi pour subvenir aux besoins d'une famille souvent nombreuse dont la fratrie varie pour les TSOE de 2 à 18 frères et sœurs. Enfin, l'arrêt de la scolarité n'est pas simplement vécu comme un moment d'échec, il est aussi celui de la réflexion, celui de l'apprentissage des professions sociales, du test personnel pour mesurer ses capacités à s'engager en faisant des stages dans les établissements.

III. CHOIX DES PROFESSIONS SOCIALES

III.1. Métiers souhaités par les parents et les enquêtés

Nous avons voulu connaître les aspirations des parents pour leurs enfants ainsi que celles de ces derniers quant au choix professionnel en posant deux questions : *Quel métier vos parents vous voyaient-ils faire ? Quel métier auriez-vous aimé exercer ?*

Tout d'abord, il y a une diversification des choix et un décalage entre les souhaits des parents et ceux des enfants. Nous avons remarqué que les souhaits des TSFO se sont portés le plus souvent sur les professions sociales (56 suffrages, soit 42,1%), ceux de leurs parents vers l'enseignement (19 suffrages, soit 14,3%). Le travail social n'ayant été cité que 9 fois (6,8%). Quant aux TSOE, les choix des parents se portent, de très loin, sur les professions médicales (36 suffrages, soit 29,8%), tandis que les TSOE eux mêmes se tournent un peu plus vers les professions sociales 27 (22,3%) et l'enseignement 22 (18,2%). De la part des deux parents, les professions sociales ne figuraient pas dans les projets qu'ils avaient bâtis pour leurs enfants. Le monde du travail social semble inconnu, aussi bien pour les parents des TSOE que des TSFO.

III.2. Emplois antérieurs

Quels sont les emplois occupés par les TSOE et les TSFO avant d'accéder au secteur social ?

29 (24%) TSOE se trouvaient déjà impliqués dans le secteur social, de même que 31 TSFO, soit 23,3 %. On constatera là, la similarité des résultats. Par contre 29 (29,8%) TSOE ont exercé des métiers d'ouvriers, tout comme leurs parents, alors qu'ils ne sont que 7 (12,8%) TSFO. En ce qui concerne ces derniers, 39 (29,3%) d'entre eux, étaient des employés contre 22 (18,2 %) chez les TSOE.

Toutefois, occuper un emploi avant l'orientation vers le travail social n'est pas nouveau, puisque J. ELOY (1985) dans son étude fait la même remarque pour les animateurs, et l'étude récente de A. VILBROD (1995), ne fait que confirmer la nôtre. L'impression qui se dégage de tout cela est que le secteur social semble être celui du "repli" depuis longtemps, puisqu'un certain nombre de travaux signalent, de même manière, la reconversion de plusieurs personnes aux professions sociales. Reste à savoir s'il s'agissait d'un véritable engagement professionnel ou de simples jobs de vacances ou d'attente. Dans ce cas, le repli ne peut être analysé de la même manière que les accidentés biographiques de nos échantillons qui, eux, ont changé de profession à cause du chômage.

III.3. Socialisation professionnelle

Si le choix d'un métier relève d'un processus, celui-ci ne peut donc être l'effet du hasard. Ce choix se forme dans les rencontres avec d'autres travailleurs sociaux, comme ce fut le cas pour 75 (62 %) TSOE et 62 (46,6 %) TSFO. Ces rencontres qui se sont déroulées pour 50 (48,1%) dans les centres sociaux, semblent avoir été le catalyseur ayant favorisé l'accession aux professions sociales, surtout pour les jeunes issus des quartiers. En outre, ces contacts les ont amenés à intérioriser un métier d'aide et à poursuivre leur socialisation à la profession par le passage de diplômes d'animation. Ainsi, plus de la moitié des TSOE, 70 (53% de l'échantillon) possèdent le brevet d'aptitude aux fonctions d'animation et 16 (12%) le brevet d'aptitude aux fonctions des directeurs des centres de vacances. Chez les TSFO les chiffres sont respectivement de 75 (46,3 %) et de 18 (11,1 %). Rappelons que les structures d'accueil poussent leurs jeunes à passer ces diplômes qui constituent aux yeux des anciens, moyennant quelquefois au départ une activité bénévole, le premier pas vers une véritable professionnalisation.

III.4. Orientation vers le travail social

Rappelons également que les résultats qui suivent ont été obtenus en posant la question suivante : *quelles sont les raisons qui vous ont orienté vers le travail social ?* Cette question est composée de 9 items dont les réponses figurent dans les tableaux suivants. Les analyses sont donc fondées à partir des réponses recueillies dans les questionnaires et surtout dans les entretiens avec les TSOE.

RAISONS DU CHOIX DU TRAVAIL SOCIAL DES TSFO

RAISONS	Nombre	%
Intérêt professionnel	70	53,8
Moyens d'accès à l'université	6	4,6
Échec dans les études antérieures	43	33,1
Chômage	25	19,2
Conseil d'un ami	27	20,8
Conseil d'un parent	7	5,4
Militantisme	16	12,3
Désir d'aider les jeunes	89	68,5
Autres	16	12,3
Non réponses	3	

RAISONS DU CHOIX DU TRAVAIL SOCIAL DES TSOE

RAISONS	Nombre	%
Intérêt professionnel	40	33,3
Moyens d'accès à l'université	8	6,7
Échec dans les études antérieures	38	31,7
Chômage	37	30,8
Conseil d'un ami	28	23,3
Conseil d'un parent	7	5,8
Militantisme	20	16,7
Désir d'aider les jeunes	80	66,7
Autres	17	14,2
Non réponses	1	

Dans les analyses qui suivent, nous n'entrerons pas dans le détail, comme nous l'avons fait précédemment. Nous essayerons simplement de dégager les points forts de l'accès aux professions sociales des TSOE et des TSFO.

Les deux tableaux montrent la prédominance d'un item, tant pour les TSOE, 80 (66,7%), que pour les TSFO, 89 (68,5%), c'est le *"désir d'aider les jeunes"*, au cœur de la mission du travailleur social. Cette aide, centrée sur la personne, prend en compte la vie quotidienne du sujet et tente de rechercher des solutions aux problèmes posés, en utilisant logiquement les ressources de l'assisté et celles qu'offre l'environnement social. Ce désir d'aide ayant pour objectif "d'aider l'assisté à trouver un fonctionnement normal" se situe à trois niveaux selon le Conseil Supérieur du Travail Social :

"La personne elle-même : on se place par rapport à l'autre, à son univers et à sa trajectoire pour le rendre autonome".

"La sociabilité de la personne : il s'agit de restaurer le réseau de relations de la personne, afin qu'elle trouve sa place dans la société".

"L'articulation du quotidien singulier avec la globalité économique, sociale et culturelle qui caractérise la société : il s'agit d'adapter l'action sociale par sa fonction (celle du travailleur social) d'interpellation institutionnelle et politique"[290].

En fait, ce plébiscite par les travailleurs sociaux de la notion d'aide montre une intériorisation de leur mission qui, à notre sens, relève aussi d'une certaine démagogie sociale et surtout de la psychologisation abusive de ce secteur. Parler d'aide et du travail social, c'est presque un pléonasme.

Comme le dit A. TOURAINE, dans cette notion d'aide *"on doit reconnaître l'autre comme sujet, en tant qu'une personne capable de modifier son environnement à travers ses actions, plutôt que d'être déterminé par lui"*,[291] c'est-à-dire faire en sorte qu'elle soit capable d'assumer *"un rôle social"*. Or, pour beaucoup de travailleurs sociaux, elle est devenue une manière détournée de psychologiser leurs propres difficultés. C'est là tout le problème.

Le choix de l'item *"désir d'aide"* est influencé aussi par la nature même des professions sociales. M. ROSENBERG[292] reconnaît que la décision prise dans le choix professionnel dépend d'un certain nombre de facteurs complexes que sont : les intérêts, les aptitudes de la personne, son échelle de

---

[290] Conseil Supérieur du Travail Social : *L'intervention sociale d'aide à la personne*. Rapport au ministre, janvier, 1996. Ministère du travail et des affaires sociales.

[291] TOURAINE, A. Revue *sciences humaines*, n° 42, 1994, p. 56.

[292] ROSENBERG, M. Facteurs influençant le changement du choix de métier, in André LEVY : *psychologie sociale. Textes fondamentaux anglais et américains*, Tome 1, éd. DUNOD, 1978, pp. 79-80.

valeurs et d'autres. Dans deux études concernant les valeurs, menées aux Etats-Unis sur les étudiants, il a examiné certains des facteurs qui influencent les changements de choix de métier. Il a découvert que, malgré les différences de valeurs que les personnes engagées dans la même profession désirent satisfaire, il y a souvent une tendance chez les membres d'une même profession à choisir certaines valeurs définies par celle-ci. Ainsi, les étudiants qui choisissent de devenir enseignants ou travailleurs sociaux, se réfèrent aux valeurs "orientées vers les personnes", comme nous l'avons vu dans notre travail, et les personnes tournées vers le domaine des affaires mettent en avant les récompenses extérieures de leur travail, l'enrichissement, etc.

Pour les TSFO après l'item "*désir d'aide*", suivent : "*intérêt professionnel*" : 70 (53,8%), "*échec dans les études antérieures*" : 43 (33,1%), "*conseil d'un parent*" : 27 (20,8%), "*chômage*" : 25 (19,2%) et pour les TSOE, nous avons respectivement, "*intérêt professionnel*" : 40 (33,3%), "*échec dans les études antérieures*" : 38 (31,7%), "*chômage*" : 37 (30,8%), " *conseil d'un ami* " : 28 (23,3%), "*militantisme*" : 20 (16,7%).

Nous avons noté que l'orientation vers le travail social par "intérêt" arrive en deuxième position, pour les deux groupes d'enquêtes. Par contre, les suffrages recueillis sont très différents, puisque les TSFO sont plus nombreux à déclarer avoir choisi leur métier par "intérêt". Cet intérêt pour le travail social était à rechercher dans les trajectoires de chacun. Ainsi, nous avons vu auprès des enquêtés que "l'intérêt" vers les professions sociales était pour certains d'entre eux tardif, lié à des accidents biographiques (chômage, échec dans les études, abandon de la scolarité à cause des problèmes familiaux, etc.).

En troisième position arrive l'item *: "les échecs dans les études antérieures"* dont les suffrages recueillis ne sont pas significativement différents pour les deux populations. Par contre, il existe une nette différence concernant " le chômage " qui n'arrive qu'en cinquième position pour les TSFO, 25 (19,2%), et en quatrième position pour les TSOE, 37 (30,8%) avec des suffrages nettement au-dessus, comparativement à ceux des TSFO. Les deux items précités font partie des indicateurs de repérage des accidentés biographiques sur lesquels nous reviendrons.

L'item "*militantisme*" a recueilli, de part et d'autre, peu de suffrages, et arrive seulement en sixième position tant chez les TSOE, 20 (16,7%), que chez les TSFO, 16 (12,3%). En croisant ces résultats avec ceux concernant "*la participation à la vie collective*", la comparaison entre les TSFO et les TSOE montre que ces derniers sont plus nombreux à faire partie des associations sportives (31) que les TSFO (24), des associations socio-culturelles, 52 suffrages contre 34, et enfin à avoir déclaré adhérer à un parti politique, 18 suffrages contre 8.

Nous avons essayé d'expliquer cette différence en montrant que vivre dans des quartiers confrontés à d'énormes difficultés, participer à des associations de quartiers, développe un élan militant constaté chez beaucoup de personnes d'origine étrangère. Toutefois, ce militantisme de quartier n'amène pas toujours à un engagement syndical. Puisque celui-ci est moindre dans notre enquête. L'item "*conseil d'un parent*" a recueilli le même nombre de suffrages (7) auprès de deux groupes d'enquêtés. Ce chiffre correspond à peu près aux métiers souhaités par les parents, puisque dans les souhaits, seulement 9 (6,8%) parents des TSFO et 3 (2,5%) de ceux des TSOE projetaient une profession sociale pour leurs enfants. Cela est dû également au fait que les professions sociales sont méconnues des parents des TSOE.

Quant à l'item " *conseil d'un ami ou d'autres personnes* " les suffrages s'élèvent à 28 (23,3%) chez les TSOE et 27 (20,8%) chez les TSFO. L'une des explications possibles nous est donnée par la fréquentation des centres sociaux par les enquêtés et la rencontre avec les travailleurs sociaux dans leur jeunesse : 62 (46,6%) pour les TSFO et 75 (62%) pour les TSOE. Certains d'entre eux ont effectivement bénéficié des conseils d'amis, voire d'autres personnes. Toutefois, quelles que soient les raisons avancées, désir d'aide, intérêt professionnel, militantisme, conseil d'ami ou de parents, etc., nous ne pouvons écarter le choix par "*repli professionnel*" lié à des accidents biographiques qui, en fait, constitue l'une de nos principales hypothèses.

IV. LES ACCIDENTÉS BIOGRAPHIQUES

L'une des hypothèses de cette étude consistait à dire que les professions sociales doivent être considérées comme celles du repli permettant aux agents sociaux qui s'y orientent d'ajuster "une situation subie et non désirée". Cette hypothèse est confirmée dans notre travail de thèse, puisque nous avons repéré 59 accidentés biographiques TSFO et 83 TSOE. Nous avons vu que ces accidentés biographiques étaient difficiles à appréhender si l'on se contente du questionnaire et des items posés au départ. Pour les repérer, une reconstitution des itinéraires s'est avérée nécessaire pour saisir le moment clé de basculement vers les professions sociales, surtout pour les TSFO, chez qui l'essentiel de l'étude repose sur les questionnaires.

IV.1. Les échecs dans les études antérieures (les redoublants persistants, les errants universitaires)

Dans cette catégorie, figurent ceux que nous avons appelés *"les redoublants persistants ou les errants universitaires"*. Chez les TSFO, ils sont au nombre de 43 (33,1%) et de 38 (31,7%) chez les TSOE. Ici, les ambitions scolaires et professionnelles de ces personnes ont été contredites. Ce sont des déclassés universitaires qui ont changé de voie par la force des choses : "*les échecs scolaires*". Nous tenons à préciser que tous ceux qui ont eu des échecs n'ont pas forcément imputé leur choix à ceux-ci. L'exemple, nous est donné par les TSOE. Ainsi, sur 46 redoublants au lycée, 17 seulement imputent l'orientation dans le secteur social à leurs échecs. Et sur 33 redoublants en DEUG , nous n'en trouvons que 26. La variable "*échec dans les études*" a une incidence évidente au niveau du cycle universitaire et dans une moindre mesure au lycée.

IV.2. Le chômage (les errants professionnels)

Le chômage, comme motif du choix de ce métier, ne peut être isolé des autres items, c'est-à-dire aussi bien "désir d'aide" "qu'intérêt professionnel...". D'ailleurs, des enquêtés ont coché d'autres items que celui du chômage quant au choix professionnel, mais c'est en reprenant la trajectoire de chaque enquêté que nous nous sommes aperçus de "l'errance professionnelle" de certains d'entre eux, liée évidemment au chômage.

Comparativement aux TSFO dont 25 (19,2%) ont déclaré choisir les professions sociales à cause du chômage, les TSOE sont plus nombreux avec 37 enquêtés équivalant à 30,8%. Un regard sur les emplois occupés avant l'orientation dans le secteur social confirme les affirmations précédentes et les difficultés d'insertion frappant les TSOE, puisque ces derniers ont été, par exemple, plus nombreux à avoir occupé des emplois d'ouvriers 36 (29,8%) que les TSFO (12,8%), dont beaucoup étaient "employés" 39 (29,3%), alors qu'ils n'étaient que 22 (18,2%) TSOE. Parmi les ouvriers, nous avons comptabilisé 11 surdiplômés TSOE (niveau licence et plus), or il y en a aucun chez les TSFO.

Nous avons vu plusieurs cas de déclassés professionnels qui n'ont jamais su se fixer sur un emploi quelconque : des personnes dépourvues économiquement, se retrouvant en difficulté et menacées de déchéance totale. Pour elles, l'entrée dans le social est bien le fait du chômage. La rencontre avec le nouveau métier dépendait essentiellement de la conjoncture, c'est-à-dire la conjoncture économique qui conduit beaucoup de personnes au chômage. De même, des enquêtés ont arrêté leur scolarité en recherchant un métier combinant gain d'argent et études, parce que les parents n'étaient plus en mesure de subvenir aux études de leurs enfants.

Nous pouvons dire que l'examen des résultats de la reconstitution des trajectoires laisse apparaître les déterminants des choix des professions sociales de nos échantillons :

Pour 59 personnes (TSFO) et 83 (TSOE), c'est «l'errance professionnelle» qui se traduit par des «entractes»[293] ou des périodes de chômage et des échecs scolaires. Toutefois, comme cela avait été signalé par certains auteurs, on ne

---

[293] C. N DRANCOURT et L. ROULLEAU-BERGER 1995, op. cit.

peut interpréter toutes les ruptures de scolarité comme un repli professionnel. Il y a des ruptures de scolarité qui relèvent des stratégies individuelles. Certaines personnes préparent volontairement deux années de DEUG avant de s'orienter vers les formations de la protection judiciaire de la jeunesse ou encore vers d'autres formations sociales.

En outre, les périodes d'échec ou encore les «entractes» sont des moments de réflexion et de réorientation. Mais ce phénomène qui se profile de plus en plus à l'horizon ne peut-être occulté, puisque parmi les accidentés biographiques, il y a des «miraculés de la désaffiliation» dont l'entrée dans le secteur social est une lutte contre l'exclusion.

Dans ces conditions, le travail social constitue une solution de dépannage au même titre que le RMI, c'est-à-dire «une allocation d'assistance ordinaire et un moyen de survie»[294] .

Ici, on peut attribuer au travail social un double rôle : celui du «producteur de sens» grâce aux actions de ses acteurs sur les assistés sociaux et celui de «réaffiliateur» grâce à la réintégration de certains travailleurs sociaux qui se trouvaient en voie de disqualification. *L'entrée dans les professions sociales peut être interprétée comme le moyen de traiter leur propre exclusion.*

On peut utiliser la notion de «carrière»[295] en envisageant l'entrée dans le monde du travail comme un processus et non un état. Cette notion est nécessaire, car elle permet de décrire la trajectoire d'un individu dans une organisation en tenant compte des dimensions, tant objectives (comme la série des statuts et des positions occupées) que subjectives (comme les changements de situation selon lesquelles les individus se perçoivent). Une carrière n'est pas une trajectoire linéaire, elle est variable, changeante et ambiguë. Comme le souligne E. GOFFMAN : «le terme de carrière est généralement réservé à l'entreprise de celui qui entend profiter des possibilités de promotion qu'of-

---

[294] S. PAUGAM : *La société française et ses pauvres. L'expérience du revenu minimum d'insertion.* PUF 1995.

[295] Au sens des sociologues interactionnistes.
Hughes définit la carrière comme " le parcours ou progression d'une personne au cours de la vie". Lorsque l'on étudie la carrière d'une personne, il recommande de "trouver l'ordre quel qu'il soit, que peut suivre la vie des personnes à mesure que celles-ci grandissent et étudient ; à mesure qu'elles font des choix ou en subissent, qu'elles sont mises sur la touche ou bousculées par les circonstances ; à mesure que leur énergie, leur talent et leur sagesse croissent ou déclinent ; à mesure qu'elles se consacrent à leur travail et qu'elles s'y attachent plus profondément, ou, à l'inverse, qu'elles s'y ennuient, s'y sentent frustrées et, peut-être, qu'elles abandonnent un type de travail pour un autre, ou bien fuient tout travail ". Il précise que l'étude des carrières dont l'objet est "la dialectique entre ce qui est régulier et récurrent" d'un côté, et ce qui est unique de l'autre, vise à se placer à l'intersection entre ce qu'il appelle "une société stable, mais mouvante et l'être humain unique qui n'a que peu d'années à vivre". Cfr. E.C. HUGHES : *Le regard sociologique. Essais.* Textes rassemblés et présentés par J.M. Chapoulie. Ed. de l'école des hautes études en sciences sociales, 1997, pp. 175-176.

fre toute profession respectable. Mais il est aussi employé dans une acception plus large, pour qualifier le contexte social dans lequel se déroule la vie de tout individu. On se place alors dans la perspective de l'histoire naturelle, c'est-à-dire que l'on néglige les simples événements pour s'attacher aux modifications durables assez importantes pour être considérées comme fondamentales et communes à tous les membres d'une catégorie sociale, même si elles affectent séparément chacun d'entre eux... L'intérêt du concept de carrière réside dans son ambiguité. D'un côté, il s'applique à des significations intimes, que chacun entretient précieusement et secrètement, image de soi et sentiment de sa propre identité ; de l'autre, il se réfère à la situation officielle de l'individu, à ses relations de droit, à son genre de vie et entre ainsi dans le cadre des relations sociales. Le concept de carrière autorise donc un mouvement de va-et-vient du privé au public, du moi à son environnement social, qui dispense de recourir abusivement aux déclarations de l'individu sur lui-même ou sur l'idée qu'il se fait de son personnage»[296].

En fait, le choix des professions sociales se trouve imbriqué dans ce mouvement de va-et-vient dont parle E. GOFFMAN et qui est une sorte de recomposition de l'identité sociale, en s'attachant essentiellement au «cycle des modifications de la personnalité» (GOFFMAN 1990 op. cit. p. 179) de ces travailleurs sociaux, du fait de ce va-et-vient incessant.

Au terme de cette analyse, on peut décomposer la "carrière" des accidentés biographiques en trois phases :

IV.2.1. Une phase de résistance

Pendant cette période, ils essaient de mobiliser positivement leur ressource, lorsqu'ils rencontrent des échecs. On peut les assimiler au «pas-de-chance» dont parle A. VEXILIARD[297] par rapport au clochard, parce qu'ils paraissent récupérables et possèdent des moyens culturels légitimes pour renverser ce mal qu'est «la disqualification sociale», contrairement aux «réprouvés» qui s'habituent à «l'errance» ou encore aux «réputés philosophes»[298] qui se trouvent dans des situations extrêmes et n'ont plus d'alternative. Ici, la phase de résistance s'appuie sur le fait que ces individus possèdent un capital affectif, social et culturel encore appréciable. L'origine culturelle et sociale joue un rôle important dans la capacité de résistance à la déchéance totale. Ainsi, c'est la capacité de l'individu à s'identifier à l'ensemble des valeurs qui fondent les normes sociales (travail, famille, réseau de sociabilité etc.), qui l'aide à reconquérir sa place dans la sphère sociale.[299] On peut

---

[296] E. GOFFMAN : *Asiles. Etudes sur la condition sociale des malades mentaux*. Les éd. de minuit, 1990, p. 179.

[297] A. VEXILARD : *Le Clochard*. Ed. Desclée Debrouwer 1956.

[298] Idem.

[299] F. BLONDEL "Les étapes de la désinsertion" in V. de GAULEJAC, I. TABOADA LEONETTI : *La lutte des places. Insertion et désinsertion.* Ed. Hommes et perspectives. Desclée de Brouwer, 1994, pp. 117-133.

aussi les assimiler à la typologie de S. PAUGAM[300], notamment «les fragiles», mais qui s'inscrivent dans une logique de renversement de la galère.

IV.2.2. Une phase d'immersion

C'est la période de socialisation aux professions sociales. Celle où les candidats découvrent le secteur social par de petits stages ou des pré-stages avant le passage des examens d'entrée dans les instituts de formation aux professions sociales.

IV.2.3. Une phase d'installation ou de semi-installation

Dans le processus de désinsertion, cette dernière phase se traduit par un "retrait social, un isolement et par l'enchaînement de petits événements que l'individu n'arrivent plus à maîtriser" (F. BLONDEL 1994). Pour notre population, c'est celle de " l réussite aux examens, de l'inscription dans le secteur social". Cette étape commence par l'entrée dans les écoles de formation sociale à la professionnalisation après l'obtention du diplôme.

Pour ce qui est des accidentés biographiques TSFO, nous avons remarqué que le repli de la génération soixante-dix est tout à fait différent de celui de la génération des années cinquante ou soixante.

En ce qui concerne la génération des années cinquante ou soixante, nombreux sont ceux qui ne possèdent pas le baccalauréat. L'orientation vers les professions sociales est souvent le fait d'une longue «errance professionnelle». Le repli est causé par la perte d'un premier emploi, exercé pendant longtemps, suivi par une cascade de petits boulots, faisant d'eux des «errants professionnels». "Miraculés de la désinsertion", les accidentés biographiques ont su renverser la logique de la disqualification sociale. Ceci nous fait dire que le travail social constitue aujourd'hui «un correcteur des biographies accidentées». Quant à la génération des années soixante-dix, le repli peut être attribué en partie aux accidents de scolarisation, notamment les redoublements successifs (Il en est de même des TSOE). Dans cette classe d'âge, nous avons vu très peu de surdiplômés, comme nous l'avons remarqué avec les travailleurs sociaux d'origine étrangère[301].

---

[300] S. PAUGAM : *La Disqualification Sociale*. Ed. PUF 1993 : dans une étude réalisée en 1987 sur la cité du point du jour à St Brieuc, l'auteur a tenté de comprendre la nouvelle pauvreté. Il a analysé comment les individus participent à la définition de leurs statuts sociaux, des rapports sociaux qu'ils entretiennent entre eux et avec les autres. Il tente de saisir le rapport au statut des populations qui occupent les derniers échelons de la hiérarchie sociale et le sens que ces populations donnent à leur existence.

Il a dressé une typologie des différents stades de l'apprentissage de la disqualification sociale : les fragiles, les assistés et les marginaux.

[301] E. JOVELIN, *"Itinéraires des travailleurs sociaux d'origine étrangère"*, in Breuvart, J.M et Danvers, F. *Migrations, interculturalité et démocratie*, Presses Universitaires du Septentrion, 1998.

IV.3. Les surdiplômés

Les surdiplômés sont les personnes titulaires d'un diplôme universitaire, à partir de la licence. Nous avons dénombré 23 (19%) TSOE et seulement 2 (1,5%) TSFO. Ces surdiplômés, plus nombreux parmi les TSOE, n'ont pas acquis ce niveau après l'insertion dans le secteur social, comme on le constate actuellement avec la poursuite des études en sciences de l'éducation, ou dans certaines maîtrises comme celle des sciences sociales appliquées au travail social. Ce sont des "déclassés" par rapport à leur niveau d'études. Nous avons vu dans les discours que ces TSOE affirment sans arrière pensées que "le choix du secteur social est imposé par la conjoncture économique et non voulu". Leur qualification n'est pas reconnue. Ils doivent se battre comme ceux qui possèdent un bas niveau de qualification. De surcroît, ils ont fait l'expérience du travail pénible, celui des immigrés. L'entrée dans le travail social est donc une prise de conscience de la place qui leur est accordée en France et c'est également une manière d'occuper un emploi qui leur est assigné par leur condition sociale ("si j'étais Français, je ne serais pas ici ..."). Les surdiplômés vivent leur choix comme un déclassement, un rejet dû essentiellement à leur origine ethnique. Ils considèrent le travail social comme "un métier d'attente, un tremplin vers les meilleurs emplois", mais la durée de cette attente, dont ils ont du mal à trouver l'issue, les pousse à adopter des stratégies de *"vocation tardive" ("je ne me vois plus vivre sans le travail social").* Ils sont face à un véritable dilemme : partir ou rester, mais partir où ? C'est là qu'est le paradoxe.

En effet, devant la fermeture des filières des diplômes possédés, les difficultés d'insertion professionnelle, le blocage des pistes de promotion, le travail social leur sert de "bouche trou" et leur permet par la suite de développer des stratégies d'ascension sociale à l'intérieur d'une profession qu'ils considèrent désormais comme la leur.

Afin de conclure avec les accidentés biographiques, nous pouvons souligner qu'en constituant les éléments essentiels qui ont favorisé l'émergence de leurs choix professionnels, nous avons remarqué qu'il y avait beaucoup d'accidentés biographiques. Sans entrer de nouveau dans le détail, l'analyse de ces accidentés biographiques a fait ressortir deux grandes catégories : les errants professionnels et les redoublants persistants, suivi d'une troisième catégorie les surdiplômés (peu nombreux chez les TSFO).

Certes, C. DUBAR dans son travail, de même que M. SIMONOT, avait déjà abordé le problème des accidentés biographiques, mais cela était posé sous l'angle des accidents scolaires. Or, incontestablement notre travail montre combien le poids de la conjoncture actuelle, liée au chômage, pousse les personnes vers ces métiers auxquels *a priori* elles n'étaient pas destinées. Aujourd'hui, nous pouvons effectivement parler du choix professionnel par "repli", comme nous l'avons souligné dans notre hypothèse.

Nous pouvons dire que nos résultats ont confirmé les thèses des travaux antérieurs dont nous avons souligné la pertinence. Il est évident que le choix d'un métier relève d'un processus, mais ce qui est sûr et qu'on a constaté dans cette étude, c'est l'extinction des vocations. Rarement il nous fut dit "j'ai choisi ce métier par vocation" comme ce fut le cas autrefois. Mais, pour relativiser ce constat, des observations analogues ont été faites pour d'autres professions comme celles de douaniers et de policiers[302] et il renvoie pour partie en sociologie, au recul des théories de la reproduction[303] au profit d'approches interactionnistes, ou plus généralement à une relative autonomie de l'acteur social par rapport au "sujet", dans la période où les théories structuralistes étaient en vogue.

V. LES JEUNES ISSUS DES QUARTIERS

Notre première hypothèse centrale était la suivante : le choix des professions sociales serait d'ordre vocationnel pour les personnes d'origine étrangère, notamment les jeunes issus des quartiers populaires, à cause de la similitude qui existerait entre leur milieu social d'origine et celui des assistés sociaux. Le déclencheur le plus fort de ce choix devrait être attribué à une forte détermination sociale qui obligerait les jeunes d'origine étrangère à intérioriser un destin social en lien avec leur milieu; ce qui les prédisposerait à "répondre aux besoins des autres" (FREIDSON, 1986) et les socialiserait à la culture professionnelle du secteur social.

Dans notre enquête, 54 TSOE disent avoir travaillé dans leur quartier d'origine ; malheureusement, cet aspect n'a pas été abordé auprès des TSFO.

Parmi les leaders issus des quartiers, on note clairement des accidents biographiques qui ont pratiquement les mêmes caractéristiques que les TSOE, voire certains TSFO. Mais, par rapport au choix du travail social, la différence se situe au niveau de la socialisation professionnelle. Les parcours des leaders étudiés montrent une socialisation précoce au travail social. Cela les pousse à dire que finalement "ils étaient faits pour le travail social".

Dans l'analyse des discours véhiculés à travers les modes de vie de ces derniers, nous avons senti la lourdeur des déterminismes sociaux qui nous a poussés à insister sur l'existence d'un destin social. Quels que soient les accidents biographiques, à la différence d'autres personnes, le choix du travail social est d'ordre vocationnel chez eux, parce qu'ils sont nés avec et n'ont connu que ces types d'activité professionnelle, orientés vers l'aide à autrui. Dès leur jeune âge, il y a eu l'intériorisation d'un destin professionnel, celui du travail social. D'où ce choix par vocation à partir de ce qu'ils en disent.

---

[302] Notamment la recherche de D. DUPREZ (1993) : *La gestion de l'immigration irrégulière. Analyse sociologique des identités professionnelles des policiers et des douaniers.* CLERSE - LASTREE.

[303] P. BOURDIEU, J.C. PASSERON (1979, op. cit).

Mais nous sommes tentés d'adopter la posture interactionniste de H. BECKER (1985), comme le fait D. DUPREZ (1997, op. cit.), à propos de l'explication qu'il donne sur les motivations déviantes : "ce ne sont pas les motivations déviantes qui conduisent au comportement déviant, mais à l'inverse, c'est le comportement déviant qui produit, au fil du temps, la motivation déviante" (p. 64). D. DUPREZ pose l'hypothèse sur le choix professionnel du travail social par les jeunes leaders, qu'au-delà des raisons invoquées pour l'arrivée vers ces métiers que, tout compte fait, ce ne sont pas les motivations qui expliquent la carrière, mais bien la carrière suivie qui produit peu à peu la motivation. Pour lui, il n'est donc pas toujours utile de rechercher dans les biographies les "prédispositions" à vouloir devenir animateur que "les étapes successives qui font la carrière réussie de l'animateur"[304]. Mais cette carrière suivie ne peut être dissociée du contexte dans lequel ces jeunes ont grandi et où ils ont été socialisés vers les professions sociales. En fait, ces étapes suivies qui font la carrière du jeune leader se forgent au contact avec les autres, à une socialisation précoce vers ces professions qui font partie d'eux-mêmes.

VI. LES AUTRES MOTIVATIONS DU CHOIX DU TRAVAIL SOCIAL

Dans cette catégorie, nous retrouvons les personnes qui se sont orientées vers le travail social pour régler les problèmes personnels rencontrés dans leur vie. Comme l'ont souligné certains enquêtés, il s'agissait "de régler les conflits vécus dans l'adolescence", "de régler des problèmes liés au passé familial". Le choix professionnel découle des choses intimes qui touchent les enquêtés au plus profond d'eux-mêmes. Le social devenant même le lieu où l'on essaie de reconstruire son histoire, de donner un sens à sa vie à travers l'aide apportée aux autres : *"Ces enfants ont vécu la même chose que moi"*. Nous avons vu, par exemple, dans certaines trajectoires, que les enquêtés voulaient lutter contre la fatalité des choses vécues dans la famille en tentant de changer le cours de l'histoire par l'intermédiaire du travail social. Il s'agissait de chercher à travers ce métier une réponse à leur propre mal être et même une lutte pour s'émanciper de la tutelle parentale.

Ces types de motivations peuvent être qualifiés de "motivations inconscientes" rentrant tout à fait dans le cadre "du besoin de don de soi, du désir d'aider les autres", provenant d'une certaine culpabilité dont on tente de se débarrasser en aidant les autres par le jeu des mécanismes de défense de la personnalité qui serait satisfaite de façon acceptable, voire valorisée socialement.[305]

---

[304] A cela, il ajoute "qu'on peut déduire que ce sont tout autant les conditions du marché de l'emploi et les tensions sociales dans les cités que la vocation affichée par les jeunes leaders qui entraînent l'émergence de relais, de médiateurs entre les institutions et les jeunes. L'existence de ces relais encouragée par les élus et la police dans les périodes de fortes tensions explique la pérennisation de ce phénomène" D. DUPREZ (1997, op. cit.).

[305] AMIEL LEBIGRE, F., PICHOT, P. Psychopathologie de la fonction enseignante, in Maurice DEBESSE, Gaston MIALARET *: traités des sciences pédagogiques*, Tome 7, Fonction et formation des enseignants, PUF, 1978.

CONCLUSION

Le choix professionnel est le fait d'une conjonction de plusieurs éléments que nous avons cherchés à expliciter.

Nous avons mis en parallèle plusieurs variables des deux groupes d'enquêtes pour comprendre le cheminement vers leur métier actuel : le sexe et l'année de naissance, les PCS des parents, le niveau d'instruction des parents et des enquêtés eux-mêmes. Ces variables nous ont fourni des éléments d'analyse comparative pour l'accession aux professions sociales des TSOE et des TSFO.

Nous avons remarqué que le choix d'un métier relève d'un long processus et qu'il n'existe pas évidemment une cause majeure en tant que telle, mais un entremêlement de causes. De toute manière, l'analyse des trajectoires a montré la difficulté de privilégier telle ou telle variable quant à l'intérêt à ces métiers.

Les tableaux, exprimant par items les raisons du choix du travail social, ont montré la prédominance de l'item "*désir d'aider les jeunes*", tant pour les TSOE que pour les TSFO, suivi de deux items "*intérêt professionnel, et échec dans les études antérieures*". A cela s'ajoute un item très important : celui du "*chômage*". Mais, nous avons bien vu dans la reconstitution biographique des enquêtés que leur choix d'item dissimulait d'autres motifs. Ainsi, en analysant les questionnaires, nous avons remarqué qu'il y avait finalement 59 accidentés biographiques chez les TSFO et 83 chez les TSOE.

L'hypothèse posée était : le travail social serait pour les personnes d'origine étrangère une "profession de repli" au même titre que pour une grande partie des travailleurs sociaux Français d'origine. En effet, les travailleurs sociaux d'origine étrangère révèlent un mouvement de fond qui touche aujourd'hui les travailleurs sociaux Français d'origine. En étudiant les TSOE, nous avons saisi une logique de professionnalisation de l'ensemble.

Hormis les différents items choisis par les uns et les autres, nous pouvons regrouper en premier lieu les choix professionnels des TSFO en deux grandes catégories :

1. Ceux qui choisissent le métier
"par désir d'aide et par intérêt professionnel ".

Tout en prenant en compte nos analyses précédentes concernant ces items, cette catégorie est difficilement décelable dans l'échantillon, parce que nous ne disposions pas d'indicateurs fiables au moment de l'enquête.

2. *Les accidentés biographiques comprenant :*

- les redoublants persistants (les errants universitaires) ;
- les errants professionnels ;
- les surdiplômés (2 seulement dans notre échantillon, mais de plus en plus nombreux à passer les concours d'entrée dans les écoles de professions sociales).

En deuxième lieu, pour les travailleurs sociaux d'origine étrangère (TSOE), nous pouvons reprendre la même typologie, en y ajoutant les jeunes issus des quartiers populaires et les anciens.

1. *Les anciens* : ce sont des personnes qui se sont orientées vers les professions sociales avant l'impulsion étatique des années quatre-vingt. Le choix est souvent exprimé par "le désir d'aide et l'intérêt professionnel". Nous en avons dénombré 16 seulement (2 directeurs d'établissement et 1 chef de service éducatif).

2. *Les jeunes issus des quartiers* : pour certains, le choix du travail social relève d'une vocation et, pour d'autres, des accidents biographiques.

3. *Les accidentés biographiques* comprenant :

- Les redoublants persistants (les errants universitaires) ;
- Les errants professionnels ;
- Les surdiplômés (beaucoup plus nombreux chez les TSOE).

Nous tenons à préciser qu'il n'y a pas de frontières réelles entre les différentes catégories présentées ci-dessus. Ce qui montre que le choix du travail social peut bien avoir pour origine d'un côté un redoublement dans les études, de l'autre, le chômage, ou encore des motifs liés à la vie privée. D'où la difficulté de construire une typologie claire.

Mais, lorsque l'on regarde le choix du travail social chez les TSOE, il y a plus d'accidentés biographiques que chez les TSFO. Un autre facteur important est lié à l'origine sociale, voire l'origine ethnique en tant que facteur discriminant dans l'insertion professionnelle en général. Venant presque tous des milieux défavorisés, les TSOE ont été les premiers à subir les contrecoups de la crise. Ayant des difficultés à s'insérer, le secteur social offre une alternative d'insertion non négligeable pour une grande partie d'entre eux, et même une piste de promotion sociale, comme nous l'avons vu.

En conclusion de ce chapitre, au-delà de la typologie ci-dessus montrant la difficulté qu'il y a à saisir les motivations des choix professionnels, nous pouvons regrouper les différentes raisons évoquées en deux grandes catégories.

Les motivations négatives : ce sont les raisons qui poussent les individus à s'engager dans une profession pour laquelle ils ne se sentent pas d'attirance. Ici, on peut souligner le choix par "repli" (échecs dans les études universitaires, difficultés d'insertion dans la filière d'origine du diplôme préparé, chômage, etc.). Nous pouvons donc y mettre les accidentés biographiques.

Les motivations positives : il s'agit des choix par amour des enfants, le désir d'aide, la promotion par le travail social, la vocation, etc.[306] Nous pouvons y mettre les jeunes issus des quartiers, les anciens (TSOE) ainsi que certains TSFO.

En utilisant le terme "motivation" qui désigne les raisons qui pousseraient un individu à agir de telle ou telle manière, ou encore les raisons que les individus avancent pour expliquer leur comportement, nous nous plaçons dans le domaine de la psychologie sociale et par conséquent le sociologue doit s'interroger et être prudent par rapport à la manière dont les individus expliquent leur conduite. Car, en réalité, les raisons qu'ils énoncent n'épuisent pas le sens de la pratique étudiée. Même si ces significations ont une part de vérité, elles ne peuvent pas atteindre toutes les déterminations sociales de la conduite.[307]

En faisant cette étude, nous nous sommes heurtés à ce problème. En effet, quelle crédibilité donner à toutes ces raisons qui ne prennent sens que mises en corrélation avec d'autres raisons absentes des discours produits par les enquêtés ?

Dans ce type de travail, les motivations évoquées découlent des représentations sociales. Or, comme le souligne C. de MONTLIBERT (1990, p. 165), "les représentations ne sont pas des copies ou des reflets de conditions d'existence. Elles dépendent beaucoup plus des univers symboliques dans lesquels évoluent les individus et des univers antérieurs qui ont engendré les principales thématiques. En ce sens, une sociologie des représentations n'existe qu'autant qu'existe une analyse sociologique des conditions sociales de leurs productions, mais aussi des conditions sociales de leur diffusion".

Nous pensons que c'est ce que nous avons tenté de démontrer dans ce travail, à partir des analyses biographiques, pour essayer de saisir au-delà des discours les raisons du choix. En analysant les trajectoires de chacun (scolarité, métiers souhaités par les enquêtés, métiers souhaités par les parents pour leurs enfants, degré de participation à la vie collective, emplois occupés avant l'orientation dans les professions sociales, origine sociale des enquêtés, etc.), nous avons adopté une attitude compréhensive dont les trois termes principaux sont : comprendre (c'est-à-dire saisir les significations),

---

[306] Idem.

[307] C. de MONTLIBERT (1990) 2ème éd. op.cit.

interpréter (c'est-à-dire organiser en concept le sens subjectif) et expliquer (c'est-à-dire mettre à jour les régularités des conduites). Dès lors "la sociologie compréhensive n'est plus ce psychologisme qui réduirait les conduites sociales au sens subjectif que leur attribuent les acteurs, elle est mieux définie comme un effort pour saisir les processus de combinaison et de composition à partir desquels émergent types sociaux et individualités historiques".[308]

[308] BOUDON, R. *Dictionnaire critique de la sociologie,* PUF (3ème éd.), 1990, pp. 681.

CONCLUSION GÉNÉRALE

Avant de conclure cet ouvrage sur le choix du travail social aujourd'hui, rappelons la question centrale à laquelle nous voulions donner une réponse :

Comment peut-on analyser sociologiquement les facteurs qui conduisent les personnes d'origine étrangère à s'orienter vers les professions sociales et comment ces personnes expliquent-elles le fait d'occuper dans le rapport de production une place "assignée par leur origine sociale ?".

Pour y répondre nous avons posé deux hypothèses centrales :

1. Le choix des professions sociales serait d'ordre vocationnel pour les personnes d'origine étrangère (notamment les jeunes issus des quartiers populaires) à cause de la similitude qui existerait entre leur milieu social d'origine et celui des assistés sociaux.

2. Le travail social serait pour les personnes d'origine étrangère une profession de repli, au même titre que pour une grande partie des travailleurs sociaux Français d'origine, et représenterait une piste de promotion sociale, en particulier pour les TSOE.

Guidés par ces hypothèses, nous avons montré à travers une approche socio-économique, comment la crise économique a poussé les personnes d'origine étrangère à occuper le secteur social, tout en évaluant les différentes pistes d'insertion dont elles ont bénéficié depuis plusieurs années. Nous avons remarqué que, de tout temps, les étrangers ont souvent occupé des secteurs délaissés par les nationaux pour cause de pénibilité du travail. Ces personnes d'origine étrangère s'orientant vers les professions sociales se sont d'ailleurs massivement retrouvées dans les internats pour inadaptés sociaux et dans les quartiers difficiles.

L'arrivée des TSOE a également été interprétée par les crises des banlieues et l'essoufflement du travail social traditionnel. En effet, les tensions dans les banlieues et le morcellement de la société ont rendu difficile la mise en œuvre des missions traditionnelles du travail social traversées par la crise.[309]

---

[309] RICHEZ-BATTESTI, N. *Dictionnaire des questions sociales*, éd. Hatier, 1994.

Sur le plan de l'organisation, les travailleurs sociaux rencontraient des difficultés liées à l'insuffisance de leurs contacts avec le monde du travail. Ce qui limitait les offres d'insertion dont ils pouvaient disposer. En fait, l'évolution économique et sociale a créé des problèmes nouveaux auxquels les travailleurs sociaux n'étaient pas préparés : chômage, hétérogénéité du public pris en charge, multiplication des dispositifs sociaux, etc.

Sur le plan professionnel, il y a eu remise en cause de l'identité même du travailleur social, ce qui a provoqué un brouillage des repères professionnels et déontologiques, liée à la crise et également au développement des nouveaux métiers dans le cadre des dispositifs d'insertion. A cela s'ajoutait la nouvelle répartition des compétences liées à la décentralisation. Celle-ci a placé les travailleurs sociaux des services publics et privés conventionnés dans un cadre administratif nouveau. Si au départ, ils relevaient pour la plupart d'un encadrement étatique (Direction de l'Action Sociale, DDASS[310]-Etat), avec la décentralisation cette dépendance est passée aux mains des décideurs départementaux (le conseil général, son président et ses services), lesquels pouvaient adopter des politiques différentes. Ceci a conduit à l'adaptation à un nouvel environnement et à des nouveaux modes d'intervention.

Cette crise a remis en cause la légitimité du travail social et elle est aussi à l'origine de l'entrée dans le secteur social des TSOE, mouvement que les jeunes issus des quartiers furent les premiers à lancer. En effet, au niveau du travail social, face à la montée de l'exclusion, la problématique de l'insertion prenait le pas sur celle de l'action sociale qui se heurtait aux pratiques traditionnelles des travailleurs sociaux basées sur une approche psycho-éducative. Ils étaient donc invités à se rapprocher des assistés sociaux, en participant au niveau local à la mise en place des pratiques contractuelles avec d'autres partenaires. Ces derniers pouvaient être les habitants des quartiers eux-mêmes, notamment "les jeunes leaders".

En ce qui concerne le choix du travail social, les résultats obtenus, en guise de rappel, se décomposent de la manière suivante :

	TSFO	TSOE
- Désir d'aide	68,5%	66,7%
- Intérêt professionnel	53,8%	33,3%
- Echec dans les études	33,1%	31,7%
- Chômage	19,2%	30,8%

310 Direction Départementale des Affaires Sanitaires et Sociales.

Nous avons noté que le choix de ces items est à rechercher dans les trajectoires de chacun. Ainsi, au regard de notre échantillon, par exemple, le choix du travail social "par intérêt professionnel" cachait d'autres réalités qui ne pouvaient être décelées qu'en interrogeant la trajectoire de l'enquêté. Il s'est dès lors avéré, en analysant questionnaire par questionnaire, que l'intérêt avoué vers le métier était en réalité tardif et que ce soi-disant intérêt n'était que la conséquence des accidents biographiques. Toutefois, nos entretiens auprès de 27 TSOE ont permis d'obtenir des résultats plus intéressants par rapport au questionnaire.

Nous avons vu que l'item "*désir d'aide*" arrive en première position, tant pour les TSOE que les TSFO. Comme nous l'avions souligné, à l'intérieur de cet item, se trouvent enchevêtrés d'autres items comme *le chômage, l'intérêt professionnel, les échecs dans les études antérieures, la rencontre avec les parents ou les amis*, etc.

Mais cette notion "d'aide" est critiquable en elle-même, tant elle devenue "l'hymne national" et la "profession de foi" des candidats à la professionnalisation et des professionnels en poste. Elle comporte "ambiguïtés et incertitudes", car aider à quoi ? En effet beaucoup de travailleurs sociaux s'y réfèrent encore, démontrant par là même le poids des théories psychologico-psychanalytiques dans le champ du travail social. En privilégiant les facteurs psychologiques et individuels de la relation d'aide, on oublie les données sociales et collectives, nécessaires à la compréhension des phénomènes sociaux. L'intérêt porté par les sociologues au travail social, depuis quelques années, a permis de redéfinir cette notion.

La relation d'aide s'inscrirait alors dans "une analyse des groupes sociaux et leurs besoins en matière d'insertion économique et sociale. Elle s'exercerait par des pratiques spécialisées fonctionnant par objectifs évaluables et s'inscrivant dans un dispositif global". (DUTRENIT, 1995, pp. 73-74). Mais cette approche du travail social rencontre encore quelques résistances chez les travailleurs sociaux qui ne trouvent pas, dans l'approche sociologique, le modèle de la relation d'aide impulsé par C. ROGERS.

Toutefois, nous pourrions valider les affirmations de ce "désir d'aide" exalté, dès lors que les travailleurs sociaux se donnent pour tâche "la réqualification sociale" des assistés, grâce à l'acquisition d'une bonne compétence sociale. Car former "à la compétence sociale[311]" les assistés sociaux, constitue la véritable aide au sens sociologique du terme. La compétence sociale, c'est la quotidienneté, "c'est une sorte d'apprentissage du mieux vivre au quotidien" chez les assistés sociaux. La compétence sociale c'est la " gestion de l'hygiène, de la santé, du budget, de l'emploi du temps, de la vie familiale,

---

[311] DUTRENIT, J.M. *La compétence sociale. Diagnostic et développement.* Ed. L'harmattan 1997 pp. 79-89.

du logement, etc." par les assistés sociaux eux-mêmes, grâce à l'action des travailleurs sociaux. En résumé, c'est la production des capacités spécifiques auprès des assistés et enfin, c'est la réciprocité au sens où l'entendait M. MAUSS[312]. Or, la tendance des travailleurs sociaux, telle que nous l'avons observée, consisterait à donner sans recevoir en échange, d'où cette aide qui se transformerait en "assistance permanente", lorsqu'il ne s'agit pas de racheter son propre passé (en tant qu'aidant) et de faire une projection de soi dans la relation entretenue avec la personne aidée.

Au-delà des analyses développées tout au long de ce travail, nous avons vu que le travail social serait effectivement "une profession de repli". En effet, "les échecs dans les études antérieures, le chômage" sont autant d'éléments déterminants du choix professionnel. Nous avons remarqué qu'il y avait plusieurs cas : des "déclassés professionnels", des "redoublants persistants", "des errants universitaires" et des "surdiplômés" qui forment ceux que nous avons appelés " les accidentés biographiques ". L'entrée des personnes d'origine étrangère dans les professions sociales révèle, en effet, d'un mouvement de fond qui touche également les Français d'origine.

Cependant, deux variables méritent une attention particulière : la variable "niveau scolaire" et la variable "chômage". Les TSOE comptent beaucoup plus de surdiplômés travailleurs sociaux et de personnes ayant connu le chômage avant l'accession aux professions sociales que les TSFO. C'est-à-dire qu'il y a beaucoup plus d'accidentés biographiques chez les premiers que chez les seconds. Nous postulons donc, comme cela a été fait ailleurs, qu'aujourd'hui l'origine ethnique serait un facteur discriminant dans l'insertion sociale et professionnelle.

Ayant eu des difficultés à s'insérer ailleurs, ils se sont repliés vers le travail social. Ceci ressemble plus "à un choix non désiré, plutôt imposé par la conjoncture, voire par les circonstances de la vie". Le travail social n'est pas le seul secteur touché par le problème du repli. Nous pouvons y ajouter également l'enseignement où beaucoup de candidats passent les concours pour devenir professeur des écoles.

Les difficultés d'insertion professionnelle des personnes d'origine étrangère ont fait l'objet de beaucoup d'écrits dont le dernier en date est le travail réalisé par l'équipe du CLERSE[313] (Centre Lillois d'Etudes et de Recherches en Sociologie et en Economie) sur les quartiers sensibles. Dans cet écrit, les chercheurs ont montré concernant les personnes d'origine maghrébine issues de Lille sud, que lorsque celles-ci ont un capital scolaire faible, les difficultés à trouver un emploi sont similaires à celles des Français d'origine. Par contre, plus le niveau d'études monte, plus on voit apparaître des

---

312 MAUSS, M. *Sociologie et anthropologie* (deuxième partie : essai sur le don. Forme et raison de l'échange dans les sociétés archaïques). Ed. Quadrige/PUF, 1985 (9ème éd.).

313 D. DUPREZ, M.O. LECLERQ, M. PINET, *Quartiers sensibles*, INSEE (1996, op.cit).

disparités très nettes dans l'insertion professionnelle entre les deux populations. Ceci est confirmé dans notre thèse par les surdiplômés. Même s'ils n'étaient pas très nombreux (au moment où nous effectuons notre enquête, entre 1992 et 1994), nous posons donc l'hypothèse que la tendance ne ferait que s'accroître, même auprès des TSFO. Nous considérons donc que cette catégorie révèle un mouvement qui demanderait à être vérifié par un échantillon plus large.

Dans ce travail, nous avons également étudié un échantillon de 12 leaders. Les entretiens recueillis ont montré le poids des déterminismes socio-économiques qui ont pesé sur les différentes étapes de leurs parcours. La famille d'origine avec les difficultés rencontrées et l'environnement immédiat, c'est-à-dire le quartier, ont joué un rôle fondamental dans l'orientation professionnelle des leaders. A cela nous pouvons ajouter, en lien bien sûr avec l'environnement immédiat, les différentes manifestations des années quatre-vingts, qui représentent, au-delà des critiques que nous avons apportées, un élément moteur dans l'engouement vers les professions sociales.

Si le choix des leaders relève d'une vocation, celle-ci doit être recherchée aussi dans le problème du chômage croissant des jeunes et dans les tensions sociales traversées par leurs cités d'origine.

En ce qui concerne la prise en charge intra-ethnique,[314] l'identité ethnique est considérée comme un outil de socialisation favorisant une meilleure prise en charge. D'autres souhaitent la nécessité de pratiquer une prise en charge plurielle. Mais, au-delà des discours, nous nous sommes interrogés sur l'efficacité de cette prise en charge et de son évaluation. Nous avons pensé qu'il était important de développer des outils d'évaluation, afin que ce problème trouve enfin une réponse sociologique efficace qui ne s'arrêterait plus uniquement aux discours produits par les acteurs, mais qui consisterait à mesurer les compétences acquises par les assistés en situation de prise en charge intra-ethnique.

A propos des leaders, nous avons analysé également la transition "leader non professionnalisé/leader professionnalisé". Nous avons vu que la trop grande proximité les pousse à quitter leur quartier d'origine. La professionnalisation les amène en effet à prendre conscience de leur fonction réelle qui les met en porte-à-faux avec les jeunes du quartier. Dans ce cas, la rupture est irréversible. Une autre explication a été de dire que la promotion est difficile à vivre, qu'elle implique une certaine rupture et nous avons vu, à travers les analyses de R. HOGGART, en quoi l'expérience de l'ascension sociale est difficile à vivre pour les personnes issues des classes populaires. Toutefois, nous avons souligné que le départ du quartier d'ori-

[314] E. JOVELIN : A public d'origine immigrée, professionnels de la même origine ? Agenda interculturel, juin, 1998, Bruxelles.

gine symbolise l'émancipation des jeunes leaders, mais peut aussi résulter de leur incapacité à réduire l'impuissance de leur groupe auprès des pouvoirs politiques. (MARTINIELLO, 1992).

Enfin, les leaders que nous avons rencontrés diffèrent sensiblement de ceux de la première génération des années quatre-vingts qui, eux, étaient très radicaux dans leurs revendications (protest leadership). Ceux de notre échantillon sont dans un schéma d'une double promotion : celle de leur groupe et leur propre promotion, en jouant ainsi aux équilibristes entre les deux. Ces leaders accommodateurs que les autorités sont allées chercher, préfèrent garder leurs positions que de radicaliser leurs interventions, sachant que le prix à payer risquerait d'être lourd.

Cette stratégie de conservation de position acquise rejoint les analyses de E. GOFFMAN,[315] pour qui l'interaction possède ses propres mécanismes de régulation qui maintiennent l'ordre. Ainsi, si "la société n'est pas une guerre de tous contre tous, ce n'est pas parce que les hommes vivent en paix, mais parce qu'une guerre ouverte est trop coûteuse".

Dans ce cas, l'interaction n'est pas considérée comme une scène d'harmonie mais plutôt "une disposition permettant de poursuivre une guerre froide". Cela amène l'adoption du comportement du "faux-semblant", que E. GOFFMAN appelle le "working acceptance". Ce "compromis de travail" ne pourrait que conduire à "l'accomodation leadership", dans la mesure où certains leaders imposent une "définition de la situation" leur permettant d'assumer l'identité[316] la plus avantageuse dans leur relation de face à face, en mettant en oeuvre une série de stratégies parmi lesquelles figurent la présentation d'un "moi leadership"(accomodation leadership) le mieux approprié à la situation, et donc la substitution de l'identité (protest leadership) qui leur a permis d'acquérir la place actuelle par une autre plus avantageuse, moins risquée (accomodation leadership), au vue de la conjoncture actuelle.

Un autre point soulevé par cette étude est celui de l'apport du travail social aux TSOE. Qu'est-ce que le travail social a apporté à cette population ? Il est vrai que de nombreuses études ont fait l'impasse sur cette question. Nous avons quant à nous obtenu une diversité de réponses et les avons classées par items dont les principaux ont été : "initiation aux phénomènes de marginalité, aide aux personnes en difficulté, compréhension et connaissances des dispositifs sociaux". L'initiation aux phénomènes de marginalité marque l'ap-

---

315 GOFFMAN, E. *Les moments et leurs hommes*. Textes recueillis et présentés par Y. WINKIN. Ed. du seuil/Minuit, 1988.

316 Cette approche de négociation des identités par les acteurs sociaux a été développée par W.A. DOUGLAS et S.M. LYMAN, in " l'ethnie : structure, processus et saillance ", *Cahiers internationaux de sociologie,* vol. LXI, 1976, pp. 197-220.

prentissage du travail social. C'est la connaissance plus fine des problèmes rencontrés par les assistés sociaux, problèmes dont les TSOE prennent conscience de façon aiguë au contact de ces mêmes assistés et dès l'entrée en formation. Quant à l'aide aux personnes en difficulté, elle représente la "concrétisation d'un idéal" (*j'ai toujours voulu aider les autres et enfin je peux le faire grâce au travail social*). Le dernier item, connaissance des dispositifs sociaux, veut dire la maîtrise des rouages des mécanismes institutionnels, notamment des dispositifs des politiques sociales.

Mais le travail social est aussi un moyen d'intégration dans la société française pour une partie des enquêtés (34,7%). Le travail social contribue à un double mouvement : celui qui éduque, s'éduque lui-même. Enfin le travail social est un moyen de promotion sociale pour 31,4%. Toutefois, si les surdiplômés vivent leur situation comme un déclassement, il en va autrement pour les autres qui reconnaissent que le travail social est un moyen de promotion sociale. Ils vivent leur situation actuelle comme une réussite.

Ce qui nous ramène à ce que nous avons déjà relevé, à savoir que le travail social joue un double rôle : celui du producteur de sens, grâce aux actions de ses acteurs sur les assistés sociaux et celui de réaffiliateur, grâce à la réintégration de certains travailleurs sociaux qui se trouvaient en voie de disqualification. Correcteur des biographies accidentées, le travail social est aussi une piste de promotion sociale, pas seulement pour les assistés sociaux, mais aussi pour ceux qui les prennent en charge.

Quels enseignements peut-on donc tirer de notre travail comparativement aux travaux antérieurs ?

Dans le premier chapitre, nous avons fait un rappel de quelques travaux sur la sociologie du choix professionnel (C. DUBAR, M. SIMONOT, A. VILBROD, J. VERDES-LEROUX, F. MUEL-DREYFUS et R. LAPAUW) afin d'avoir un élément de comparaison quant au choix du travail social. Nous avons vu que les analyses du choix professionnel s'orientaient dans la même direction. Nous voulions savoir si les raisons qui poussent les TSOE étaient les mêmes que celles des Français d'origine. Nous ne reviendrons pas sur nos propres analyses, mais nous avons vu que si ces raisons semblent être les mêmes, elles n'ont pas le même poids dans le franchissement de ce dernier pas qui mène au travail social. Les conditions sociales d'existence des TSOE jouent un rôle prépondérant. Ici, il n'est nullement besoin de raisonner en terme des "classes moyennes/petits bourgeois", comme l'ont fait nos prédécesseurs avec les Français d'origine. Nous raisonnons en termes d'une catégorie "personne d'origine étrangère". En fait, nous rejoignons M. SIMONOT (1974) lorsqu'il dit que "le choix d'une profession renvoie à la structure sociale qui détermine certaines conditions de ce choix". Pour les

TSOE, le choix ne peut être dissocié de cette impulsion étatique des années quatre-vingts, où l'on encourageait les jeunes à se lancer vers les métiers de l'animation. Le choix qui se présente à eux est imposé par la conjoncture.

Les travaux antérieurs ont souvent retenu comme variable explicative du choix le cursus scolaire. Nous avons fait le même constat dans notre travail, mais celui-ci nous a révélé une autre variable à prendre en compte : le chômage.

Dès lors, le choix ne relève plus d'une vocation quelconque, mais bien d'une conjonction de plusieurs accidents biographiques qui poussent les individus à modifier leurs trajectoires, même si, chez eux, ces accidents peuvent développer des "vocations", mais il s'agit des "*vocations tardives*".

Enfin, de nombreux travaux ont été réalisés sur le choix du travail social par les personnes d'origine étrangère, mais ils se sont souvent arrêtés à la catégorie "jeunes leaders". L'avantage de cette thèse est d'avoir révélé une tendance englobant la catégorie "origine étrangère (Maghreb, Afrique noire)". Nos analyses ont donc le mérite d'avoir creusé une question qui reste d'actualité et qui mériterait d'être approfondie à partir d'un échantillon au niveau national.

RÉFÉRENCES BIBLIOGRAPHIQUES

ACCARDO (A)., *Initiation à la sociologie. L'illusionnisme social. Une lecture de Bourdieu.* Éd. Le Mascaret, 1991(2ème édition).

AICHOUNE (F)., *Nés en banlieue.* Paris. Éd. RAMSAY 1991.

AMIEL LEBIGRE (F)., PICHOT (P)., *psychopathologie de la fonction enseignante,* in DEBESSE (M), MIALARET (G) : *traités des sciences pédagogiques,* Tome 7, Fonction et formation des enseignants. PUF, 1978.

ANDERSON (N)., *Le Hobo. Sociologie du Sans-Abri.* Éd. Nathan 1993.

ARMENGAUD (A)., FINE (A)., *La Population Française au XXème siècle.* PUF QSJ n° 1167, Paris 1983.

AUTES (M)., L'identité de l'éducateur spécialisé ou les incertitudes du pouvoir de nommer in *Cahiers d'E.C.A.R.T.S.* n° 6, 1983, p. 45. Publication de l'Association Française pour la Sauvegarde de l'Enfance et de l'Adolescence (A.F.S.E.A.).

BACHMAN (C)., FERREOL (G)., *Intégration et exclusion dans la société contemporaine,* PUL, 1992.

BACHMAN, SIMONIN., *Changer au quotidien. Une introduction au travail social.* Tome 1, Éd. Études vivantes 1981.

BAILLEAU (F)., Les entreprises intermédiaires. *Revue POUR* N°119, nov.-déc. 1988.

BARBARA (A)., *Mariages sans frontières.* Éd. Le centurion, 1985.

BARBARA (A)., Enfants de couples mixtes : la difficile quête d'une identité. *Panoramiques,* 3ème trimestre, n° 26, 1996.

BAROU (J.C)., Des chiffres en général et de ceux de l'INSEE èn particulier. Le classement des données. *Migrants. Formation,* n° 91, déc. 1992.

BARTH F (Ed)., *Ethnic groups and boundaries : the social organisation of culture differences,* London and Oslo, Allen, Unwin and Forgalet, 1969.

BATAILLE (Ph)., *Le racisme au travail.* Éd. du seuil, 1997.

BEAUCHARD (J)., *Le tiers social. Stratégies et politiques de médiations.* Éd. Réseaux, 1981.

BECKER (H)., *Outsiders. Etude de sociologie de la déviance.* A.M. METAILLIE.1985.

BECKER., The nature of profession, in N.B. HENRY, Ed. *Education for the profession.* University of Chicago 1962.

BEGAG (A)., La révolte des lascars contre l'oubli à Vaulx-En-Velin. *Les annales de la recherche urbaine* n° 49, 1991. BERNARD (Ph)., *L'immigration*. Éd. Le Monde, Coll. Marabout, 1993.

BERNOUX (Ph)., Principaux domaines de recherche en France. Sociologie du travail et des organisations, *Cahiers Français*, n° 247.

BESNARD (P)., *L'animation socioculturelle*. PUF, 1980.

BESNARD (P)., *Animateur socioculturel : une profession récente*. Privat, coll. Pratiques Sociales, 1980.

BISSERET (N)., La naissance et le diplôme de sélection au début des études universitaires, *Revue Française de Sociologie*, n° IX, 1968.

BISSERET (N)., La sélection à l'université et sa signification pour l'étude des rapports de dominance. *Revue Française de Sociologie*, n° IX, 4, 1968.

BISSERET (N)., *Les inégaux ou la sélection universitaire*. PUF,1974.

BLAUNER., Internal colonialism and ghetto revolt. *Social problems*, n°16, 1969.

BLONDEL (F)., " *Les étapes dela désinsertion* " in V. de GAULEJAC, I. TABOADA LEONETTI : *La lutte des places. Insertion et désinsertion*. Éd. Hommes et perspectives. Desclée de Brouwer, 1994.

BODY GENDROT (S)., *Ville et violence. L'irruption de nouveaux acteurs*. Éd. PUF, 1993

BON (A)., *Immigration et présence étrangère en France. Le bilan d'une année 1992-1993.* Ministère des Affaires Sociales, de la Santé et de la Ville. Documentation Française 1993.

BONNAFOUS (S)., Mots et Paroles de l'Immigration. Essai de mise en perspective sur 20 ans. *Revue Française des Affaires Sociales* , n°46, déc. 1992.

BOUAMAMA (S)., *De la galère à la citoyenneté. Les jeunes, la cité, la société*. Éd. Desclée de Brouwer, 1993.

BOUAMAMA (S), SAD SAOUD (H)., *Familles maghrébines de France*. Éd. Desclée de Brouwer,1996.

BOUAMAMA. (S)., *Dix ans de marche des Beurs. chronique d'un mouvement avorté*. Éd. Desclée de Brouwer, 1994.

BOUQUET (B)., Profession assistant de service social : d'un contexte difficile à l'émergence de nouveaux dynamismes. *Revue vie sociale*, n° 11-12/ 1990.

BOURDIEU (P)., *Le sens pratique*. Éd. de Minuit, 1980.

BOURDIEU (P)., *Raisons pratiques. La théorie de l'action*. Éd. du Seuil, 1994.

BOURDIEU (P) et PASSERON (J.C)., *La reproduction : éléments pour une théorie du système d'enseignement*. Paris. Éd. de Minuit 1979.

BOURDIEU (P) et PASSERON (J.C)., *Les héritiers*. Paris. Éd. de Minuit, 1964.

BOURRICAUD (F) BOUDON)., *Dictionnaire critique de la sociologie.* PUF 3ème édition, 1990.

BOUZID., *La marche : traversée de la France*. Éd. Sinbad, 1984.

CASTEL (R)., Les naufragés de la société salariale. *Revue Education*, avril-juin 1995.

CASTEL (R)., *Les métamorphoses de la question sociale. Une chronique du salariat.* Éd. Fayard,1995.

CHAPOULIE (J.M)., " Everett C. Hughes et le développement du travail de terrain en sociologie ". *Revue Française de Sociologie*, XXV, 1984.

CHAUCHAT (H),. *L'enquête en psycho-sociologie*. Éd. PUF, 1990.

CHAUVEAU (G) et ROGOVAS-CHAUVEAU (E)., *A l'école des banlieues.* Éd. ESF.

CHAUVIERE (M)., Naissance et enjeux d'une qualification éducative spécialisée en France. *Cahiers du travail social* n° 20, sept. 1993, revue trimestrielle de l'IRTS Franche-Comté.

CHAUVIERE (M)., *L'enfance inadaptée, l'héritage de Vichy*. Éd. Ouvrières 1987 (2ème édition).

CLERC (D)., La famille et l'orientation scolaire au niveau de la sixième. *Revue population*, n° 4, 1964.

CLERC (D)., L'école conservatrice, les inégalités devant l'école et devant la culture. *Revue Française de sociologie,* 1966, VII, 3.

COHEN (J)., Cadre noir ou masque blanc, les temps modernes, n° 485, déc., 1986.

Contours et caractères. Les immigrés en France, INSEE, 1996.

CROZIER (M)., FRIEDBERG (E)., *L'acteur et le système, les contraintes de l'action collective*. Paris. Seuil, 1977.

CUNHA (M do CEU)., Evolution des rôles dans la famille maghrébine, in *Panoramiques*, n° 26, 1996.

DELEMOTTE (B)., Quelles structures locales pour associer les étrangers ? *Revue territoires*, n° 371, octobre 1996.

DEMAILLY (L)., *Le collège. Crise, mythes et métiers*. PUL, 1991.

DEMAILLY (L)., " *Compétence et transformation des groupes professionnels* ", in MINET (F) et alii : *La compétence, mythe, construction ou réalité ?* Éd. L'harmattan, 1994.

DEMAREZ (P)., *La sociologie industrielle aux Etats-Unis*. Amand Colin, 1968.

DEMAZIERE (D)., DUBAR (C)., *Analyser les entretiens biographiques. L'exemple de récits d'insertion*. Éd. Nathan, 1997.

DEMAZIERE (D)., *Le chômage en crise . La négociation des identités des chômeurs de longue durée*. PUL 1992.

DENTON (N.A), MASSEY (D.S)., *American apartheid.* Éd. Descartes et Cie, 1996.

DESBOIS (G)., LECLERCQ (R.J)., *Les revendications portées par les jeunes d'origine algérienne en France*, in COSTA-LASCOUX (J) et TERMINE (E) : *les Algériens en France*. Éd. Publisud, 1985.

DONZELOT (J)., L'entrée en politique de l'action sociale. *Revue POUR*, n° 119, nov., déc., 1988.

DONZELOT (J)., *Le social du troisième type*, in *Face à l'exclusion : le modèle Français*. Paris. Éd. du Seuil, 1991.

DONZELOT (J)., ESTEBE (Ph)., *L'Etat Animateur. Essai sur la politique de la ville*. Éd. du Seuil, 1994.

DONZELOT (J)., *La police des familles*. Éd. de Minuit, 1977.

DOUGLAS (W.A) et LYMAN (S.A)., in "L'ethnie : structure, processus et saillance", *cahiers internationaux de sociologie*, vol. LXI, 1976.

DRANCOURT (N) et ROULLEAU-BERGER (L)., *L'insertion des jeunes en France*. PUF, 1995.

DUBAR (C)., *Idéologies et choix professionnels des éducateurs spécialisés*. Thèse de 3ème cycle, Paris VIII, 1970.

DUBAR (C)., *Origine sociale et valeurs professionnelles des éducateurs*, in DUTRENIT (J.M). : *Sociologie et compréhension du travail social*. Éd. Privat, sciences de l'homme, 1980.

DUBAR (C)., *La socialisation. Construction des identités sociales et professionnelles*. Armand Colin, 1991.

DUBAR (C) et alii., *L'autre jeunesse. Des jeunes sans diplômes dans un dispositif de socialisation*. Lille. PUF.

DUBEDOUT (H)., Ensemble, refaire la ville. Rapport au Premier Ministre, au Président de la commission nationale pour le développement social des quartiers. La documentation Française, 1983.

DUBET (F)., *La galère : jeunes en survie*. Éd. Fayard, 1991

DUBET (F)., *Sociologie de l'expérience*. Éd. du Seuil, 1994.

DUBET (F)., JAZOULI (A) et LAPEYRONNIE (D)., *l'Etat et les jeunes*. Éd. Ouvrières, 1980.

DUBET (F)., LAPEYRONNIE, D., *Les quartiers d'exil*. Éd. du Seuil, 1992.

DUBOUCHET (L), *Rapport d'évaluation des OPE*. Janvier 1994, 91 pages. CHATEAUNEUF-LE-ROUGE (13790).

DUGUE (E)., La gestion des compétences : les savoirs dévalués, le pouvoir occulté. *Sociologie du travail*, n° 3/94, p.274.

DUMONT (A)., *Dépopulation*, Paris, 1890, cité par TOFIGH *: Du choix des professions. Etude sociologique. Genève;* Ed. DROZ, 1964.

DUPE (M) (avec la collaboration de D. DUPREZ)., *Les politiques de prévention de la jeunesse : Le cas des opérations ETE 83*. MIRE, 1985.

DUPE (M) (avec la collaboration de D. DUPREZ)., *Société et prévention dans la ville : les opérations de prévention ETE Jeunes 84*. ADRES-MIRE. Ministère des Affaires Sociales et de la Solidarité 1985.

DUPREZ (D)., Stratégies préventives des années 80 : les opérations anti "été-chaud". *Cahiers de l'animation* n° 48, 1984.

DUPREZ (D)., "Entre discrimination et désaffiliation : l'expérience des jeunes issus de l'immigration maghrébine". *Les annales de la recherche urbaine*, n° 76, 1997.

DUPREZ (D)., " Le retour des théories de l'exclusion ". *Revue Espaces Marx*, n° 6, 1995.

DUPREZ (D)., *La gestion de l'immigration irrégulière. Analyse sociologique des identités professionnelles des policiers et des douaniers.* CLERSE - LASTREE, 1993.

DUPREZ (D)., Les histoires de vie : *Cahiers internationaux de sociologie*, Vol. LXXVIII, 1985, pp. 141-145.

DUPREZ (D)., DUPE (M)., HESS (R)., LAMARCHE (C)., *La gestion de la délinquance, représentations de la jeunesse et politiques locales.* CLERSE, CNRS, CCPD, 1986.

DUPREZ (D)., LECLERC-OLIVE (M)., PINET (M)., *Vivre ensemble. La diversité des quartiers sensibles à l'épreuve de la vie quotidienne.* Rapport Clersé-Ifrési, Lille, 1996, 339 p. et Vivre dans les quartiers sensibles, Profils. INSEE, Lille, août 1996, n° 41.

DUPREZ (D)., *L'émergence du jeune leader dans les cités populaires et les nouvelles vocations à l'animation.* Actes des Vèmes journées internationales, VAUCRESSON, mai, 1985.

DURET (P)., *Anthropologie de la fraternité dans les cités.* Éd. PUF, 1996.

DURET (P)., *Les grands frères, identité et fonctionnalité.* INSEP, MIRE, Direction de l'évaluation et de la prospective, Rapport final, 1995.

DURET (P)., *Les grands frères. Identité et fonctionnalité d'une médiation.* MIRE INFO, n° 35, Juin 1996.

DURKHEIM (E)., *De la division du travail social*, (préface à la première éd). 1893. Quadrige, PUF, 1991.

DURU BELLAT (M) et HENRIOT-VAN ZANTEN (A)., *Sociologie de l'école.* Éd. Armand Colin, 1992.

DUTRENIT (J.M)., *Evaluer un centre social.* Éd. L'harmattan, 1994.

DUTRENIT (J.M)., *Gestion et évaluation des services sociaux.* Éd. Economica, 1989.

DUTRENIT (J.M)., *La compétence sociale. Diagnostic et développement.* Éd. L'harmattan, 1997.

DUTRENIT (J.M)., *Sociologie et compréhension du travail social.* Éd. Privat, 1980.

ECREMENT (D)., De l'influence des politiques sur le travail social, *Revue Française des Affaires Sociales* N° 2, Avril-Juin 1988

ELIAS (N)., *Engagement et distanciation.* Éd. Fayard 1989.

ELOY (J)., GANTIER (Ph)., SAMYN (E)., Devenir professionnel de cinq promotions d'animateurs dans le Nord-Pas-de-Calais. *Les cahiers de l'animation,* n° 44/45, 1984.

ESTEBE (Ph)., L'évidence locale des politiques sociales. *Revue POUR* n° 119/1988. Pour plus de compréhension, voir l'ingénierie à l'assaut du travail social, n° 119 nov., déc. 1988. Éd. PRIVAT.

ETZIONI (A)., *The semi-professions and their organisations, teachers, nurses, social workers,* N.Y. The Free Press, 1969.

FAVRET SAADA (J)., *Les mots, la mort, les sorts.* Éd. Gallimard, Paris, 1977.

FERRAROTI (F)., *Histoire et histoires de vie. La méthode biographique dans les sciences sociales.* Librairie méridiens 1983.

FLEXNER (A)., Is social a work profession ? *School and society,* v. 26, 1915.

FOURCAUT (A)., *Femmes à l'usine. Ouvrières et surintendantes dans les entreprises françaises 1930-1960.* AUBIER-MONTAGNE 1980.

FREIDSON (E)., *La profession médicale.* Éd. Payot, 1984.

FREIDSON (E)., Les professions artistiques comme défi à l'analyse sociologique. *Revue française de sociologie* n° XXVII.

FREYSSINET (J)., *Le Chômage.* Coll. Repères. Éd. La Découverte, 1991.

FRITSCH (P)., *L'éducation des adultes.* Éd. Mouton, La Haye, 1971.

GALLAND (O)., *Les Jeunes.* Paris. Éd. La Découverte, 1990.

GANS (H.J)., *The urban villagers : group and class in the life of Italians-Americans,* New York, The free press, 1962.

GARNIER (J.P)., "Localiser le social ou socialiser le local ?" *Espaces et sociétés,* n° 40, 1982.

GARNIER (J.P)., Des inconnus dans la ville. *Espaces et sociétés* n° 40, 1982.

GAULEJAC (V de) ., TABOADA LEONETTI (I)., *La lutte des places.* Éd. Desclée de BROUWER,1994.

GAULEJAC (V de)., *La névrose de classe.* Éd. Hommes et groupes, 1991.

GAULEJAC (V de)., *La socioclinique, roman familial et trajectoire sociale,* In G. PINEAU et G. JOBERT (sous la direction de) : *Les histoires de vie,* Tome II. Éd. L'harmattan, 1989.

GENG (J.M)., *Mauvaises pensées d'un travailleur social.* Éd. du Seuil, 1977.

GHIGLIONE (M) et MATALON (B)., *Les enquêtes sociologiques.* Éd. A. COLIN, 1980.

GIRARD (A)., *La réussite sociale.* Coll. QSJ, PUF, 2ème éd.1971.

GIRARD-BUTTOZ (F)., *Les travailleurs sociaux.* Éd. Programme 7, 1982.

GOFFMAN (E)., *Asiles. Etudes sur la condition sociale des malades mentaux.* Les éditions de minuit, 1990.

GOFFMAN (E)., *Les moments et leurs hommes.* Textes recueillis et présentés par Y. WINKIN. Éd. du seuil/Minuit, 1988.

GOFFMAN (E)., *Stigmate. Les usagers sociaux des handicaps.* Les éditions de Minuit, 1975.

GOSSELIN (G)., *Une éthique des sciences sociales, la limite et l'urgence*. Éd. L'Harmattan 1992.

Guide des politiques de la jeunesse. Institut de l'enfance et de la famille. Éd. SYROS 1990.

GUTH (S)., Ordre et désordre dans les quartiers de rue. *Revue française de sociologie*, XXXVII, 1996.

HEINICH (N)., "Les traducteurs littéraires : l'art et la profession. *Revue Française de Sociologie,* n° XXV, 1984.

HENNION-MOREAU (S)., PINTIAU (F)., *Les travailleurs sociaux : statuts et responsabilités*. Éd. DALLOZ, 1993.

HIGGINS (J)., Control theories, in *journal of social policy*, 9, 1, 1980.

HIGHAM (J)., *leadership*, Harvard encyclopedia of american ethnic groups, in Thernstrom S.(Ed.), 1981.

HOGGART (R)., *La culture du pauvre, étude sur le style de vie des classes populaires*. Éd. de Minuit, 1970.

HUGHES (E)., *Men and their work*, the free press. Glencoe,1958.

HUGHES (E.)., *Le regard sociologique*. Éd. de l'école des hautes en sciences sociales, Paris, 1996. (Textes rassemblés et présentés par J.M. CHAPOULIE).

INSEE PREMIERE., La population immigrée, le résultat d'une longue histoire, n° 458, juin 1996

ION (J)., *Le travail social à l'épreuve du territoire*. Privat, 1992.

ION (J) et TRICART (J.P)., *Les travailleurs sociaux*. Éd. La Découverte, 1992.

ION (J)., *Les métiers du social à l'épreuve de l'exclusion*, in Regards sur l'actualité, déc. 1993.

JAZOULI (A)., Banlieues : les nouvelles frontières intérieures. Rapport de synthèse : programme d'observation et d'évaluation des politiques publiques dans les banlieues. Paris, Octobre 1992.

JAZOULI (A)., *L'action collective des jeunes Maghrébins de France*. Éd. L'harmattan, 1986.

JAZOULI (A)., *Les années banlieues*. Éd. du Seuil 1992.

JAZOULI (A),. *Les jeunes maghrébins en France, de nouveaux acteurs sociaux* ? CIEMMI, n° 137, janv. 1986.

JOVELIN (E)., Les assistants sociaux d'origine étrangère. Repli professionnel ou vocation ?, *Revue du CEFISEM, Rachid, Maria et les autres*, n° 19, 1996.

JOVELIN (E)., Les travailleurs sociaux d'origine étrangère. Destins professionnels et choix du métier. *Revue Française de la Sauvegarde de l'enfance*, Expansion scientifique Française, n° 4, 1993.

JOVELIN (E)., Violence adolescente, violence sociétale. Les jeunes placés dans les institutions, de l'impunité à la toute puissance, *journal du droit des jeunes*, n° 168, oct. 1997.

JOVELIN (E)., A public d'origine immigrée, professionnels de la même origine ? *Agenda interculturel*, juin 1998, Bruxelles.

JOVELIN (E)., Le travail social est-il une profession ? La professionnalisation du secteur social : une mission difficile. *Revue Française de service social*, n° 189/190.

JOVELIN (E)., *Les travailleurs sociaux d'origine étrangère. Vocation ou repli professionnel ? Analyse sociologique d'un groupe professionnel.* Thèse de doctorat en sociologie, Université des sciences et technologies de Lille, janv. 1998.

JOVELIN (E)., "Itinéraires des travailleurs sociaux d'origine étrangère. Analyse des pratiques professionnelles", in BREUVART (J.M) et DANVERS (F), *Migrations, Interculturalité, démocratie.* Lille, Presses Universitaires du Septentrion, 1998.

JOVELIN (E)., " Leadership ethnique et travail social ", in GOSSELIN (G) et LAVAUD (J.C), *Constructions et mobilisations identitaires. Approches théoriques et comparaisons internationales.* CLERSE (CNRS), Université de Lille I, 1998.

KAYSER (M), SZINETAR(P)., "Les fonctions sociales des associations de quartiers populaires et les immigrés". *Migrations société*, vol.8, n° 45, mai-juin 1996.

KNIBIEHLER (Y)., *Nous les assistantes sociales. Naissance d'une profession. Trente ans de souvenirs d'Assistantes sociales françaises* (1930-1960). Éd. Aubier Montaigne, 1980.

La Voix du Nord du 12 Avril 1984 : Du chômage à l'animation sociale, un itinéraire pour quinze jeunes parmi d'autres.

LABAT (J.C)., *La Population Etrangère et son Evolution.* Données Sociales, INSEE, 1993.

LABOURIE (R)., *Les institutions socioculturelles.* PUF, 1978.

LAGREE (J.C), LEW-FAI (P)., *La galère, marginalisations juvéniles et collectivités locales.* Éd. du CNRS, 1985.

LAMARCHE (C), DUPE (M)., Graine d'éducateur. Le jeune leader : une nouvelle idéologie du travail social ? *Revue contradictions*, n° 47, 1986.

LAMBERT (Th)., *Les éducateurs spécialisés. Etude démographique de leurs origines sociologiques et de leurs devenirs professionnels.* Paris, Éd. du CTNERHI, 1981.

LAPAUW (R)., *Educateurs... inadaptés.* Éd. de l'Epi, Paris, 1969.

LAPEYRONNIE (D)., *L'individu et les minorités, la France et la Grande-Bretagne face à leurs immigrés.* PUF, 1993.

LAPEYRONNIE (D)., "*Les jeunes d'origine immigrée, acteurs de leur intégration*", in LORREYTE (B) (sous la direction de) : *les politiques d'intégration des jeunes issus de l'immigration.* Éd. L'harmattan, 1993.

LAPEYRONNIE (D)., Assimilation, mobilisation et action collective chez les jeunes de la seconde génération de l'immigration maghrébine. *Revue Française de Sociologie,* XXVIII, 1987.

LAPLANCHE et PONTALIS., *Vocabulaire de la psychanalyse*. PUF, 1992.

LASCOUMES (P)., *Prévention et contrôle social, les contradictions du travail social.* Éd. MASSON, 1977.

LE BOTERF (G)., *La compétence. Essai sur un attracteur étrange*. Les éd. de l'organisation, 1994.

Le BRETON (D)., A défaut de rites de passage : des jeux symboliques avec la mort. *Panoramiques*, 3ème trimestre, n° 26, 1996.

LEBON (A)., *La main d'oeuvre étrangère*. Revue Française des Affaires Sociales, n° hors série. Ministère du Travail, de l'Emploi et de la Formation Professionnelle, Ministre des Affaires Sociales, de la Santé et de l'Intégation, 1992.

LECLERCQ (R.J)., *Les générations des cités. Revendications collectives.* CREDIF, Lille, Juin 1983.

LEDU (J) et alii., *Analyse d'une unité expérimentale de formation. En vue d'une formation de jeunes issus de milieux sous-prolétaires.* Novembre 1976 - juin 1981 – nov. 1981.

LEGRAND (M)., *L'approche biographique. Théorie et clinique*. Éd. Epi, hommes et perspectives,1993.

LEMOINE (M)., "Les difficultés d'intégration professionnelle des jeunes Étrangers ou d'origine étrangère". *Revue Française des Affaires Sociales*, n° 46, déc. 1992.

LLAUMET (M)., *Les jeunes d'origine étrangère de la marginalisation à la participation*. Éd. L'harmattan, 1984.

LORCERIE (F)., Scolarisation des enfants d'immigrés. Etat des lieux et état des questions en France. *Revue confluences*, n° 14, printemps 1995. Éd. L'harmattan.

MACE (E)., Les contours de la médiation : institution, conciliation, conformation. A propos d'un dispositif de "médiation" de la RATP. *Revue Française des Affaires sociales*, n° 2, avril-juin 1997.

MALAN (A)., Attitudes et stratégies des jeunes à l'égard du travail et de l'emploi, in, F. BOUCHAYER : *Trajectoires sociales et inégalités*. Éd. ERES, 1995.

MARCHAND (O)., *Les groupes sociaux face au chômage* : des atouts inégaux. Données sociales, INSEE, 1993.

MARIE (C.M)., "L'immigration en France dans les années quatre-vingt-dix : nouvelle donne pour l'emploi et nouveaux enjeux de société" : *sociologie du travail*, n° 2/94.

MARTIN (D) (sous la direction de)., *L'épuisement professionnel. L'emprise institutionnelle*, Tome I. Éd. L'Harmattan, 1992.

MARTINET (J.L) (sous la direction)., *Les Educateurs Aujourd'hui.* Privat, 1993.

MARTINIELLO (M)., *L'éthnicité dans les sciences sociales contemporaines.* PUF, 1995.

MARTINIELLO (M)., *Leadership et pouvoir dans les communautés d'origine immigrée.* Éd. L'harmattan, 1992.

MARX (G.T)., Civil discorder and the agents of social control. *The journal of social issues*, vol. XXVI, n° 1, 1969.

MASSON (Ph)., Elèves, parents d'élèves et agents scolaires dans le processus d'orientation. *Revue française de sociologie*, n° XXXVIII, 1997.

MAURICE (M)., Propos sur la sociologie des professions. *Sociologie du travail*, n° 2, 1972.

MAUSS (M)., *Sociologie et anthropologie.* Éd. QUADRIGE/PUF, 1985.

MEISTER (A).,Vers une sociologie des associations. Éd. Ouvrières,1972.

MERTON (R.K)., *Eléments de théorie et de méthode sociologique.* Éd. Plon, 1965.

MICHELAT (G)., Sur l'utilisation de l'entretien non directif en sociologie. *Revue Française de Sociologie*, n° XVI, 1975.

MILET (H)., Les jeunes adultes français d'origine maghrébine face au travail social. *Migrants formation* n° 88, mars 1992.

MONROSE (M)., Les professions éducatives et socio-éducatives au 1er janvier 1994. *Informations rapides, (SESI)*, n° 87, mars 1997. Ministère du travail et des affaires sociales.

MONTLIBERT (C de)., *Introduction au raisonnement sociologique.* Éd. P.U. de Strasbourg, 1990 (2ème éd. revue et augmentée).

MORAND (G)., *Identité professionnelle et formation permanente des assistantes sociales*, éd. BAYARD, 1992.

MOREAU (P.F)., *Fernand Deligny et les idéologies de l'enfance*, éd. RETZ, 1978.

MORIN (E)., *Sociologie.* Éd. Fayard, 1984.

MOTTIN (J)., *Les immigrés et l'Emploi.* Éd. litec, 1986.

MUEL-DREYFUS (F)., L'iniatiative privée. Le terrain de l'éducation spécialisée. *Actes de la recherche en sciences sociales*, n° 32/33, 1980.

MUEL-DREYFUS (F)., *Le métier d'éducateur.* Éd. de Minuit, 1983.

MYRDAL (G)., *An American dilemma, the negro problem and modern democracy.* N.Y. Harper and Row, 1962.

NAVILLE (P)., *La théorie de l'orientation professionnelle.* P.U.F, 1957.

NOIRIEL (G)., *Le Creuset Français.* Le Seuil, 1988.

NOIRIEL (G)., *Population, immigration et identité nationale en France XIXè - Xxè siècle.* Éd. Hachette, 1992.

PAGES (M)., Les systèmes sociomentaux. *Bulletin de psychologie*, tome XXXIV, n° 350.

PARADEISE (C)., Rhétorique professionnelle et expertise. *Sociologie du travail*, n°1,1985.

PAUGAM (S)., *La Disqualification Sociale.* Éd. PUF, 1993.

PAUGAM., *La société française et ses pauvres. L'expérience du revenu minimum d'insertion.* Éd. PUF, 1995.

PENEFF (J)., *La méthode biographique : de l'école de Chicago à l'histoire orale.* Armand colin, 1990.

PERCHERON (A)., *L'univers politique des enfants.* Éd. A. Colin et F.N.S.P, 1974.

PEYRE (V) et TETARD (F)., Les enjeux de la prévention spécialisée : 1956-1963, p. 120, in F. BAILLEAU et alii, *Lectures sociologiques du travail social.* Les éditions ouvriers/ CRIV, 1985.

PEZET (V)., VILATTE (R)., LOGEAY (P)., *De l'usure à l'identité professionnelle. Le burn-out des travailleurs sociaux.* T.S.A. éditions, 1993.

PIVRON (D)., *Formation à l'animation de quartier. Enjeux et perspectives.* Institut National de la Jeunesse et de l'Education Populaire, Document, n° 17, juil., 1994.

POINSOT (M)., Les enjeux de l'intégration locale. *Hommes&Migrations*, n° 1192, nov. 1995.

POIRIER (J)., CLAPIER (S)., VALADON., RAYBAUT (P)., *Les récits de vie. Théorie et pratique.* PUF, 1983.

POUJOL (G), *Le métier d'animateur.* Éd. Privat, 1978.

POUJOL (G)., *Traités des sciences pédagogiques.* PUF, 1978 T-8.

QUEIROZ (J.M de)., *L'école et ses sociologies.* Éd. Nathan, 1995.

RANQUET (M. du)., Le service social et familial ou case work, in S. CRAPUCHET, G.M. SALOMON., *L'intervention dans le champ social.* Éd. Privat, 1992.

REBIERE (C)., Les inégalités dans le système scolaire. *ECOFLASH*, n° 75, janv. 1993.

REYNAUD (E), MARUANI (M)., *Sociologie de l'emploi.* Éd. la découverte, 1993.

RICHEZ-BATTESTI (N)., *Dictionnaire des questions sociales.* Éd. Hatier, 1994.

RONSANVALLON (P)., La crise de l'Etat-Providence. PUF, 1982.

ROQUEFORT (D)., *Le rôle de l'Educateur. Education et psychanalyse.* Éd. L'harmattan, 1995.

ROSENBERG (M)., *Facteurs influençant le changement du choix de métier*, in LEVY (A) : psychologie sociale. Textes fondamentaux anglais et americains, tome 1. Éd. Dunod, 1978.

ROULEAU-BERGER (L)., Expériences et compétences des jeunes dans les espaces intermédiaires. *Lien social et politique-RIAC* n° 34, Automne, 1995.

ROUZEL (J)., *Le travail d'éducateur spécialisé*. Éd. Dunod, 1997.

RUPP (M.A)., Le travail social individualisé. Éd. Privat,1970.

SAKHOUHI (F)., "L'insertion par le sport des jeunes d'origine maghrébine des banlieues en difficulté. Mythe, illusion ou réalité". Revue *Migrants société*, vol. 8, n° 45, mai-juin 1996.

SAMYN (E)., *Travail social et professions sociales*. Thèse de 3ème cycle, Université de Lille 1, 1975.

SAYAD (A)., *L'immigration ou les paradoxes de l'altérité*. Éd. Deboeck, 1991.

SCHNAPPER (D)., Chômage, exclusion et citoyenneté. *Pouvoirs locaux*, n°23, IV, déc. 1994.

SCHNAPPER (D)., *L'Europe des immigrés. Essai sur les politiques d'immigration*. Éd. François BOURIN, 1992.

SCHOR (R)., *Histoire de l'immigration en France, de la fin du XIXème siècle à nos jours*. Éd. A. Colin, 1996.

SCHWARTZ (O)., De la qualification à la compétence. In *La sociologie du travail et la codification du social*. PIRTEM/CNRS. Université de Toulouse le Mirail, T. 1, 1990.

SIMON (P.J)., *Histoire de la sociologie*. PUF, 1991.

SIMONOT (M)., *Les animateurs socio-culturels. Étude d'une aspiration à une activité sociale*. Paris, Éd. PUF, 1974.

SINGLY (F de)., *L'enquête et ses méthodes : le questionnaire*. Nathan, 1993.

SINGLY (F de),THELOT (C) : Racines et profils et des cadres scolaires. *Revue française de sociologie,* VII, 1, janvier-mars 1986.

STRAUSS (A)., *La trame de la négociation. Sociologie qualitative et interactionnisme*. Logiques sociales. Éd. L'Harmattan 1994.

STRAUSS A., *Miroirs et masques, une introduction à l'intéractionnisme*. Éd. Métaillié,1992.

STREIFF-FENART (J)., *Les couples franco-maghrébins en France*. Éd. L'harmattan, 1989.

STREIFF-FENART (J) et POUTIGNAT (P)., *Théories de l'ethnicité*. PUF, 1995.

TALHA (L)., L'évolution du mouvement migratoire entre le Maghreb et la France. *Maghreb-Machrek,* n° 61, janv.-fév. 1974

TILLION (G)., *Le Harem et ses cousins*. Éd. du Seuil, 1966.

TOURAINE (A)., *Critique de la modernité*. Paris, Éd. FAYARD.

TREPOS (J.Y)., *Sociologie de la compétence professionnelle*. PUN, 1992.

TRIBALAT (M) (sous la direction de) : *Cent ans d'immigration d'hier. Français d'aujourd'hui*. Travaux et documents, n° 131, INED. Éd. PUF, 1991, p. 6.

TRIBALAT (M)., *De l'immigration à l'assimilation.* Éd. la découverte, INED, 1996

TRIBALAT (M)., *Faire France.* Éd. la découverte, 1995, pp.91-110.

TRIBALAT (M)., 1993 : La France et sa population, *Cahiers Français* n° 259, janv.-fév., La Documentation Française.

TRIPIER (M)., *L'immigration dans la classe ouvrière en France.* Éd. L'harmattan, 1990

TRIPIER (P)., *Approches sociologiques du marché du travail. Essai de sociologie de la sociologie du travail.* Thèse d'Etat, Paris VII.

TRUCHOT (G)., Niveau d'étude des parents et scolarité primaire des enfants. *Revue Education et Formation*, n° 6.

TYMEN (J)., NOGUES (H)., *Action sociale et decentralisation. Tendances et prospectives.* Éd. L'harmattan, 1988.

UNIOPSS : *Accompagnement social et insertion. Pratiques associatives* (préface de Hugues FELTESSE). Éd. Syros, 1995.

VATTIER (G)., *Introduction à l'éducation spécialisée.* Éd. Privat, 1991.

VERBA (D)., *Le métier d'éducateur de jeunes enfants.* Paris, Éd. Syros, 1995.

VERDES LEROUX (J)., *Le travail social.* Éd. de Minuit, 198.

VERRET(M)., *Le Travail Ouvrier.* Éd. Colin, 1982.

VEXILARD (A)., *Le Clochard.* Éd. Desclée Debrouwer, 1956.

VILBROD (A)., *Devenir éducateur, une affaire de famille.* Éd. L'harmattan, Paris, 1995.

WARNER (L)., STROLLE (L)., *The social systems of American ethnic groups.* New Haven, Sixth Printing, 1960.

WEBER (M)., *Economie et société.* Éd. Plon , 1971.

WEIL (P)., *La France et ses étrangers.* Éd. Gallimard, 1991.

WHYTE (W.F)., *Street corner society. Univ. of Chicago* Press, 1943. Trad. Éd. la découverte, 1996.

WHYTE (W.H)., *Street corner society , la structure sociale d'un quartier italo-américain* (traduit de l'américain par S. GUTH, J. SEVRY, M et J. DESTRADE, D. VAZEILLES). Éd. la découverte, paris, 1996.

WUHL (S)., *Insertion, les politiques en crise.* PUF, 1996.

YONNET (P)., *Voyage au centre du malaise Français.* Éd. Gallimard, 1993.

ZEROULOU (Z)., *Mobilisations familiales et conditions de scolarisation des enfants. Le cas de l'immigration algérienne.*Thèse de 3ème cycle, Université de Lille I,1985.

DOCUMENTS

Annuaire des statistiques sanitaires et sociales,1997. Ministère du Travail et des Affaires sociales.

Annuaires statistiques du ministère du Travail et des Affaires sociales, 1990, 1991, 1992, 1993, 1994, 1995, 1996, 1997.

Avenir : ONISEP, Les métiers auprès des enfants. N° 434-435, mai-juin 1992.

CEREQ : Étude sur le devenir des jeunes issus des formations sociales. Paris, 1983.

Circulaire DAS/DFP/TS1/91/N°91/38 du 13/11/1991.

Commissariat général au Plan , Redéfinir le travail social, réorganiser l'action sociale. Préparation du XIème plan. La Documentation Française, 1993.

Commissions des Maires sur la sécurité face à la délinquance : prévention, répression, solidarité. Rapport au Premier Ministre. La documentation Française, déc. 1982, p. 25.

Conseil Supérieur du Travail Social : l'intervention sociale d'aide à la personne. Rapport au ministre, janv. 1996. Ministère du Travail et des Affaires sociales.

Contribution à une étude sur la Formation Professionnelle d'Animateurs issus de milieux défavorisés / Préparation DEFA 1983-1987. Recherche menée par l'AFAS en 1985. RENNES.

COUSIN (D) FAS : Mission d'Observation de l'Intégration. Données tirées de l'INSEE 1990/1992.

Dossier de Presse : Ministère des Affaires Sociales et de la Solidarité Nationale. Service d'information et de la presse, 26 janvier 1983.

Etude du COPAS, n°1, nov. 1992.

INSEE, enquête sur la structure des salaires, 1986.

La connaissance de l'immigration et de l'intégration. Rapport du Haut Conseil à l'Intégration. La Documentation Française, 1991.

La Gazette des Communes n° 1172/26 du 29/06/92.

Le devenir professionnel des diplômés travailleurs sociaux. RAPPORTS D'ENQUETES, 1984, 1985, 1986, 1987, 1988, 1992. ISAS - Université de Lille III.

Les dispositifs de formation à l'animation pour les jeunes issus des quartiers dégradés. N°6, Mars 1985, E.F.A.S.

Les professions de l'animation. 2 Tomes, Rapport d'enquête, SEJS. La documentation Française, 1987.

Les professions sociales et éducatives en 1991. Emplois, effectifs. Documents statistiques n°163, décembre 1992. Ministère des Affaires Sociales et de l'Intégration, Ministère de la Santé et de l'Action Humanitaire.

Les professions sociales et éducatives. Travail social actualités, 2 avril 1993, n° 450.

Les professions sociales et socio-éducatives au 1er janvier 1994, info-rapides, n° 87, mars 1997, publication du SESI (Ministère du Travail et des Affaires sociales).

Livre blanc des formations sociales. DAS, Ministère des Affaires Sociales 1994.

MIGRATIONS ETUDES : "Processus de ségrégation et ethnicisation de l'espace". Migrations études, janv. 1995 (Note de synthèse).

Ministère des Affaire Sociales et de la Solidarité Nationale, circulaire du 23 sept. 1983 N° 83-29.

SESI, Ministère des Affaires sociales et de l'Intégration, direction de l'Action sociale, juin 1992. Voir aussi : Annuaire des statistiques sanitaires et sociales, édition 1993/1994. Publications du SESI, ministère des Affaires Sociales, de la Santé et de la ville.

T.S.A. (travail social actualités. 1992 n°417.

TAVERNIER (J.D) et alii *: Présentation de la mise en place du cycle de formation d'animateurs sociaux.* Option : développement communautaire en milieu urbain défavorisé. Octobre 1983-avril 1984. École de Formation d'Animateurs Sociaux (EFAS). Avril 1984.

TABLE DES MATIÈRES

CHAPITRE VI

LEADERSHIP ETHNIQUE ET PRATIQUES PROFESSIONNELLES

CHAPITRE VII

Achevé d'imprimer sur les presses de l'Imprimerie BARNÉOUD
B.P. 44 - 53960 BONCHAMP-LÈS-LAVAL
Dépôt légal : mars 1999 – N° d'imprimeur : 11253